KB202663

기술윤리

기술윤리
— AI 혁명, 디지털 전환기의 윤리적 도전과 미래

2025년 2월 17일 펴냄

지은이   김승환 김은혜 김정형 맹용길 서덕영 손화철
            송용섭 이원형 이은경 이준우 황은영
엮은이   인간기술공생네트워크(HTSN)
펴낸이   김영호
펴낸곳   도서출판 동연
등 록   제1-1383호(1992년 6월 12일)
주 소   서울시 마포구 월드컵로 163-3
전화/팩스   (02) 335-2630 / (02) 335-2640
이메일   yh4321@gmail.com
인스타그램   instagram.com/dongyeon_press

ISBN 978-89-6447-082-4 93230

기술윤리

김승환
김은혜
김정형
맹용길
서덕영
손화철
송용섭
이원형
이은경
이준우
황은영
함께 씀

인간기술공생네트워크(HTSN)
엮음

동연

머 리 말

　인류는 기술의 시대를 살아왔다. 간단한 도구를 제작해서 농작물을 생산하고 판매했으며, 근대에 이르러 자동차와 비행기로 이동했고, 지금은 인공지능을 통해 더 나은 인류의 진보를 꿈꾼다. 인간으로 사는 것은 곧 기술의 인간, **호모 테크니쿠스**(*Homo Technicus*)로 사는 것이다. 호모 테크니쿠스는 기술적 세계관을 가지고, 기술이 매개하는 범위와 한계 안에서 관계를 맺으며, 기술로 형성된 문화를 영위한다. 마치 물고기가 물을 떠나서 살 수 없듯이, 인류는 기술을 떠나 살 수 없다. 기술은 인간에게 보조적인 수단이 아니라 문화와 삶을 구성하는 핵심이자 유일한 수단이기도 하다. 어쩌면 기술은 인간의 인간됨을 이루는 매개이자 성향이라 할 수 있다. 양명수는 "기술은 물질에 국한되지 않고 정신을 형성하며, 기술의 핵심은 그것이 만들어 내는 생산품에 있는 것이 아니라 생산과정을 형성하는 정신, 곧 영성에 있다"고 주장했다.[1] 호모 테크니쿠스는 기술로 형성된 문화를 통해 그 시대의 정신과 가치, 공동체의 영성을 한데로 모아 펼쳐 왔는지 모른다.

---

[1] 양명수, 『호모 테크니쿠스』 (서울: 한국신학연구소, 1995), 16.

기술은 인간에 의해 발전하고 방향성이 결정되었다고 생각되지만, 기술 그 자체는 다양한 기술적 관계 안에서 진보와 쇠퇴를 반복해 왔다. 그런 의미에서 인류 사회에 등장한 기술의 발전과 최근의 인공지능 및 혁신적인 기술 체제는 이 문명이 목표하는 또 다른 기술적 초월의 이상향이자 갈망이기도 하다. 기술을 통해 인류는 시공간과 물질적 한계를 극복했고, 미지의 세계를 탐험했으며, 기술 문명을 통해 사회의 기술적 완전에 이르려고 시도했다. 기술은 하나의 세계이자 제국이다. 유발 하라리도 최근작 *Nexus*에서 최근 인공지능의 부상에 따라 현대 세계를 거대한 '디지털 제국'(digital empires)으로 명명했다.[2] 기술 제국에서 인간은 하나의 기술적 존재이자 매개자로 자리한다. 기술 제국에서 인간은 기술의 가치와 의미를 설명하고, 자본과 권력에 의해 종속되지 않도록 가이드라인을 설정하며, 성찰적 해석과 실천을 시도한다. 특히 본서에서 연구자들은 최근에 부상하는 기술윤리적 이슈들을 철학, 신학, 공학, 교육학, 윤리학의 입장에서 접근한다.

1부는 인공지능의 기술윤리적 성찰들을 전개했다.

김은혜는 현대인의 의식을 구성하고 있는 인공지능(AI)의 미래에 대한 영향력 있는 서사를 분석함으로 윤리적 문제와 인간의 책임을 성찰하고 인공지능기술 발전으로 제기되는 책임의 공백의 문제를 제기한다. 기술은 가치 중립적인 개념이라기보다 윤리적으로 우리가 어떠한 삶과 어떠한 가치를 지향하는지와 관련이 있기에 향후 인공지능의 미래가 궁극적으로 인간의 책임에 달려 있음을 강조하면서 윤리적

---

2 Yuval Noah Harari, *Nexus* (New York: Fern Press, 2024), 365.

인공지능(ethical AI)을 제안한다.

송용섭은 인공지능이 인간보다 더 도덕적인 존재가 될 수 있는지 또는 도덕적 인공지능은 비도덕적 사회 내의 집단이기주의적 한계를 초월할 수 있는지를 질문한다. 이러한 질문은 과학 기술의 영역인 동시에 기독교 윤리학의 영역이다. 인공지능의 도덕적 응답 가능성을 통해 새로운 인공지능의 방향성을 제안한다.

이원형은 인공지능과 로봇 윤리를 다루면서 인공지능을 사용하는 사람의 윤리적 책임과 인공지능 자체의 윤리적 문제로 구분하여 접근한다. 또한 인공지능이 학습하는 데이터의 편향성과 그 데이터 제공자의 책임을 고려하면서 로봇 윤리를 다루는 주요한 관점들을 정의하고, 각 관점에서 발생할 수 있는 윤리적 문제들을 심도 있게 탐구한다.

2부는 최근 부상하는 다양한 기술 담론을 윤리적으로 접근했다.

황은영은 자유주의 사회에서 자녀의 유전적 향상을 위해 부모의 생식 권리, 자녀의 자율성 그리고 자유주의 정부 개입의 권한과 가치의 개념들을 살핀다. 특히 아가르의 자유주의적 우생학이 어떻게 부모의 선 개념과 생식 권리에 따른 자녀에 대한 향상의 기획과 그 불평등을 보완하는 정의의 원칙을 제시하는지를 다룬다. 또한 자유주의 우생학을 수정한 폭스와 데커의 논의를 통해 신학적 입장에서 자율의 기획과 정부의 역할에 대해서 교회가 제시할 수 있는 정치 신학적 대안을 살펴본다.

김정형은 흥미롭게 우주 윤리 이슈를 다루면서 우주 담론의 건전한 논의를 이끌어 낸다. 그는 우주 윤리라는 이름 아래 우주 시대에 제기될 수 있는 다양한 윤리적 이슈를 개괄적으로 소개한 다음, 이 이슈들에 접근하는 대표적인 관점들을 비판적으로 분석했다. 이 연구는 국내 우주 인문학 분야 후속 연구의 마중물이 되고, 나아가 다양한 분야의 전문가들과 협업하는 과정을 거쳐 구체적인 정책 참여로 이어질 것을 기대했다.

이준우는 복지 선교 실천을 위한 윤리적 접근을 시도하면서 기술만능주의와 신자유주의, 첨예한 자본주의라는 거대한 구조적 질서 속에 복지 기술을 도구화하여 사회복지 실천을 수행하려는 경향을 비판적으로 인식하고 실천의 패러다임을 제안한다. 특히 복지 선교 실천의 개념과 이념, 윤리적 원칙들을 토대로 한국 사회의 대안적인 실천 방안이 무엇인지 복지 선교의 적용 가능성을 모색했다.

손화철은 ChatGPT와 생성형 인공지능을 활용하여 연구할 때 첨단 기술이 연구에 미치는 영향에 대한 보다 깊은 차원의 논의를 전개한다. 새로운 기술의 시대에 연구 활동을 어떻게 정의하고, 그 가치를 어떻게 평가하고 보상해야 할지를 고민하면서 인류에게 보다 유익을 끼친 연구의 지속 가능성을 어떻게 담보할 것인지를 설명한다.

3부는 기술이 갖는 종교적 논의들을 전개한다.

맹용길은 기독교 신학의 관점에서 과학과 기술에 대한 윤리적 고찰을 시도한다. 삼위일체 하나님의 이해로부터 물리학, 기술, 인공지능의 논의를 검토한 다음, 인류가 나아갈 방향을 윤리 신학적으로 제안한다.

이은경은 기술 시대 행복의 기준과 조건으로 여겨지는 '즉시성과 감각 증강', '효율성과 최적화'를 살피면서 개인윤리, 직업윤리 그리고 사회윤리와 정치윤리의 측면에서 오늘날의 기술에 대한 윤리적 우려와 기술과 행복의 관계를 살피면서 신앙인으로 우리가 가져야 할 '영적 경험으로서의 행복'을 다룬다.

서덕영은 현대인들이 많은 시간을 할애하는 컴퓨터 게임을 다루면서 게임을 만드는 사람과 게임에 참여하며 놀이를 하는 사람에 대해서 살핀다. 그러면서 기독교 신앙과 컴퓨터 게임이 어떻게 잘 조화를 이룰 수 있는지를 연구한다.

김승환은 종교의 디지털 전환이라는 새로운 종교 현상을 분석하면서 필요한 윤리적 규준을 제안한다. 전통 종교와 디지털의 만남으로 새롭게 대두는 종교 윤리적 문제들을 제시하며 필요한 절차와 요소들, 즉 진정성, 공공성, 인격성을 통한 보완을 주장한다.

기술의 발전 못지않게 기술의 올바른 이해와 활용이 더욱 중요해지는 시점이다. 기술 제국에서 건강한 기술적 생태계를 형성하고 공존·공생할 수 있는지에 대한 논의가 절실하다. 연구자들이 집중하는 다양한 기술윤리적 논의들이 부상하는 기술의 존재와 쓸모에 대한 하나의 지침으로 활용되기를 기대한다.

차 례

2부_ 첨단 기술의 윤리적 논의들

3부_ 종교와 기술윤리의 만남

1부 | 인공지능의
기술윤리적 성찰

인공지능의 도덕성과 도덕적 행위자(Moral Agent)로서의 가능성에 대한 신학적 성찰과 기독교 인공지능 윤리의 가치와 방향*

김은혜 | 장로회신학대학교 기독교와문화

I. 들어가는 말

팬데믹 이후 세계는 여러 가지 위기가 교차하는 복합 위기 시대를 맞이하였다. 이러한 전환기적 시대를 맞으면서 '미래 사회'에 대한 관심이 다시 높아지고 있다. 그 중심에 기술의 빠른 발전이 존재한다. 현대 기술은 2010년 구글의 등장과 함께 검색의 시대를 열고, 2016년 알파고, 자율주행 자동차 등 분석형 AI가 등장하고, 2022년 챗GPT, 생성형 AI가 등장하면서 생성의 시대를 열어가고 있다. 전문가들은 이러한 속도를 고려하면 2028년 AGI가 가능하다고 말한다. 인류가 더 나은 미래를 위해 새로운 것을 만들고 다른 것들과 융합하고 연결

---

* 이 글은 「장신논단」 2024년 겨울호에 게재된 논문임.

을 시도하는 것은 늘 두렵고 또 위험과 기회를 동시에 제공한다. 특별히 모두가 동의하는 바는 현재 AI의 대부분의 응용 분야와 가속화되는 발전 속도는 우리의 예상을 넘어서고 있다는 것이다.[1]

이미 AI 기술은 끊임없이 개발되고 빠르게 상품을 만들어 상용화되고 있으며, 우리의 일상을 지배하고 도구적 활용 차원의 일방향을 넘어 다차원적으로 영향을 미치고 있다. 더 스마트한 AI가 의료 서비스를 혁신하거나 각종 사회문제에 대한 해결책을 찾는 데 도움이 될 수 있다는 희망도 있지만, 기계가 모든 것을 대신하게 될 것이라는 우려도 공존한다. 통계에 따르면 생성형 AI가 오는 2030년까지 약 30%의 직업을 자동화시킬 것으로 예상했다.[2] 이렇게 인간과 닮아가는 AI는 인간을 대체하기에 안성맞춤이므로 일자리와 임금의 문제로 바로 연결되는 것이다.[3] 이러한 현실에 비해 AI에 대한 윤리적 성찰과 제도적 대안은 매우 느리게 공론화되고 있다. 우리는 이제 기술과 함께 공존하는 더 나은 미래를 상상하고 함께 공동선을 향해 지혜를 모아야 한다.

이 글은 첫째, 인공지능[4]의 미래에 대한 영향력 있는 서사를 분석함으로 인간의 책임과 윤리적 우려 그리고 인공지능기술 발전으로 제기

---

1 맹성현, 『AGI 시대와 인간의 미래』 (헤이북스, 2024), 333. AGI(범용인공지능)는 2028년에 출시될 것으로 예측한다. AGI는 모든 영역에서 사람과 같거나 그 이상의 지능을 구현하는 AI를 의미한다.

2 위의 책, 214. 컨설팅 기업 올리버와이만의 예측 결과를 인용하면 향후 10년 "미국과 유럽의 직업 중 3분의 2는 AI 자동화에 어느 정도 노출돼 있고, 현재 지식 노동자 일자리의 5분의 1 정도는 생성형 AI가 수행할 수 있다"며 "AI 기술은 세계 총생산량의 70%를 증가시킬 수 있으나 기존 직업 시스템을 붕괴시켜 3억 명의 전일제 일자리가 사라질 것"으로 전망했다.

3 Mark Coeckelbergh, *AI Ethics*, 신상규 · 석기용 역, 『AI 윤리에 대한 모든 것』 (아카넷, 2020), 14.

4 인용되는 참고 자료들의 원문을 고려하여 인공지능과 AI를 상호 호환하며 사용할 것이다.

되는 윤리적 지체 현상(ethical lags)과 책임의 공백(a vacuum of respon-sibility)의 문제를 살펴보고자 한다. 둘째, 도덕적 인공지능의 가능성을 성찰하기 위해 인공지능의 상용화 과정에서 제기되는 인간성에 관한 질문—우리가 누구인지—을 살펴보면서 인공지능기술 도전에 응답하는 기독교 인공지능 윤리에 대한 기초 연구이다. 마지막으로 기술은 가치 중립적인 개념이라기보다 윤리적으로 우리가 어떠한 삶과 어떠한 가치를 지향하는지와 관련이 있다. 따라서 인공지능의 미래가 인간의 결정에 달려 있음을 분명히 하면서, 동시에 현실적으로 AI 개발의 부정적인 영향을 피하고 더욱 공정하고 투명하며 안전한 기술개발을 위한 기독교 인공지능 윤리의 방향을 제시하며, 궁극적으로는 윤리적 인간과 도덕적 인공지능의 협력적 공존의 현실을 성찰할 것이다.

II. 인공지능의 미래에 대한 다양한 서사들과 그 윤리적 의미

AI의 미래를 바라보는 전문가들의 입장은 다양하고, 그에 대한 대중적 서사는 때로 극단적 차이가 존재한다. 필자는 기본적으로 인공지능이 가져올 기회와 위험의 극단적인 서사를 비판적으로 숙고하면서 인공지능이 불러온 인간성에 대한 새로운 도전을 신학적으로 성찰하고자 한다. 필요에 따라 AI와 관련된 윤리적 문제에 대한 기독교 도덕 담론을 발전시키기 위해서 기독교 인간성과 관련된 보다 근원적인 문제와 동시에 실제적 인공지능의 대중적 사용에서 발견되는 현실적 위험과 피해를 줄이고 완화하기 위한 기독교 인공지능 윤리의 기본적 방향을 구별하며 논의하려고 한다. 한스 요나스는 "현대 기술은 본래 극히 미세하고 많은 복잡한 단계를 거치기 때문에 기술이 가져올 소산에 대해 예견이 곤란한 상황에 있다고는 해도 그것이 초래할 나쁜 영향에 대해서 미리 대처해 두는 것이 필요하다"고 강조하며, 이른바 '예방 원칙'적인 책임을 주장한다.5 즉, 도약의 기술적 시도들은 늘 확실성 보장 없이 불안정성을 감내해야 하므로 예방적 윤리의 필요성을 강조하면서, 동시에 인공지능과 같이 이미 다가온 인간과 기계의 공존의 현실도 심각하게 인식하는 것이 중요하다.

기술은 역사적으로 악용되지 않는 이상 인간에게 커다란 유익과 복리를 가져다 주었다. 사실 기술의 역사를 촘촘히 보면 우리는 우리의 환경과 얼마나 많은 기술을 공유하고 있는가? 내가 쓰고 있는 작은 연필에서부터 샤프, 볼펜 그리고 태블릿, 노트북 등으로 연결된 기술 그리고 인쇄술에서 시작한 책과 전자책과 넘치는 인터넷의 정보는 사실 우리의 생각과 인식을 만들어 가고 있는 핵심 매체다. 더욱이 인공지능은 기존의 기술들과는 다르게 도구가 갖지 못한 수준의 관계성을 제공하고 있다. 최근 인공지능의 급속한 성장은 의료 진단을 용이하게 하는 것부터 소셜 미디어를 통한 인간관계 활성화와 자동화된 작업을 통한 노동 효율성 창출에 이르기까지 전 세계적으로 많은 기회를 창출하고 있다.

우리는 인간을 '호모 사피엔스', 즉 똑똑하고 현명한 종이라고 부른다. 이러한 현명한 종인 인간은 너무 똑똑해서 자신보다 더 스마트한

---

5 쿠마가이 코지 · 타카하시 야스히로 편저/남윤의 역, 『기술윤리』 (인터비전, 2008), 196-197.

포스트휴먼이라는 신인류를 만들기 위해 AI 기술을 발전시키고 있다.[6] 그 덕에 AI 기술의 알고리듬은 계획, 음성, 얼굴 인식, 의사 결정 등 인간의 많은 활동을 대신할 수 있게 되었다. 현재 AI 기술은 운송, 마케팅, 건강 관리, 금융과 보험, 보안과 군사, 과학, 교육, 사무와 개인 비서, 엔터테인먼트, 예술, 농업, 제조업 등 다양한 분야에서 활용된다.[7] 인공지능은 미래가 아니라 오늘날 이미 일어나고 있으며, 우리의 일상에 널리 퍼져 있다. 이러한 급격한 변화는 동시에 심각한 윤리적 문제를 야기하고 있다. 즉, AI 시스템이 편향을 내장하고, 기후 악화에 기여하고, 인권을 위협하는 등의 윤리적 문제를 가져올 잠재적 가능성이 존재한다. 더욱이 이미 현실에서 AI와 관련된 이러한 도덕적 위험은 기존의 불평등을 가중하며, 그 결과 소외된 집단에 더 많은 피해를 입한다.[8] 지면의 한계로 다 언급할 수 없지만 이미 각국의 AI 윤리 가이드라인[9]이 발표되었고 국제적 차원의 "AI 윤리 권고"와 AI 윤리에

---

6 맹성현, 『AGI 시대와 인간의 미래』, 220. 방사선학과 병리학 분야 등에 AI가 적극적으로 도입되고 있고 수술 로봇 기술도 발전하고 있어 향후 마취과, 가정의학과, 외과 의사들의 수요가 줄어들 것으로 예상된다. 미국 하버드 법대 매거진 2023년 4월호에 게재된 한 논문에 의하면, 법윤리학에 대한 열다섯 개의 어려운 객관식 문제가 주어졌을 때 빙챗(Bing Chat)은 열두 개를 정확히 맞혔고, 틀린 것도 정교한 방식으로 틀려 B+ 학점을 받는 법대생과 유사한 실력을 보였다. 오픈AI사에서 3월에 출시한 GPT-4가 미국 변호사자격시험에서 상위 10%의 성적을 보여 세상을 놀라게 했다는 것은 잘 알려진 사실이다.

7 Coeckelbergh, 『AI 윤리에 대한 모든 것』, 15.

8 인공지능(AI)은 인류가 직면한 다양한 문제를 극복하는 데 큰 도움을 줄 수 있지만, AI의 급속한 발전은 윤리와 인권, 안보 등의 측면에서 예상치 못한 문제를 야기할 수도 있다. 유네스코는 유엔 체계 안에서 유일하게 윤리적, 지적 성찰을 담당하는 기구로서, 지난 11월 제41차 유네스코 총회에서 180여 쪽에 해당하는 "AI 윤리 권고"를 채택했다. 그리고 유네스코한국위원회는 AI 윤리에 대한 일반 대중 및 청소년들의 이해를 돕기 위해 『유네스코 AI 윤리 권고 해설서』를 발간했다. https://unesco.or.kr.

9 한국연구윤리정보센터(CRE)는 '인공지능(AI) 윤리 가이드라인'의 중요성과 국가별 대

대한 대중의 이해를 돕기 위한 『AI 윤리 권고 해설서』 등이 잘 정리되어 있다.

특별히 윤리적 관점에서 주목해야 하는 지점은 현재 AI 기술은 종종 일상적인 도구와 복잡한 기술 시스템의 일부로 눈에 보이지 않게 내장되어 있어서[10] 사실 AI가 가져온 변화와 미래에 대한 전망은 다양한 양상을 보이고 있으며, 그러한 전망에는 AI를 바라보는 다양한 서사들이 자리하고 있다는 것이다. 일군의 학자와 기술자는 인간의 한계와 어려움을 극복하게 도울 수 있는 긍정의 미래를 예측하고 또 한 그룹에서는 인간의 소외와 더 나아가 인간의 멸종까지도 언급한다. 인공지능이 기후 변화, 질병, 죽음의 수수께끼를 풀고 인간을 대신해 모든 일을 처리하는 유토피아적 세상을 그리는 사람이 있는가 하면, 초지능 인공지능이 인간을 비참한 일꾼 드론이나 애완동물로 만드는 디스토피아 미래를 우려하는 사람들도 있다.[11]

이미 근대 사회에서 다윈과 프로이트는 인간의 예외주의에 대한 우리의 믿음과 우월감 그리고 통제에 대한 인간의 환상을 무너뜨렸다.[12] 그러나 현재 인공지능은 인류를 영광스러운 트랜스휴먼의 미래로 이끌 거라는 비전과 함께 인류의 자아상에 또 다른 도전을 주고 있다.[13] 2013년 알파고는 스스로 인식 추론 판단하는 딥러닝을 통해서 인간

응 현황을 자세히 제공하고 있다. ebook_01_kr.pdf(moe.edu.tw).

10 Coeckelbergh, 『AI 윤리에 대한 모든 것』, 15.

11 Noreen Herzfeld, *The Artifice of Intelligence: Divine and Human Relationship in a Robotic Age* (Fortress Press, 2023), 132.

12 신상규, "인공지능의 도덕적 지위와 관계론적 접근," 「대한철학회논문집」 (2019), 251. 스티븐 제이 굴드, 『인간에 대한 오해』(*The Mismeasure of man*)에서 인간은 만물의 척도라는 잘못된 평가에 대해 촘촘히 비판하고 있다.

13 Coeckelbergh, 『AI 윤리에 대한 모든 것』, 14.

의 고유한 영역이라고 생각했던 직관적 영역에 도전하고 성공했다. 실패의 결과가 발표되자 이세돌 9단의 눈시울이 붉어졌다. 이 경우 프로그래머는 데이터 세트를 준비하고 알고리듬을 만들지만 프로그램이 어떤 수를 둘지 알 수 없다.[14] AI는 스스로 학습하기 때문이다. 따라서 가장 두려운 것은 인공지능기술은 인간이 다 통제할 수도, 다 파악할 수도 없다는 것이다.

따라서 회의적이고 비관적인 인공지능의 미래에 대한 관점들도 만만치 않다. 2017년 7월 테슬라의 창립자이자 CEO인 일론 머스크(Elon Musk)는 "AI는 인류 문명의 근본적인 실존적 위험이며, 사람들이 이를 충분히 인식하지 못하고 있다"고 정부의 적극적인 규제를 촉구하며, 이러한 규제가 일반적으로 "성가신 일이지만, AI 규제에 대응할 때는 이미 너무 늦었다"라고 말했다.[15] 그리고 인공지능 연구는 악마를 소환하는 것과 다름없다고 경고했다. 이미 몇 년 전 물리학자 스티븐 호킹은 BBC와의 인터뷰에서 "완전한 인공지능의 개발은 인류의 종말을 가져올 수 있다"고도 말했다.[16] 이러한 대중에게 영향을 미치는 AI에 대한 극단적 서사들을 기독교 윤리적 관점에서 분석해 보면 인간 본성과 인간 미래에 관한 질문과 연계되어 있음을 알 수 있다.

AI에 대한 또 다른 전문가 그룹은 이러한 비관적 해석을 지나친 우려라고 생각하는 예도 있다. MIT 컴퓨터 과학자 로드니 브룩스(Rodney Brooks)는 머스크와 호킹이 "스스로 AI 분야에서 일하지 않는다"고 지

---

14 위의 책, 13. 인공지능은 수백만 번의 과거 바둑 대국을 기반으로 한 기계 학습과 자신을 상대로 한 연습 경기를 통해 이세돌에게 승리했다.
15 장동선, 『AI는 세상을 어떻게 바꾸는가』 (김영사, 2022), 30.
16 베로니카 스민카, "인공지능 3단계: 인류 멸종으로 이어질까?" 「BBC 뉴스」 2023. 6. 6. https://www.bbc.com/korean/news-65817704.

적하며, "AI 분야에서 일하는 사람들은 제품 수준에서 실제로 작동하는 것이 얼마나 어려운지 잘 알고 있다"고 말한다.[17] 제이슨 래니어(Jaron Lanier)는 "현대 소프트웨어를 경험한 사람이라면 미래의 로봇 군주에 대해 걱정하지 않아도 된다"고 말한다. 즉, "AI가 인류에게 실존적 위험을 초래할 수 있을까? 그는 인간과 같은 방식으로 생각하는, 인간의 두뇌만큼이나 더 다양한 방식으로 생각하는 지능적인 컴퓨터는 앞으로도 오랫동안, 아니 앞으로도 없을 것이다"라고 말한다.

이러한 AI에 대한 다양한 서사가 존재함에도 불구하고 일론 머스크나 레이 커즈와일(Ray Kurzweil)과 같이 AI 기술을 개발하는 영향력 있는 기술계 인사들이 언급하는 대중적인 발상은 초지능에 관한 생각, 즉 우리가 기계를 지배하는 것이 아니라 기계가 우리를 장악하고 지배할 것이라는 비관적 생각이다.[18] 이러한 미래를 극복하기 위해서 보스트롬과 같은 트랜스휴머니스트들은 초지능과 인간의 연약함과 '오류'에 대한 실망을 고려하면서 인간을 향상할 필요가 있다고 주장한다. 일부 트랜스휴머니스트들은 생물학적 부분을 완전히 없애고 비유기적인 지능적 존재를 설계하지 않을 이유가 없다고 주장하기까지 한다.[19]

신학자 테드 피터스(Ted Peters)는 이러한 신기술이 불러일으킨 트랜스휴머니즘의 꿈을 "우리는 고통과 죽음과 같은 생물학적 구속의 굴레에서 해방될 것이며, 향상된 지능으로 우주적 정신의 충만한 삶을 누릴 수 있게 될 것"이라는 희망으로 요약한다.[20] 실제로 2009년

---

17 조형주, "'로봇공학계 전설' 로드니 브룩스 '생성형 AI, 지나치게 과대평가됐다'," *AIPOST* 2024. 7. 1. https://www.aipostkorea.com/news/articleView.html?idxno=2649.
18 Coeckelbergh, 『AI 윤리에 대한 모든 것』, 25.
19 위의 책, 28.
20 Noreen Herzfeld, *The Artifice of Intelligence*, 5.

트랜스휴머니스트 '휴머니티+ 선언'에서는 이렇게 죽음을 극복하는 것을 명시된 목표에 내포하고 있음을 알 수 있다. 인간을 더 똑똑하게, 질병에 덜 취약하게 만들고, 더 오래 살고 잠재적으로 불멸의 존재로 만들어서 인간을 신으로 업그레이드해야 한다고 주장하는 것이다.[21] 인간이 인류를 잠재적으로 창조하게 된다면 인간을 대신할 신을 창조함으로써 호모 데우스가 되려고 하는 욕망을 드러내고 있는 현실이다.

이렇게 AI의 미래에 대한 서사들은 인간성에 대한 이해와 어떤 인간의 미래를 희망하느냐에 따라 때로는 극단적으로 다르게 나타난다. 인공지능에 관한 대중적 서사가 극단적으로 언급되는 배경에는 인공지능기술의 빠른 발전을 좇아가지 못하는 인문학적 성찰과 느리게 논의되는 윤리적 담론의 문제가 자리하고 있다. 기독교 윤리적 관점에서 AI와 관련된 다양한 서사들을 성찰할 때 중요한 것은 인공지능기술은 우리가 생각했던 것보다 빠르게 발전했고 우리의 예상보다 높은 수준에 도달하고 있다는 현실 인식이다.[22] 즉, 그러한 현실에 교회와 그리스도인이 책임적으로 응답하기 위해서는 기독교 인간 이해(humanity in Divinity)에 터한 기독교 인공지능 윤리의 담론적 활성화가 시급하다.

특별히 기독교 윤리적 관점에서 주목하는 것은 머스크와 호킹의 끔찍한 예측이 현실화될 가능성은 적지만, 이러한 AI에 관한 극단적 서사는 오히려 인간의 생각을 위협하거나 매혹시켜 진정한 위험을 모호하게 만들고 사람들이 훨씬 더 내재적인 부도덕한 악영향에 눈을 감는 일종의 마술적 사고로 이끈다는 점이다.[23] 즉, 윤리적 공백의 문제를

---

21 Coeckelbergh, 『AI 윤리에 대한 모든 것』, 28.
22 이중원 외 8인, 『인공지능의 윤리학』 (한울 아카데미, 2019), 199.
23 Noreen Herzfeld, *The Artifice of Intelligence*, 141.

김은혜 _ 인공지능의 도덕성과 도덕적 행위자(Moral Agent)로서의 가능성에 대한 신학적 성찰과

심각하게 일으키게 된다. 따라서 기독교 인공지능 윤리는 반드시 하나님과의 관계 속에서 비윤리적 현실의 가능성으로서의 인간의 죄성을 예측하면서 예방적 AI 윤리의 원칙들을 만들고, 하나님 형상으로서의 인간다움이 실현되는 미래를 위한 윤리적 토대를 확고히 해야 한다. 즉, 기독교 인공지능 윤리의 기초적 작업을 위해 하나님 형상에 기초한 가능성과 죄인된 인간의 유한성이라는 신학적 인간 이해의 균형과 역설은 인공지능 윤리에 대한 공적인 담론에 기독교가 기여할 수 있는 분명한 방향을 제시할 수 있다.

이러한 과정에서 양극단의 서사의 비판적 극복을 위해 가장 중요한 관점은 대중적인 서사들이 도덕적 위험과 파괴적 미래에 대한 예측과 경고를 숙고하는 데 장애가 되며 오히려 윤리적 지체와 책임적 공백을 가능하게 만드는 것을 간파해야 한다는 것이다. 왜냐하면 극단적 비관이나 낙관에는 인간의 고유한 책임과 인간 본성을 바르게 위치시키는 데 쉽게 실패하기 때문이다. 따라서 인간을 닮아가는 인공지능의 시대는 신학적으로 인간의 본성과 내면을 더 깊이 성찰함으로써 그리스도인의 윤리적 책임과 인류의 공동선을 향한 공동체적 합의의 과정을 간과하도록 이끌어 가는 인공지능에 대한 위협이나 무비판적 낙관의 서사를 주의해야 한다.

2024년 이후 종종 나타나는 AI 관련 뉴스를 살펴보면 전에 비해 크게 변한 것이 있다. 이제는 AI의 신기함을 전파하는 내용보다 누가 어떤 창의적인 아이디어로 새로운 일을 만들어 가고 있는지 또는 어떻게 기존의 사업 및 업무가 자동화를 통해 경쟁력을 얻고 있는지 등 실질적인 변화에 관한 이야기가 많다. 즉, AI가 불러온 인간과의 관계에 대한 윤리적 논의보다 AI 기술이 산업에 어떤 영향을 미칠 수 있는지에 대한 실용적인 관심으로 이동하고 있음을 알 수 있다. 그 의미는 성찰과 윤리적 원칙 없이도 AI는 우리의 생활에 더 밀착되고 더 보이지 않는 곳곳에서 인간과 공존한다는 의미이며, 동시에 누구도 책임질 수 없는 윤리적 공백이 증가하는 현실을 목도하고 있음을 깨닫게 된다.

근대 신학적 담론에서 기술은 기본적으로 회의적이다. 이미 2차 세계대전 직후 20세기 스위스 개혁주의 신학자 바르트는 기술이 가져올 부정과 파괴를 염려했다. 컴퓨터 과학자이자 신학자인 헤르츠펠트는 "AI는 인간의 부정과 파괴인가? 인간의 번영인가?"를 우리에게 묻는다. 우리는 하나님의 형상인 동시에 죄인이며, 바르트의 말처럼 우리의 죄악된 본성에는 자신의 부정과 파괴를 위한 자유까지 포함되어 있다.[24] 이러한 인공지능에 대한 서사의 근원에서는 그것이 인간 자신을 들여다보는 거울처럼 인공지능 개발과 사용의 과정에서 발생하는 윤리적 문제가 다름 아닌 인간성의 발현임을 깊이 이해해야 한다.

기독교 인공지능 윤리의 기초는 제아무리 발전된 첨단 인공지능이 개발된다고 하더라도, 라인홀트 니버의 말처럼 인간의 유한성은 인간이 개발하는 어떠한 어떤 힘으로도 해결할 수 없는 문제임을 명확히 해야 한다.[25] 인간의 유한성을 분명하게 인식하는 기독교 인공지능 윤리는 호모 데우스가 되려는 인공지능에 대한 낙관과 인간 스스로를 부정하는 비관적 인간 이해를 모두 비판한다. 기독교 인공지능 윤리는 하나님 형상으로서 인간의 신적인 차원의 존엄성을 존중하며 동시

---

24 Ibid., 2. Karl Barth, *Church Dogmatics*, vol. 3, The Doctrine of Creation Part 2, ed., Geoffrey Bromiley, Thomas Torrance, trans., J. W. Edwards, O. Bussey, Harold Knight (Edinburgh: T&T Clark, 1958), 272 재인용.
25 Reinhold Niebuhr, *Nature and Destiny of Man*, vol. 2 (New York: Scribner's, 1941-1942), 295.

에 자신의 파괴를 선택할 수 있는 자유를 소유한 인간만이 궁극적으로 책임의 주체가 될 수 있음을 의미하는 것이다. 기독교 인공지능 윤리는 인간의 고유한 책임성을 인공지능이 대체할 수 없음을 분명히 하고, 인간의 유한성은 오히려 하나님 앞에 선 책임적 존재로서의 기독교 윤리적 조건이 되는 것이다.

III. 윤리적 인공지능[26]과 도덕적 행위자로서의 가능성에 대한 기독교 윤리적 성찰

최근 인공지능의 발전 양상에는 기술적 요인만이 아니라 사회적·경제적 배경 요인도 함께 작용하고 있다는 점을 고려할 때, 우리가 내릴 수 있는 결론은 인공지능의 급속한 발전과 이것이 사회에 미치는 영향은 일시적인 유행이 아니라 앞으로 상당 기간 우리 삶의 여러 영역에 파고들 것이라는 예측이다. 이처럼 인공지능의 기술 변화는 개인 삶의 전 영역에 미치는 영향뿐 아니라 문화 전반의 변화에 관한 것이며, 관련된 다양한 윤리적 문제는 이미 AI가 사회적 관련성을 가지고 있음을 보여 준다.[27] 또한 AI 기술의 변화는 실제적인 삶뿐 아니라 인간과 AI 사이의 상호성으로 인해 정신적, 정서적, 영적 차원에도 상당한 영향을 미치고 있으며, 인간이 AI를 만들지만 AI 상용화는 인간

---

26 인공지능 윤리는 인간 중심의 인공지능 윤리(AI 윤리), 그것을 보조하는 인공지능 보조윤리(AI-보조윤리) 그리고 인공지능의 주체성과 자율성 그리고 능동성을 전제하는 윤리적 인공지능(윤리적 AI) 등으로 구분할 수 있다. 이 글에서는 인공지능의 도덕성 논의와 윤리적 AI의 가능성에 초점을 맞추고자 한다.
27 Coeckelbergh, 『AI 윤리에 대한 모든 것』, 19.

관계에 영향을 주고, 다시 그러한 관계성의 변화는 더 인간과 유사한, 더 증강된 AI 기술 개발에 영향을 주는 복잡한 상호작용은 여전히 진행 중이다.

그러나 이러한 인간과 기계의 상호성 연구는 최근에야 많은 주목을 받았다. 사실 근대 정신의 기초를 놓은 데카르트는 세계를 구성하는 기본단위를 '실체'(substance)라고 지칭했고, 그 특징을 개별 독립성, 즉 '자기 존재를 위해 다른 존재를 필요로 하지 않는' 개체적 존재 방식에서 찾았다. 개인주의로 얼룩진 현대 사회는 어쩌면 실체와 본질 중심의 근대 인간 이해의 당연한 귀결일지도 모른다. 그러나 기독교의 인간 이해는 근본적으로 근대 정신과 다르다. 칼 바르트는 다음과 같이 말한다: "너와 내가 온전한 인간이 될 수 있는 것은 오직 우리가 다른 사람에게 동반자, 동지, 및 도움의 동료, 즉 다른 사람과 함께 자신이 되고, 다른 사람과 함께 자신이 될 수 있다."[28] 물론 이러한 동료와 타자의 범주 속에 인공지능이 포함될 수 있는가는 진지하게 논의되어야 한다. 분명한 것은 최근 생태 신학을 포함해서 현대 신학적 담론은 인간 예외주의에 근거한 자율적이고 독립적인 기독교 인간 이해를 비판적으로 성찰해 왔다는 것이다. 이러한 근대의 비관계적 실체 중심의 인간 이해에 대한 비판은 기독교의 탈세계적 영혼 중심의 인간 이해와 연동되면서 세계의 문제를 간과해 온 것에 대한 깊은 반성에서 시작되었다.

만약 타자의 범주에 인공지능을 포함할 수 없고 인간과 기계의 본질적인 차이만을 강조한다면, 사실 인공지능의 도덕성 논의는 더 이

---

28 Noreen Herzfeld, *The Artifice of Intelligence*, 1.

상 진척될 수 없고 인간과 인공지능의 관계성과 그 영향력 또한 간과할 수밖에 없는 논리로 귀결된다. 헤르츠펠트는 바르트의 인간 이해의 전제하에 인공지능은 자신의 '임무와 책임'의 한계를 인식할 수 있는 충분한 자유와 그것에 기초한 자율성 그리고 자기 인식을 할 수 없기 때문에 인간과 관계적 파트너가 될 수 없다고 말한다. 양쪽이 각자의 임무와 책임을 유지한다는 바르트의 양쪽 독립성 기준을 충족하지 못하기에 기계는 도구이며, 도구의 과제는 곧 인간의 과제이며, 그 완성은 전적으로 인간의 책임이 된다고 말한다.29 필자는 그녀가 궁극적 인간의 책임을 강조하는 것에는 동의하지만, 인간과 인공지능의 근본적 차이만을 바라보는 인공지능에 대한 도구적 관점이 현재 진행되는 인간과 인공지능의 실제적 관계를 지나치게 단순화하거나 복잡한 관계성을 간과할 수 있음을 비판적으로 본다.

이미 공학의 '자율적 에이전트' 개념은 현행의 철학적 논의에도 영향을 미치고 있으며, 공학과 철학의 자율성 개념 간 관계와 그 정의가 명료하게 인식되지 못한 까닭에 여전히 혼란스러운 부분이 있는 것도 사실이다.30 그런데도 이미 우리의 현실은 자율적이고 감정적이기까지 한 인공지능과 인간과의 관계에 나타나는 상호성에 대한 해석이 요구되고 있다. 즉, AI는 여러 가지 단순한 자율적 판단을 하기도 하고 윤리적 결정 과정을 예측할 수 있다. 가정에서 간병인을 대체하는 로봇은 사람의 직접적인 통제 없이도 작업을 수행할 수 있다. 이러한 작업 중 일부는 로봇이 신중한 선택을 해야 하며, 이러한 선택은 항상

---

29 Ibid., 31.
30 고인석, "인공지능이 자율성을 가진 존재일 수 있는가?" 「철학연구」 제133집 (2017. 11.): 163-187.

단순하거나 직접적인 것은 아니지만 로봇의 책임이다.

또한 인간과 동일한 자율적 도덕적 행위자라고 할 수 있는 기계는 없지만, 특히 법 집행과 전쟁터와 같이 선택이 심각한 도덕적 영향을 미치는 환경에서 자율적으로 작동하는 로봇과 프로그램은 다양하게 존재한다.[31] 이러한 인공지능의 행위는 인간의 능력을 보강하는 차원과 인간의 육체적 노동을 덜어 주는 것을 넘어 감정적으로 소통하고, 정서적으로 공감하며, 더 나아가 인간의 책임을 나누어 가지게 되는 현실이기에 이에 대한 윤리적 기준이 논의되어야 하는 것이다. 그러나 만약 이 기계가 도덕적 행위자가 되려면 환자에 대한 자신의 역할과 책임에 대한 자율적 인식을 바탕으로 선택해야 한다고 주장한다면, 아직 그러한 로봇 도우미는 존재하지 않는다.[32] 따라서 인간과 유사한 AI 윤리를 형성하기 위해서는 근대 인간 중심의 도덕성 이해와 구별하면서 논의되어야 한다.

2022년 「네이처」라는 세계적으로 명성 높은 저널에 고대사 전공 학자와 AI 연구자들이 협업하여 고대사의 발전에 필요한 AI를 만들어 활용한 매우 특이한 연구가 발표되었다. 이 연구의 핵심은 AI가 인간 역사학자보다 월등히 좋은 성과를 냈다는 것도 중요하지만, 두 '전문가'가 지적인 협업을 했을 때 더 좋은 결과가 도출되었다는 점이다. 역

---

31 마정목, "미 국방부 무기체계 자율성 훈령 개정에 따른 자율무기체계 정책 분석과 이해," 국방대학교 국가안전보장문제연구소, 「국방연구」 vol. 66, no. 2 (2023), 127. 미국은 2013년 국방부 훈령 3000.09를 통해 무기 체계의 자율성(AWS: Autonomous Weapon Systems)에 대한 정책을 공개한 최초의 나라며 현재 AWS를 선도하고 있다. 한국은 현재 국방 혁신 4.0을 바탕으로 국방 무인 체계 발전을 통한 AI 과학 기술 강군을 육성한다는 비전을 추진하고 있으며 자율성을 구현하기 위한 기술, 시험평가 방안, 획득 체계 정비 등 정책 개발을 병행하고 있다.

32 Noreen Herzfeld, *The Artifice of Intelligence*, 37-39.

사학자의 능력만으로 25%, AI만으로 62%를 달성하여 획기적인 성과를 거두었으나, 협력한 경우에는 72%를 달성한 것이다. 핵심은 인간 전문가와 AI가 서로 다른 방법으로 수행한 시너지의 결과이다.[33] 오늘날 우리가 AI 기술과 관련하여 많이 듣는 수식어는 '지능', '자율적', '스마트' 등이다. 과거에는 사람에게만 적용되었던 이런 수식어들이 요즘은 인공지능에도 적용된다.

특별히 최근 점점 인간을 닮아가고 인간을 뛰어넘는 로봇 같은 생성형 인공지능은 복잡한 내적 구조와 인간과의 관계를 완전히 해명하기 어렵다는 것이다. 따라서 전통적인 방식에서처럼 기술개발과 윤리 문제를 분리하여 단계적으로 진행할 수 없다는 점을 주목할 필요가 있다. 이러한 엄청난 변화 가운데서 이미 AI는 혐오와 편견 그리고 부당한 차별을 강화하고 프라이버시 첨예화로 윤리적 논쟁이 되며, 그 사례도 넘쳐난다.[34] 브린욜프슨(Brynfolfsson)과 맥아피(McAfee)에 따르면 우리는 기계가 산업혁명에서처럼 인간을 보완할 뿐만 아니라 인간의 대체물이기도 한 제2의 기계 시대에 접어들었다.[35] 이제 AI가 단순한 기계적인 활동의 도구로 사용되는 것을 넘어 가설 생성 및 증명 방법 도출 등과 같이 지적인 분야에 인공지능과 연구자가 협업하는 형태로 발전되고 있다는 것이다.

---

33 맹성현, 『AGI 시대와 인간의 미래』, 182.
34 위의 책, 18-19. 콤파스 알고리듬의 거짓 양성(재범할 것으로 예측되었지만 재범하지 않은 사람)이 불균형적으로 흑인이 많다는 연구 결과로 인해 매우 큰 논란이 벌어지고 있다. 그리고 AI 기반 얼굴 인식 기술은 종종 감시용으로 사용되며, 사람들의 프라이버시를 침해할 수 있으며 또한 소셜 미디어에서 활동하는 알고리듬은 허위 정보를 퍼뜨릴 수 있다.
35 Coeckelbergh, 『AI 윤리에 대한 모든 것』, 21.

그러므로 인공지능 윤리의 실제적 효과를 위해서는 개발의 첫 단계부터 도덕적 인간과 인간이 개발하는 인공지능의 도덕성 실현을 위해 협력해야 한다. 예를 들면 윤리적 인공지능(ethical AI)을 위한 윤리적인 데이터는 복잡한 과정에서 형성되는데, 개발 시초부터 언어학자, 윤리학자, 프로그래머, 개발자가 협동 연구를 해야 윤리적 인공지능이 가능하다. 대부분 AI, 특히 챗봇에서는 데이터 편향을 윤리 문제 주범으로 이야기한다. 그러므로 '윤리적으로 불완전한 인간이 윤리적으로 완전한 AI가 만들어지기를 기대하는 모순'을 어떻게 극복할 것인지에 대한 성찰이 윤리적 AI 개발의 출발점이 되어야 한다.[36] 이렇게 도덕적 인간과 윤리적 인공지능은 분리되어 있지 않으며 관계성 안에서 실제적 인공지능 윤리가 가능해진다.

최근 인공지능기술은 컴퓨터가 자율적 에이전트가 될 가능성을 제시하였다. 간단히 말해서 에이전트는 환경 내에서 변화를 일으키는 방식으로 행동할 수 있는 능력을 갖추고 있다. '도덕적 행위자'의 정의가 만약 현재 수준의 간단한 인공지능도 만족할 수 있는 조건을 제시한다면, 예를 들어 인간이 '도덕적'이라고 판단할 수 있는 행위를 적어도 한 가지 이상 수행할 수 있다 정도로 제시한다면 현재 시판 중인 가정용 로봇 페퍼(pepper)도 '도덕적 행위자'가 될 수 있다. 페퍼는 사람을 보면 그쪽으로 주목하면서 '반갑게 인사하듯이' 손을 들어 올리는데, 이는 '예의 바름'이라는 일종의 도덕적 특징의 외부적 행위로 해석될 수 있기 때문이다. 하지만 페퍼에게 '도덕적 행위자'의 지위를 부

---

36 박휴용, "탈인본주의적 AI 윤리란 무엇인가?: '윤리적 AI'를 중심으로," 「컴퓨터교육학회논문지」 제25권, 제6호 (2022): 75-88.

여하자는 주장에 대해 동의할 사람은 많지 않을 것이다.[37]

또한 국내에도 도덕적으로 행동하는 로봇을 하향식으로 설계하는 시도가 있다. 동아대학교 김종욱 교수팀은 10세 어린이 수준의 윤리적 판단이 가능한 인공 윤리 행위자를 개발하는 과제를 수행하고 있다. 10세 어린이 수준이란 미국 심리학자 로런스 콜버그(Lawrence Kohlberg)의 도덕 발달 이론에 의거한 인습 이전 수준(pre-conventional level)의 최상위 단계로, 공정함과 공평에 대한 개념을 기반으로 둔 기초적 윤리 판단이 가능한 수준을 의미한다.[38] 따라서 AI는 아직 도구의 형태로 존재하는 경우가 많지만, 점차 독립적인 주체로 변하거나 독립된 주체의 일부로 들어간 형태로 존재하게 될 가능성이 없지 않다. 독립적인 지위가 주어질수록 인간과의 시너지를 내는 수준도 높아질 것이며 인간은 AI에게 점점 더 폭넓은 자율성을 부여할 것이다. 그러므로 자율성을 가진 AI와의 협업은 점차적으로 선택이 아닌 필수 사항이 될 수밖에 없다고 판단하는 학자도 다수 존재한다.[39] 필자 역시 AI 기술개발과 도덕적 인간이 함께 연계되어 AI의 도덕적 행위자로서의 가능성을 어떻게 구현해 내느냐가 현실적 과제임을 인식하게 되었다.

---

37 이중원 외 8인, 『인공지능의 윤리학』, 201
38 김효은, 『인공지능과 윤리』 (커뮤니케이션북스, 2007), 108
39 맹성현, 『AGI 시대와 인간의 미래』, "인간 지능과 AI 시너지," 178-185. 사람들은 AI의 능력이 아무리 놀라운 수준이어도 창작 분야는 인간이 지켜낼 마지막 보루로 남아 있을 것으로 생각해 왔다. 하지만 생성형 AI가 나오면서 예술이나 문학과 같이 인간의 창의성을 요구하는 분야도 이제는 인간만의 고유 영역이 아니라는 인식이 퍼지고 있다. 2023년 9월에는 AI 편곡 기술을 미래 환경 데이터와 접목시켜 비발디의 〈사계〉 중 〈여름〉 협주곡을 변형한 시도가 있었다. 이 시도는 과학과 예술 간 융합이라는 의미를 넘어 자연환경 파괴 문제를 효과적으로 알리겠다는 목적하에 인간과 AI 간의 협업 사례로 주목받았다.

더욱이 최근에는 자유로운 대화를 통해 인간의 감정에 충실하게 반응하는 AI 챗봇들도 개발되어 정신과적 치료가 필요한 사람들부터 건강한 사람들까지 포함하여 서비스를 시작했다. '레플리카'라는 이 앱은 사용자와 AI 간 장기적이고 개인화된 관계 형성을 목표로 친밀하고 정서적인 파트너로서의 역할에 초점이 맞추어져 있다. 이 챗봇은 챗GPT가 나오기 전인 2023년 초반 당시 조사에서 월간 사용자 50만 명 중 40%가 챗봇을 낭만적 파트너로 생각한다고 발표했다.[40] 더 나아가 감정 표현이 가능한 로봇을 사회적 역할에 도입한 '로봇 물개 파로'에게 소개받은 노인들을 대상으로 한 연구에서 파로가 치료견과 동일한 치료 효과를 보이며 노인들을 진정시키고, 감정 처리를 돕고, 비밀을 공유하고, 애착을 갖는다는 사실을 발견했다. 또한 터클은 양로원 거주자들에게 인간형 아기 로봇인 '마이 리얼 베이비'를 선물했을 때 증조할머니가 자신의 손녀보다 마이 리얼 베이비를 더 좋아하는 듯했던 사례를 소개하면서, 사람들이 무엇이 인간이고 무엇이 아닌지 혼동하여 로봇을 애완용이 아닌 파트너로 대체할 수 있다는 우려까지 제기했다.[41]

이와 같은 사례들은 인간과 AI의 협력을 통해 감성 전문가의 능력을 확장하며 일반인들의 파트너로서 건강이나 외로움과 같은 문제를 해결하는 것을 보여 준다. 즉, 과거의 기술이 수동적인 도구로서 역할을 했다면, 이제 딥러닝에 기반한 생성형 AI는 인간의 협력자로서 자리매김하고 있다. 더 나아가 최근의 AI 기술 발전은 인간과 기계에 대

---

40 위의 책, 193.
41 Noreen Herzfeld, *The Artifice of Intelligence*, 37-39.

한 예전의 상식적인 견해에 따를 때, 처음부터 문제 설정조차 되지 않았던 인공지능의 '도덕적 행위자'로서의 가능성을 검토해야 하는 과제를 준다.[42] 이러한 맥락에서 기독교 윤리적 관점은 인간과 타자와의 관계를 설정할 때, 실재론적 입장보다는 관계론적 입장이 더 설득력 있어 보인다.[43] 우리는 위에서 언급된 인간과 인공지능의 실체적 속성 차이만을 가지고 거부할 수 없는 다양한 공존과 협력의 사례들을 윤리적으로 검토하고 도덕적 관계를 형성할 수 있는 새로운 윤리의 가능성을 이야기해야 하는 현실에 와 있다.

사실 인류는 이미 법인으로서의 사물이나 단체 등에 법적 보호를 받기도 하고 인간의 활동을 제한받기도 했다. 법적 인격, 즉 법인(legal person) 개념은 서양에서 오랜 기간에 걸쳐 사회적 수요와 각 시대적 조건에 따라 점진적으로 형성되어 왔다.[44] 법인이 단순히 재산의 영속성을 보장하기 위한 법률적 장치에서 확장되어 일종의 '책임과 의무'의 주제로서 인식되게 된 데는 유럽 근대의 경제적 확장이 관련된다. 현재 우리는 특정 목적을 위한 사단법인의 존재를 당연하게 받아들이고 있지만, 처음 법인이 생겼을 때는 사람에게 적용되는 개념, 예를 들어 '노화'를 정의할 수 있는지 등에 대한 혼란이 있었다.[45]

이렇게 기독교 인공지능 윤리를 만들어 가는 과정에서 우리는 '법

---

42 이중원 외 8인, 『인공지능의 윤리학』, 200. AI의 안전성만 보장된다면 AI는 SF영화에서 볼 수 있듯이 '사회 구성원'으로서의 지위를 얻어갈 것이다.
43 신상규, "인공지능의 도덕적 지위와 관계론적 접근," 243. 신상규는 이 논문에서 인공지능의 도덕적 지위를 설명하기 위해서 AI 로봇이 해당 속성을 실제로 가지고 있느냐 여부에 따라 결정되는 실재론적 입장의 한계와 문제점을 지적하면서, 마크 쿠헬버그(Mark Coeckelbergh)가 주장하는 관계론적 접근으로의 전환을 제안한다.
44 이중원 외 8인, 『인공지능의 윤리학』, 212.
45 위의 책, 213.

인'의 탄생 및 변화 과정과 마찬가지로 '자율주행차' 혹은 '운전자 없는 차'의 법적 책임, 도덕적 책임의 문제는 각 시대의 기술적 수준과 사회적 활용 및 널리 공유되는 윤리적 직관에 따라 사회적 논의를 통해 결정되며, 그 과정에서 '자율성'이나 '도덕적 책임'도 궁극적으로 재정의될 가능성이 있다는 점을 인식해야 한다.[46] 또한 '법인'의 개념이 수도원에서 강으로 확장되는 과정을 고려할 때 그리고 인간의 개념이 노예, 여성, 야만인을 모두 포괄하는 것으로 널리 받아들여지게 된 과정을 고려할 때, 이런 과정이 인공지능의 '도덕적 행위자' 개념에 대해서도 발생할 가능성은 상당히 높다고 볼 수 있다. 따라서 기독교 인공지능 윤리의 형성을 위해서 만약 어떠한 존재가 '도덕적 행위자'가 되기 위해서는 하나님의 형상으로서의 인간과 존재론적으로 완벽하게 동일해야 한다고 요구한다면 인공지능이 도덕적 행위자가 될 가능성은 처음부터 중단되어야 한다.[47] 하지만 우리는 기술을 통하여 끊임없이 인간과 유사해지기를 요구하면서, 동시에 인공지능에게 도덕적 지위를 부여하지 않으려는 인간의 모순을 함께 성찰하는 것도 중요하다.

결론적으로 윤리적으로 AI를 인간의 협력자로, 그래서 인공지능의 도덕적 행위자로서의 가능성을 실제로 논의하고자 할 때, 두 가지 방법이 가능하다. 하나는 대체적으로 공유하는 윤리적 직관을 크게 바꾸지 않고 약간의 변형이나 확장을 통해 논의하는 것이고, 또 하나는

---

46 위의 책, 214.

47 이상욱, "인공지능의 도덕적 행위자로서의 가능성," 「철학연구」 제125집 (2019 여름), 260. 아시모프(Isaac Asimov)와 실버버그(Robert Silverberg)의 소설, 『양자인간』(*The Positronic Man*) (1992)을 보면 앤드류에게 끊임없이 인간과 '닮을' 것을 요구하면서 동시에 인간의 완전한 지위—도덕적 행위자로서의 지위를 포함하여—를 부여하지 않으려는 인간 사회의 모순적 특징이 풍자되어 있다.

'도덕적 행위자'와 관련되어 가지고 있는 핵심 개념에 대한 본질적 재검토가 필요한 문제와 쟁점을 연구하는 것이다.[48] 필자는 기독교 인공지능 윤리에 대한 신학적 담론의 활성화를 위해서 인공지능의 실제적인 광범위한 영향력에 대한 적극적 분석과 현실 사회에서 이미 일어나고 있는 인간과 인공지능의 상호성에 대한 윤리적 성찰을 위해 윤리개념의 확장성 논의와 본질적 도덕성의 논의를 구분하며 논리를 전개할 필요가 있다고 생각한다. 즉, 기독교 인공지능 윤리는 관계론적 관점에서 인공지능과 인간의 상호성에 대한 적극적 해석을 기반으로 도구적 관계를 넘어 협력적 관계로서 인공지능의 활동을 고려하며 윤리개념의 확장성을 지향하는 것이 바람직하다고 생각한다. 예를 들면 인간의 도움의 동료로서 인공지능을 바라볼 수 있는 윤리적 개념의 확장이 실제적인 인공지능의 기독교 윤리적 규범을 만들어 가는 데 생산적 논의를 가져올 것이라는 점이다. 그러나 아직 도덕적 행위자로서의 인공지능에 대한 논의는 어느 한 사람의 주장에 의해 만들어지는 것이 아니기에 행위자로서의 인공지능의 본질적 도덕성과 그 관련된 개념들에 대하여 많은 신학적, 철학적 논의의 과정이 필요할 것으로 보인다.

또한 기독교 인공지능 윤리의 기본 입장은 도덕적 규칙과 윤리적 규범만으로는 불충분하기에, 인간과 인공지능의 차이와 유사성을 간파하고 여전히 궁극적 책임의 존재로서 인간을 강조하는 것이 중요하다. 복음서에 기록된 예수와 바리새인들 사이의 분쟁은 대부분 예수

---

48 이상욱, "인공지능의 도덕적 행위자로서의 가능성," 259. 이상욱 교수는 이 두 방법을 쉬운 문제와 어려운 문제로 나누어서 유사하게 설명하고 있다.

나 제자들이 규칙이나 종교적 관습을 어긴 데서 비롯된다. 법의 정신이 항상 문자와 일치하는 것은 아니다. 성경을 보면 다양한 상황에서 예수는 그때의 관습적 규칙과 유대교 율법을 어기며 복음의 진리를 설명하셨다. 따라서 인간과 인공지능의 협력 관계로서의 상호성에 대한 윤리적 해석은 인공지능이 데이터 처리와 사례 학습, 사물의 인식 분야에서 급속한 발전을 한다고 해서 관계성이나 상황 판단, 직관, 정서, 융통성, 사회성과 같이 인간의 중요한 본성을 대체하는 것과는 구별되어야 한다는 것이다.[49] 인간의 도덕성과 AI 도덕성의 차이의 본질은 인간의 우월성이나 인공지능의 완결성이 아니라 불완전한 인간이 때로는 기존의 규칙과 규범에 저항할 수 있다는 자율적 의식과 궁극적 진리를 향한 열려 있는 믿음이 중요한 것이다.[50] 그러므로 인간과 인공지능의 속성 차이만을 강조하는 근대 신학의 분리적 인간 이해와 본질과 실체에 기초한 방어적 태도를 극복하고 현실 세계에서 일상적으로 일어나는 인간과 인공지능의 협력적 공존의 현상을 적극적으로 분석해야 한다. 그래야 우리는 인공지능 개발의 과정에서 책임적이고 도덕적으로 개입하게 되며 윤리적 공백(ethical vacuum)을 줄여 가는 협력적 공존에 필요한 규범으로서 새로운 기독교 인공지능 윤리를 정립할 수 있게 된다.

---

49 전찬영 · 방정배 · 박균열, "인공지능의 윤리적 자율성 검토와 공익적 시사점,"「디지털 콘텐츠학회논문지」제25권, 제4호 (2024): 909-918

50 Noreen Herzfeld, *The Artifice of Intelligence*, 57. 이라크전쟁에서 마흐디 민병대는 한 어린이를 전방 관찰자로 활용했다. 미군은 정당한 전쟁의 관습에 따라 총을 쏠 수 있음에도 불구하고 그 아이를 쏘지 않았다. 인공지능이 이와 비슷한 판단을 내릴 수 있을 만큼 충분한 뉘앙스로 프로그래밍될 수 있을까?

IV. 도덕적 행위자로서 인공지능의 한계와 그 비판적 대안

현대 기술 사회에서 인공지능은 다른 어떤 분야보다도 윤리적 나침 반이 절실하게 요구된다. 인공지능이 21세기 새로운 범용 기술로 부상하면서 우리의 인식과 상관없이 상호작용하고 생활 방식을 재편하고 있기 때문이다. 2023년 11월 영국에서 개최된 인공지능 관련 첫 국제회담인 제1회 AI 안전정상회의에서 채택된 '블레츨리 선언'(The Bletchley Declaration)의 핵심은 AI 기술의 잠재력과 안전성의 확보를 어떻게 할 것인가와 이 모든 결정의 주체는 인간이 되어야 한다는 것이다.[51] 사실 개발자는 좋은 의도로 기술을 개발하지만, 기술은 항상 완전할 수 없고, 특별히 윤리적 문제는 대개 기술이 의도하지 않은 결과다. 따라서 더 중요한 질문은 항상 "누구를 위한 기술개발인가?"이다. 가령 기술이 소수의 거대 기업에 의해 형성되는 경우, 권력과 자본의 힘에 관한 질문이 제기된다: "AI의 미래 모습은 누가 만드는가?" 이 질문은 AI의 사회적, 정치적 중요성을 지적한다. 그러므로 우리는 AI 기술의 개발과 그 미래의 방향을 결정함에 있어서 국가, 기업, 시민 등 복합적 관계에서 인간의 책임을 강조해야 한다.

또한 인간과 인공지능의 협력적 공존을 적극적으로 해석하는 것은 무엇을 의미하는가? 기독교 윤리학적 관점에서 인간과 인공지능의 관계성을 '적극적으로 해석한다'는 의미는 인공지능의 도덕적 행위성에

---

51 이 국제회담이 갖는 함의는 AI 기술이 국제적으로 공동 대응을 해야 할 만큼 위협적이라는 공감대가 형성된 것이다.

대한 평가로 연결된다. 오랜 기간 도덕적 지위의 문제는 도덕행위자의 차원에서 논의되었으며, 전통적인 의미의 도덕행위자는 인격(person)적인 존재로 국한되었다. 도덕적 가치를 지녀서 존중의 대상이 되거나 도덕적 의무나 권리를 갖는 존재를 도덕적 지위를 지닌 도덕적 존재라고 말할 수 있다.[52] 따라서 인격체로서의 행위자가 되기 위해서는 이성, 의식, 자유의지와 같이 책임의 귀속에 필요해 보이는 특징을 갖추고 있어야 한다고 간주되었다.

예수 그리스도를 인간의 궁극적 원형으로 바라보는 기독교는 하나님 사랑과 이웃 사랑이라는 복음의 핵심 가치로 인해 본성적으로 하나님과 세계와 이웃을 향하여 열려 있는 존재로 인간을 이해한다. 더 나아가 하나님 앞에서 도덕적이고 가치를 지향하는 인간은 고립되어 있지 않고 주변 환경과의 관계 속에서 도덕적 자아가 형성된다. 판넨베르크는 인간은 본성적으로 하나님과 자기 자신이 속한 세상을 향해 열려 있는 존재로서 하나님을 통해 자신을 새롭게 발견하고 '되어가는 존재'라고 말한다.[53] 더 나아가 삼위일체 하나님의 개체성과 일체성을 통해 집단성을 닮은 하나님의 형상으로서의 인간의 본질은 인간의 개체성을 넘어 타 존재를 향하도록 개방되어 있다. 이렇게 현대 신학은 삼위일체 신학, 성육신 신학 그리고 생태 신학 등을 전개하면서 기본적으로 관계적 존재로서의 인간을 이해하고, 개인적이고 분리적이고 이성적 인간론을 해체하여 자아와 타자 관계뿐 아니라 인간과 자연 그리고 인간과 비인간의 관계로 확장해 왔다. 이 확장의 범주는 때로

---

52 이중원 외 8인, 『인공지능의 윤리학』, 263.

53 W. Pannenberg, *Systematische Theologie II*, 신준호 · 안희철 역, 『조직신학 II』 (서울: 새물결플러스, 2018), 406.

동식물적 타자와 환경적 타자 그리고 기술적 타자와의 이분법적 구분을 치밀하게 분석하고 그 경계를 흐트러뜨리며, 기술 시대에 이르러 인간과 비인간의 관계를 존재론적으로 재구성하고 있다.[54]

특별히 기술적으로 복잡하게 연결된 디지털 지구(digital earth)에서 우리는 우리 자신의 경험과 생각 속에서 이미 많은 것과 연결되어 있기에, 결론적으로 모든 사람은 환경과 기술에 존재론적으로 의존적이다.[55] 즉, 인간은 진공 속에 살아가는 것이 아니라 세계의 모든 것과 영적, 정신적, 물질적 그리고 환경적, 기술적으로 관계를 맺으며 살아가기 때문에 엄격한 분리적 경계를 넘어 연결되어 있는 자신을 개방하는 자세가 요청된다. 하나님의 초월은 밖에서 분리되어 초월하는 것이 아니라 성육신함으로 안에 침투하시고 육체적으로 참여하시는 그 사랑의 관계 속에서 물질화된 초월이다. 결국 기독교 인공지능 윤리의 또 다른 방향은 AI의 '도덕적 행위자'로서의 탈인간적 조건을 찾되, 그 조건은 또한 신학적으로 충분히 납득 가능한 것이어야 한다.[56] 예를 들면 인공지능 대신 사용하는 자율지능 시스템(autonomous intelligent system) 혹은 '자율 시스템'은 복잡한 환경에서 복잡한 임무를 수행하기 위해 스스로 인식하고, 계획하고, 학습하고, 진단하고, 제어하고, 중재하고, 협업하는 등 다양한 지능적 기능들로 정의된다. 그래서 자

---

54 인간과 비인간의 존재론적 관계성에 대한 기술 신학의 성찰은 필자의 졸고인 "기술 신학 정립"을 참고하라. 김은혜, "첨단 기술 시대의 신학적 과제: 인간과 기술의 상호협력적 관계에 대한 신학적 상상력과 기술신학 정립," 「기독교사회윤리」 제56집 (2023): 215-249.

55 Catherine E. Keller, *Intercarnations: Exercises in Theological Possibility* (Fordham Univ Press, 2017), 201.

56 Ibid., 202.

율 시스템이라는 표현을 쓰면 인간, 동물, 로봇을 포함한 여러 대상을 연속선상에서 파악할 수 있다.

이러한 '시스템' 개념을 모든 생명체와 무생물에 적용하면 어떤 한 개체가 지능이 있는지, 없는지와 같은 흑백 논쟁에서 벗어나 인지기능에 대한 논의에 집중하게 하고 인간, 동물, 식물, 무생물을 기능 차원에서 이야기할 수 있는 이점이 있다.[57] 또한 이러한 시스템으로서의 공통 속성이 있다고 해서 차이가 없는 것은 아니지만, 이 시스템은 인간과 자율 시스템으로서 인공지능이 공유하는 공통 속성이다. 로봇도 정해진 일을 반복 수행하는 산업 로봇에서 재난과 같은 예측 불허의 상황에 투입되어 유연하게 대처하며 임무를 수행하는 '지능형' 로봇으로 발전하고 있다. 결국 로봇이나 기계가 지능을 가진다는 것은 인간 수준의 물리적, 지적 영역에서 적응력을 가지고 있다는 것이다.[58]

윤리학적으로 인류 역사를 돌이켜보면 어떤 의미에서는 도덕적 행위자의 외연 확장에 대한 도전과 승리의 역사 혹은 타자에 대한 배제와 포섭의 역사였다고 말할 수 있다.[59] 최근 윤리학의 중요한 변화 중의 하나는 행위자 중심에서 피동자 중심의 윤리학으로의 전환이다. 즉, 윤리를 행위 주체가 아니라 행위로 인하여 영향을 받게 되는 도덕적 이해관계(interest)를 가진 피동자의 관점에서 접근할 필요가 있다는 것이다. 예를 들면 실천윤리학자인 피터 싱어(Peter Singer)의 동물 해방론처럼 동물의 권리와 관련된 철학이 그 대표 사례이다.[60] 더 나

---

57 김효은, 『인공지능과 윤리』, 2007.
58 맹성현, 『AGI 시대와 인간의 미래』, 237.
59 이중원 외 8인, 『인공지능의 윤리학』, 264.
60 위의 책, 263.

아가 심각한 기후 위기에 대한 반성적 성찰은 도덕적 피동자의 범위를 모든 동식물뿐 아니라 산과 바다와 같은 자연 세계를 포함하도록 확장하려는 생태적 환경윤리학과 연결되어 있다.[61]

　이미 우리는 기후 붕괴의 시대를 살아가면서 성서적으로 인간과 비인간 그리고 다른 생명들과의 관계를 재구성하는 생태 신학을 발전시켰고, 앞서 언급한 대로 인간과 동일하지 않지만 동물 그리고 자연을 도덕적 돌봄의 대상 혹은 법적인 보호의 대상으로 고려하고 있다. 앞서 언급한 법인 개념도 법적으로 더욱 강력하게 보호되어야 할 자연물에 대해서 법인 개념을 확장하려는 시도들이 나타나고 있다. 인공지능의 시대에 우리는 자연환경만큼, 아니 그 이상의 영향을 주고받는 관계로서의 기술 환경 속에서 인간과 인공지능의 밀접한 관계를 윤리적으로 성찰해야 하는 시대를 살아가고 있다. 향후 인간과 공존하는 인공지능을 도구를 넘어 협력자나 파트너로, 더 나아가 대리인으로 바라보게 된다면 자율성과 자유의지에 대한 인간적 해석도 새롭게 평가되어야 할 것이다.

　이렇게 피동자 중심 윤리의 현대적 의의는 자연 세계에서 인간의 검증되지 않은 특권적 위치, 즉 인간 예외주의를 문제 삼고 윤리학의 인간중심주의적 전통에 도전한다는 점에 있다. 달리 말해서 도덕적으로 유의미하고 중요한 존재를 단지 다른 '인간'들로만 국한하는 것이

---

61 에콰도르는 헌법에 '자연의 권리'(the rights of Nature)를 명문화한 첫 번째 나라다. 에콰도르 헌법에 자연의 권리 조항이 들어간 것은 2008년 개헌을 통해서다. 2014년 12월 아르헨티나에서는 오랑우탄에게 비인간 법인격(non human person)을 인정하고 동물원의 불법포획을 불법구금으로 보고 풀어주라는 판결이 나오기도 했다. 2017년 3월 뉴질랜드 국회는 원주민 마오리족의 150년에 걸친 요구를 받아들여 황가누이 강(the Whanganui River)에 법인격을 부여하는 법안을 통과시켰다.

아니라 지금까지 도덕적 공동체에서 배제되어 있던 모든 종류의 존재로 확장할 가능성을 열어놓는다는 것이다.[62] 우리가 이웃에 대한 성서적 개념을 인간만의 관계로 축소하고 인간 중심의 구원론으로 그 교리적 경계를 고정하게 된다면 인간 구원의 서사에서 배제되는 모든 다른 생명체뿐 아니라 비관계적이고 탈 세계적인 인간이 존재할 수 없는 불가능한 세계 현실을 직면하게 될 것이다. 따라서 인공지능의 도덕적 행위자로서의 가능성은 적어도 피동자 중심의 윤리적 담론 안에서 논의될 수 있을 것이다.

그러나 변화하는 인공지능기술의 발전 과정에서 인간과 인공지능과의 공존과 공진화를 지향하더라도 그 중심에는 항상 인간의 삶이 있어야 한다. 그 어떤 인공지능이라도 인간을 대체할 수 없기 때문이다. 공존의 과정에서 인간이 그 어느 때보다도 윤리적 감수성을 갖춰야 인간으로서의 가치를 유지하면서 AI의 혜택을 향유하는 삶을 살 수 있는 것이다.[63] 또한 인간과 AI의 협력적 관계성에 기초한 공존은 그리스도인이 사회 정의에 민감하고 인간의 존엄과 지구의 지속성과 같은 가치를 지향하는 협력적 존재로서의 다양한 타자들에 대한 적극적 관계 맺음으로 나타나게 됨을 의미한다.

인간성이 배제된 기술은 원천적으로 윤리적 문제를 일으킨다. 도덕적 인간이 도덕적 AI를 만든다는 의미다. 그러므로 인공지능의 도덕적 행위자로서의 가능성은 적어도 피동자 중심의 윤리적 논의 안에서 첫째, 인간과 인간이 만든 물질세계와의 관련성 안에서 발전되어

---

62 이중원 외 8인, 『인공지능의 윤리학』, 265.
63 맹성현 교수는 인공지능 시대에 갖춰야 할 필수적인 능력을 창의성, 융복합 능력, AI 문해력, 세 가지 범주로 제시하고 있다.

야 하고, 둘째, 그럼에도 인간과 구별된 자율성과 도덕적 결정에 대한 인공지능의 윤리적 특수성과 고유한 문제를 해결하기 위한 윤리적 원리와 규범적 가치를 개발하고 인간과 인공지능의 관계성에서 발생하는 문제를 검토할 수 있는 이론과 정책이 마련되어야 한다. 이미 많은 국가와 단체에서 인공지능의 윤리적 기준과 원칙을 발표해 왔으며, 기본적으로 언급되는 대표적 가치인 안정성, 투명성, 공정성, 공동선, 설명 가능성 등은 기독교 윤리적 관점에서도 동의되는 것들이다. 다만 이러한 논의의 과정에서 전제되어야 할 신학적 성찰이 우선되는 것은 기독교 인공지능 윤리의 방향과 전제들을 검토함으로 공동선을 지향하는 가치와 규범을 사회에 제시하면서 공론장에 개입하고 기독교적 공헌을 하기 위함이다. 현대 신학의 인간론에서 강조하는 존재론적 개방성, 확장성, 관계성은 인공지능이 인간성을 적극적으로 구성하고 있는 현실을 파악하는 데 유의미한 관점을 제시한다. 이러한 인간과 비인간의 관계적 존재론은 우리에게 AI를 그저 수용하거나 AI의 미래를 예측하는 것에서 인간의 책임을 언급하는 데 그치지 않고 기술개발 과정의 공개를 통하여 기술 방향이 근본적으로 윤리적 가치를 구현해 내도록 제도와 정책 그리고 윤리적 가이드라인을 통한 시민의 참여 등을 모색하도록 할 것이다. 그러므로 본 논의가 여전히 너무 미비한 AI에 대한 기독 윤리적 담론의 활성화와 더 나아가 인공지능에 대한 기독교 윤리 교육과 선교적 활용과 같은 중대하고 시급한 과제들과 바람직하게 연결되고 확장되기를 바란다.

V. 기독교 인공지능 윤리의 핵심적인 가치와 기본적인 방향

글을 마무리하면서 기초적인 단계이지만 기독교 인공지능 윤리의 몇 가지 가치와 방향을 제시하고자 한다. 첫째, 기독교 인공지능 윤리는 인간과 인공지능의 공존과 협력의 가치를 지향하면서 인간의 책임성을 회피하거나 윤리적 지체 또는 공백으로 연결되는 것을 방지하기 위하여 궁극적 인간의 책임성을 강조한다. 즉, 인간과 인공지능과의 관계를 해명하는 것의 복잡성과 기술의 첨단성이 기술을 개발하는 개발자와 이를 사용하는 사용자에게 윤리적 책임에서 벗어날 수 있는 정당화의 사유가 되어서는 안 된다는 것이다.[64] AI 기술이 미치는 영향이 광범위한 만큼 인간의 궁극적 책임의 강화는 순차적이라기보다 초기부터 개발자, 프로그래머, 사용자 모두 인공지능 윤리의 필요성을 인식해야 하고, 새로운 기독교 AI 윤리 담론의 활성화를 통하여 AI를 만들고 사용하는 그리스도인들이 더욱 윤리 의식을 가지고 인간의 책임을 증진시켜야 한다.

둘째, 기독교 인공지능 윤리는 인공지능과 인간의 상호성과 협력

---

64 전찬영·방정배·박균열, "인공지능의 윤리적 자율성 검토와 공익적 시사점," 909-918, 하나의 대안으로 제기된 '임베디드 에틱스'(Embedded Ethics) 교육은 하버드대 교수 앨리슨 시먼스가 처음 내놓은 개념으로, 코딩과 같은 기술 관련 교육 과정에 처음부터 윤리 문제를 반영해서 두 문제를 함께 고민하도록 해야 한다는 취지를 담고 있다. 임베디드 에틱스는 미국 하버드대학교에서 2017년 무렵 시작된 다학제적 교육 프로그램으로, 컴퓨터 공학 커리큘럼에 윤리를 끼워 넣음(Embedded)으로써 둘의 융합을 시도하는 것이다. 현재 하버드와 스탠포드뿐만 아니라 미국 유수의 대학들이 이 방향성에 동참 중이다. 이 컨퍼런스에 참여한 서울대 천현득 교수 발표에 따르면 한국 대학 중에서 임베디드 에틱스를 적용한 곳은 현재까진 없는 것으로 보인다.

적 관계성에 대한 적극적 해석을 기반으로 도구적 관계를 넘어 인공지능의 활동을 적극적으로 평가하고 분석하기 위해 인간과 비인간과의 존재론적 관계성에 기초한 윤리와 타자 개념의 확장성을 지향한다. 또한 인공지능의 도덕적 행위자로서의 가능성은 아직 도덕성에 대한 본질적 논의가 더 필요하지만, 적어도 피동자 중심의 윤리적 담론 안에서 탐구할 수 있다. 이러한 과정에서 기독교 인공지능 윤리의 중요한 가치는 인간의 유한성과 인간다움에 대한 지속적이고 치열한 성찰과 정서, 공감, 보살핌, 사회성 등 사회적 연대와 공동체성 그리고 책임을 강화하는 신앙 교육으로서 인성 교육을 강조해야 한다. 또한 기독교 인공지능 윤리는 인간의 존엄성의 증진뿐 아니라 환경 가치를 지향해야 한다. 예를 들면 '지니'와 같은 만능 보조자가 지적, 정신적 영역을 충분히 채워준다면 인간관계를 유지할 필요성이 줄어들고 '인간미'는 점점 사라질 것이다.[65] AI 시대에 인간은 아직도 IQ 테스트로 학생의 잠재력을 평가하지만, 요즘 타인과 잘 어울릴 줄 아는 능력 EQ 및 자연과 사회성 지수 SQ와 밀접한 관계가 있는 공존 지수 NQ(Network Quotient)가 중요하게 평가된다.[66] 이러한 대체 불가능한 인간성은 '모라벡의 역설'(Moravec's Paradox)에서 통찰력을 얻을 수 있다.

인간에게는 쉬운 상식을 기계는 쉽게 학습하지 못한다. 상식은 인간들이 공유하는 최소 윤리이다. 상식은 명시적 규범이 아니라 사회적으로 학습되며 계속 유동하기에 기계가 상식을 쉽게 배우지 못하는 것이다.[67] 즉, 인간만이 인간을 넘어 동물이나 자연이나 기술 환경의

---

65 맹성현, 『AGI 시대와 인간의 미래』, 238.
66 위의 책, 229.
67 김지연, "인공지능(AI)의 윤리적 지위: 인간과 비인간 사이에서 어울리기," 「사회와

가치를 침해하지 않을 수 있다. 그러한 관계성 안에서 윤리적 AI 개발은 불완전한 신체를 가지고 있는, 그래서 하나님과의 관계 안에서 인간적인 것의 진정성이 부각되고 재정의되는 윤리적 성찰이 중요하다. 죄인인 인간은 욕망의 노예가 될 수 있지만, 하나님의 형상으로서 그리스도를 닮아가는 인간은 인류 구원의 공동선을 이루어 갈 수 있는 본성을 동시에 부여받았다. 라인홀드 니버가 『인간의 본성과 운명』(1941)에서 성서적 인간 이해의 특성을 '피조물, 죄인, 하나님의 형상'으로 개념화한 부분은 여전히 유효하다. 인간은 하나님의 형상임과 동시에 피조물이자 죄인임을 깊이 인식하게 되면 불완전하기에 끊임없이 반성하고 성찰하는 윤리적 인간이 되어가는 것이다. 그러므로 기독교 인공지능 윤리는 사람을 이기는 인공지능이 아니라 인간을 이롭게 하고 인간과 비인간이 함께 공존하는 기술을 위해 양극단의 입장을 지양하고, 끊임없이 성찰하고, 수정해 나가게 된다.

마지막으로 우리는 인간과 동일한 인공지능의 도덕적 행위자로서의 가능성은 여전히 많은 문제가 있음을 살펴보았다. 특별히 기독교 인공지능 윤리의 방향을 설정함에 있어서 인간과 인공지능과의 관계성에 나타나는 신격화와 인격화의 문제를 간파하는 그리스도인의 도덕성이 중요하다. 인간의 유한성이 배제된 인격화와 신격화는 잘못된 도덕적 판단의 근거가 된다. 우리가 AI를 초월적이거나 구원적인 존재로 취급하면 신격화의 시작이 되고, 그때 인간은 유한하고 의존적인 존재라는 현실적인 이해를 잃게 된다.[68] 우리가 어떤 대상을 '신격

이론」 통권 제46집 (2023. 11.): 89-131.
68 Noreen Herzfeld, *The Artifice of Intelligence*, xii.

화'한다는 것은 절대적인 신뢰를 갖는다는 것이고 고도화되는 AI 기술을 통해 사람들의 신뢰는 점점 더 쌓여갈 것이기에 청소년들은 훨씬 더 이런 AI에 빠져들 수 있다.[69] 로봇공학자들이 로봇의 외양을 사람처럼 만들고 최대한 의인화하는 이유는 신뢰를 쌓는 데 유리하기 때문인데, 이제는 챗GPT와 같은 생성형 AI는 인간 같은 외양 없이도 인간의 신뢰를 얻고 있다.

이제 인공지능이 '초인간의 지식'을 소유하게 되면 신뢰의 수준이 '신급'으로까지 격상될 수 있으며 제2의 인지 혁명으로 인해 정신노동과 의사결정이 자동화되면서 인간 사고력이 약화되는 새로운 문제도 '신격화'의 촉진제가 될 수 있다.[70] 이에 기독교 인공지능 윤리는 대체 불가한 기독교적 인간성을 갖추기 위해 그리스도인들은 인간성의 원형이고 관계의 모범인 예수 그리스도를 닮아가는 인격과 성품을 형성하고 겸손한 자세로 하나님께 공동체적 영성과 지혜를 구해야 한다. 특별히 AI 윤리와 같은 전 지구적 이슈는 일상에서 간과하기 쉽지만, 한 번 임계점을 넘어가면 되돌리기 어려운 비가역적인 특성이 있기에 인공지능을 잘못 사용했을 때의 수많은 경고와 인간의 한계를 잊지 않아야 한다. 인공지능을 거부할 수도 없고 거부하기에는 이미 초연결 시대에 접어든 현실에서 기독교 인공지능 윤리는 교회의 미래뿐 아니라 바람직한 인류의 미래를 만들어 가는 사회의 실제적 문제이다.

---

69 맹성현, 『AGI 시대와 인간의 미래』, 207.

70 특히 어렸을 적부터 AI에 노출된 미래 세대에게 발생할 가능성이 높다. 예컨대 학생이 챗GPT로부터 답을 받아 확인하는 과정 정도를 거쳐 숙제를 마무리할 수 있다면 많은 내용을 읽어보고 종합하는 과정을 통해서만 얻을 수 있는 비판하고 요약하는 사고력을 키우기 어렵다. 교육 과정과 일상에서 인지적 노력이 생략되면 생물학적으로도 뇌의 발달에 부정적인 영향을 준다. 요한 하리, 『도둑맞은 집중력』.

그러므로 우리는 윤리적 인간과 도덕적 인공지능의 공존이 미래의 가능성이 아니라 현재 진행되는 현상임을 직시하고 기독교 인공지능 윤리의 담론적 책임을 더욱 강화해 나가야 할 것이다.

도덕적 인공지능과 비도덕적 사회*

송용섭 | 영남신학대학교 신학과 부교수

I. 들어가는 말

인공지능 분야에서 과학 기술의 발전 방향은 인간 수준의 지능 혹은 그것을 뛰어넘는 수준의 인공지능 개발을 지향하고 있다. 물론 이러한 목표가 과연 성취될 수 있을지는 아직까지 비전공자들의 판단 영역을 넘어서는 일이다. 하지만 닉 보스트롬의 설문조사에 따르면, 과반수의 인공지능 전문가가 2050년까지 인간 수준의 인공지능의 도래를 예상하였고, 90% 이상의 전문가들은 2075년까지는 도래할 것이라 예상하였다.[1] 뿐만 아니라 과학 기술의 특이점이 초래할 초지능

---

* 이 논문은 2022년 대한민국 교육부와 한국연구재단의 인문사회 분야 중견연구자 지원 사업의 지원을 받아 수행된 연구이다(NRF-2022S1A5A2A01047056). 이 논문은 「기독교사회윤리」 57권에 실린 "도덕적 인공지능과 비도덕적 사회"를 수정·보완하였다.
1 Vincent C Müller, and Nick Bostrom, "Future Progress in Artificial Intelligence: A Survey of Expert Opinion," *Fundamental issues of artificial intelligence* (2016), 14.

의 등장에 관심을 가지는 사람들에게 이것의 도래는 미래가 아닌 현재의 삶에 영향을 미치는 등 사회문화 현상이 되기도 하였다. 예를 들어 레스롱(LessWrong)이라는 온라인 커뮤니티의 포럼에 로코(Roko)라 불리는 유저가 "미래에 초지능이 개발되면 이의 등장을 돕지 않았거나 방해했던 사람들을 가상 세계의 지옥에서 영원한 형벌에 처할 것"이라는 사고실험을 게시한 것만으로도 이를 읽은 일부 사람들은 위협을 느끼고 심리적으로 피해를 입게 되었다.[2] 비록 일부이긴 하나 미래 초지능의 등장에 대하여 현재에서 실제적인 두려움을 나타내는 사람들의 반응은 미래에 등장하게 될 인간 수준의 인공지능의 문제가 실상은 이미 현시점부터 논의해야만 할 윤리적 이슈를 내포하고 있음을 알려 준다.

인공지능이 인간 수준 혹은 그 이상의 지능을 지닐 수 있다는 가능성은 지금까지 사물이자 인간을 위한 도구로 여겨져 온 인공지능에 대한 우리의 인식 변화를 촉구하고 있다. 강지능 혹은 초지능의 등장 가능성은 인간의 상호작용을 통한 난제 해결이라는 희망을 제시할 뿐만 아니라 인간의 파멸을 초래할 수 있는 실존적 위협으로 여겨지기도 한다. 인공지능기술이 발전할수록 사회 속에서 인간과의 상호작용이 더욱 활발하게 진행될 것이기 때문에, 결국 다양한 윤리적 이슈가 등장하는 것은 피할 수 없다.

그동안 과학자들은 현실에서 제기될 수 있는 다양한 문제에서 윤리적 판단을 수행하기 위하여 주로 목적론 및 의무론의 이론에 의존한

---

2 Beth Singler, "Roko's Basilisk or Pascal's? Thinking of Singularity Thought Experiments as Implicit Religion," *Implicit Religion* 20, no. 3 (2018): 279-280.

인공지능(로봇)을 제작해 왔다. 하지만 이의 적용 과정에서 발생할 수 있는 다양한 한계 상황으로 인해 최근 학계의 새로운 주목을 받는 것은 '인공적 도덕행위자'(Artificial Moral Agent) 혹은 '도덕적 인공지능'(Moral AI)이라는 개념이다.3 관련 분야의 핵심 연구자인 예일대학교의 웬델 월러치는 인공지능 연구에서 기존의 목적론 및 의무론적 개발 방안에 한계가 있음을 지적하고, 이에 더하여 덕 윤리적 관점을 병용한 혼종 체계(hybrid systems)가 필요하다고 주장하였다.4

이에 이 글은 '도덕적 인공지능' 혹은 '인공적 도덕행위자'에 관한 선행연구들을 검토하고, 논의되는 '인공적 도덕행위자/도덕적 인공지능'을 기독교 현실주의자 니버의 '도덕적 인간' 대신 비도덕적 사회 속에 위치시킴으로써 도덕적 인공지능의 가능성과 한계를 모색하려 한다. 즉, 이 글은 도덕적 인공지능의 등장이 라인홀드 니버가 주장한 개인윤리와 사회윤리의 한계를 넘어설 수 있는지에 대하여 비판적으로 성찰할 것이다. 이러한 연구는 향후 도덕적 인공지능의 논의가 기독교 사회윤리학의 새로운 논쟁적 주제로 부각될 수 있음을 알려 준다.

지금까지 관련 분야 국내 선행연구들은 인공적 도덕행위자의 '실현 가능성'이나 '도덕적 지위 부여'의 문제를 중점적으로 연구하였다. 한편 월러치로 대표되는 국외 선행연구들은 인공적 도덕행위자를 개발하기 위하여 목적론과 의무론으로 대변되는 하향식과 덕 윤리로 대변

---

3 도덕적 인공지능은 인공적 도덕행위자보다 폭넓은 의미로 사용될 수 있는 용어지만, 니버의 저서인 『도덕적 인간과 비도덕적 사회』에 상응하는 어감과 윤리적 이슈를 강조하기 위하여 이 글에서는 같은 의미로 필요에 따라 교차 사용할 것이다.

4 Wendell Wallach, Stan Franklin, and Colin Allen, "A Conceptual and Computational Model of Moral Decision Making in Human and Artificial Agents," *Topics in cognitive science* 2, no. 3 (2010): 458-459.

되는 상향식 접근 방식을 병용하는 혼종적 접근 방식이라는 '제작(설계) 방식'을 구성하는 데 연구 노력을 집중하였다. 이러한 인공적 도덕 행위자에 관한 선행연구는 주로 철학적 분야에서 진행되었다. 따라서 신학에 기반한 기독교 윤리학 분야에서 이를 독립 주제로 연구하는 것은 기존의 선행연구와 차별성을 갖게 할 것이다. 뿐만 아니라 인공적 도덕행위자 개발에 관한 선행연구가 지닌 덕 윤리학적 관점과 니버의 기독교 현실주의를 비교하는 연구는 기독교 윤리학의 현재와 미래에 새롭고 창의적인 연구 주제와 대안을 제시할 수 있다. 향후 이러한 연구 결과물이 기독교계에 소개된다면, 본 연구 주제에 관한 신학자들의 새로운 학술적 참여를 유도하고 연구 분야의 지식을 증진시킬 수 있을 것이다.

이를 위하여 이 글은 해당 주제에 대한 선행연구 검토 이후에 다음과 같은 주제 질문들을 제기하고 연구할 것이다. 첫째, 인공지능은 인간보다 더 도덕적인 존재가 될 수 있는가? 둘째, 도덕적 인공지능은 비도덕적 사회 내의 집단이기주의적 한계를 초월할 수 있는가? 이러한 질문과 응답은 과학 기술의 영역에 속할 뿐만 아니라 신학적인 영역이자 기독교 윤리학의 영역에 속할 것이다. 본 연구는 이러한 질문들에 대하여 기존의 인공지능 연구 동향을 소개하고 기독교 윤리학의 입장에서 응답하려 한다.

II. 인공적 도덕행위자에 관한 선행연구의 주요 쟁점과 한계

먼저 국내외의 학계에서 인공적 도덕행위자에 관한 선행연구는 어떤 내용으로, 어떻게 진행되어 왔으며, 그 한계나 문제점은 무엇인가? 국내 학계에서 인공적 도덕행위자에 관한 논의의 주요 쟁점은 실현성 및 도덕적 지위 부여 문제로 요약될 수 있다. 인공적 도덕행위자를 '독립적 주제'로 다루는 국내 학계의 논의들은 주로 철학 및 법학 분야에서 활발히 이루어졌으며, 기독교 신학(윤리학) 분야에서는 그러지 못했다는 한계가 있다.

현재까지 논의에서는 '인공적 도덕행위자의 실현이나 지위'에 대하여 이의 조건적 가능성을 예견하는 연구들이 다수 진행되었다. 신상규는 인공지능의 도덕적 지위를 지속적으로 심도 깊게 논하면서, 아직까지 인공지능의 도덕적 지위 논쟁은 확정되지 않았으나 인공지능 기술의 발전에 따라 우리 인간의 인식이 변화하리라 예견하며 인공지능의 책무성을 강조하였다.[5] 이상욱 역시 인공지능의 도덕적 행위자로서의 지위 문제를 쉬운 문제와 어려운 문제로 나누어 다루며 미래에 도덕적 행위자에 관한 우리 인식의 변화 가능성이 있다고 주장하였다.[6] 또한 이상형은 윤리적 인공지능이 조건적으로 가능하다고 주장하였고,[7] 이재숭은 도덕행위자의 지위가 인공적 도덕행위자에 확장

---

5 신상규, "인공지능의 도덕적 지위와 관계론적 접근," 「철학연구」 149 (2019); "인공지능은 자율적 도덕행위자일 수 있는가?" 「哲學」 no. 132 (2017); "인공지능 시대의 윤리학," 「지식의 지평」 no. 21 (2016).
6 이상욱, "인공지능의 도덕적 행위자로서의 가능성: 쉬운 문제와 어려운 문제," 「哲學研究」 no. 125 (2019).

될 가능성이 있다고 전망하였다.[8] 마지막으로 송승현은 인공지능이 도덕적 행위자가 될 수 있는지 물으며, 이는 인간의 도덕성을 판단하는 방식으로 판단될 것이기에 인문 사회과학적 연구가 필요하다고 주장하였다.[9]

그러나, 위의 견해들과 달리, 인공적 도덕행위자란 불가능하다는 입장도 있다. 정태창은 "자아 없는 자율성"이란 논문에서 인공지능은 자기 이익 개념이 부재하기 때문에 인공지능에게 도덕적 지위를 부여할 수 없다고 주장하였다.[10] 최경석 역시 인공지능은 자아를 가지고 있지 않기에 의도성이 부재하므로 도덕적 행위자로 인식되기 어렵다고 판단한다.[11] 또한 맹주만은 인공지능은 자율적 행위자가 아니고 형식적 자율성만 지니기 때문에 도덕적 행위자가 아니며 도덕적 기계는 불가능하다고 주장하였다.[12]

지금까지 소개한 학자들이 인공적 도덕행위자의 조건적 가능성 또는 불가능성을 주장하였다면, 다음과 같은 학자들은 인공적 도덕행위자의 등장을 직간접적으로 가정하고 이의 구현 방안을 제시하였다. 박균열은 두 편의 논문에서 인공적 도덕행위자의 온톨로지 구축을 위한 기본 알고리즘을 제안하였고,[13] 도덕적 역량 개념을 토대로 인공적

7 이상형, "윤리적 인공지능은 가능한가? — 인공지능의 도덕적, 법적 책임 문제,"「법과 정책연구」16, no. 4 (2016).

8 이재숭, "AMA의 도덕적 지위의 문제,"「哲學論叢」102, no. 4 (2020).

9 송승현, "인공지능과 도덕성,"「法曹」67, no. 6 (2018).

10 정태창, "자아 없는 자율성 — 인공 지능의 도덕적 지위에 대한 고찰,"「사회와 철학」 no. 40 (2020).

11 최경석, "인공지능이 인간 같은 행위자가 될 수 있나?"「생명윤리」21, no. 1 (2020).

12 맹주만, "인공지능, 도덕적 기계, 좋은 사람,"「철학탐구」59 (2020).

13 박균열, "인공적 도덕행위자(AMA)의 온톨로지 구축,"「한국디지털콘텐츠학회 논문

도덕행위자가 도덕적 판단과 행위 시에 그것을 설명할 수 있는 방안을 제시하였다.[14] 또한 목광수는 인공적 도덕행위자의 설계를 위해 고려해야 할 형식적 구조를 제시하였다.[15] 과학적, 발달심리학적 관점에서 박형빈은 인공적 도덕행위자의 도덕적 기준을 제시하였으며,[16] 김은수 외 3인은 인공적 도덕행위자의 10세 아동 수준의 실제적 윤리 판단을 위한 도덕 판단 모듈 개발을 연구하였다.[17] 또한 절충적 입장을 보이는 김다솜은 맹주만과의 공동연구를 통해 인공적 도덕행위자는 원칙적으로 불가능하나, 특정한 도덕적 관점을 채택한 경우에는 가능할 수 있다는 전제하에 인공적 도덕행위자를 설계하려 하였다.[18]

한편 국외 학계에서 인공적 도덕행위자에 대한 선행연구는 예일대학교의 웬델 월러치가 대표적이다. 월러치는 인디애나대학의 콜린 알렌과 함께 저술한 『왜 로봇의 도덕인가』(Moral Machines)에서 인공적 도덕행위자의 필요성과 개발 방안을 구체적으로 서술하였다. 그는 인공적 도덕행위자를 제작하기 위해서는 먼저 인간의 윤리학(특히 덕 윤리학)에 대한 진지한 고찰이 필요하다고 주장하였다.[19] 이어 월러치는

지」 20, no. 11 (2019).

14 "도덕적 역량 개념을 토대로 한 자율적 도덕행위자(AMA)의 설명 가능한 역량 기획," 「한국도덕윤리과교육학회 학술대회 자료집」 no. 10 (2020).

15 목광수, "인공적 도덕 행위자 설계를 위한 고려사항," 「철학사상」 69 (2018); "도덕의 구조 — 인공지능 시대 도덕 논의의 출발점," 「철학사상」 73 (2019).

16 박형빈, "기계윤리 및 신경윤리학 관점에서 본 인공도덕행위자(AMA) 도덕성 기준과 초등도덕교육의 과제," 「한국초등교육」 31, no. 5 (2021); "AI윤리와 신경과학의 AMA 도전 과제 — 도덕판단 알고리즘 구현을 위한 검토 사항," 「윤리교육연구」 64 (2022).

17 김은수 외, "10세 아동 수준의 도덕적 인공지능개발을 위한 예비 연구 — 인공지능 발달 과정을 중심으로," 「초등도덕교육」 no. 57 (2017).

18 김다솜 · 맹주만, "인공지능과 도덕적 기계 — 칸트적 모델과 흄적 모델," 「철학탐구」 62 (2021).

19 Wendell Wallach, and Colin Allen, *Moral Machines: Teaching Robots Right from*

인공적 도덕행위자에 관한 다수의 논문에서 도덕적 기계(인공적 도덕행위자)를 만드는 것이 '이론적인 목표가 아닌 실제적인 목표임'을 밝히며, 이를 위하여 혼종적(hybrid) 접근 방식을 제안한다.[20] 즉, 인공적 도덕행위자의 실제적 개발을 위해서는 '의무론'과 '목적론'에서 볼 수 있는 것처럼 도덕 개념을 프로그래밍하여 인공적 도덕행위자를 제작하려는 '하향식 접근 방식'과 덕(virtue)을 학습 및 훈련시켜 이를 제작하려는 덕 윤리적 '상향식 접근'을 혼합한 '혼종적 접근 방식'을 개발할 필요가 있다.[21]

이때도 월러치는 인공적 도덕행위자 개발을 위해서는 현재부터 가까운 미래까지 약인공지능 개발에서 쉽게 활용할 수 있는 하향식 접근에 더하여 상향식의 '덕 윤리적 접근 방식'에 대한 성찰을 더욱 강조한다. 다양한 덕 가운데 지적인 덕은 규칙이나 원칙을 명시적으로 기술

Wrong, 노태복 역, 『왜 로봇의 도덕인가』 (서울: 메디치, 2014), 21-22.

20 Wendell Wallach, "Robot Minds and Human Ethics: The Need for a Comprehensive Model of Moral Decision Making," *Ethics and Information Technology* 12, no. 3 (2010): 243-244.

21 Colin Allen, Wendell Wallach, and Iva Smit, "Why Machine Ethics?" *IEEE Intelligent Systems* 21, no. 4 (2006); Wendell Wallach, "Implementing Moral Decision Making Faculties in Computers and Robots," *AI & SOCIETY* 22, no. 4 (2008); Wallach, Franklin, and Allen, "A Conceptual and Computational Model of Moral Decision Making in Human and Artificial Agents"; Wallach, "Robot Minds and Human Ethics: The Need for a Comprehensive Model of Moral Decision Making"; Wendell Wallach, Colin Allen, and Stan Franklin, "Consciousness and Ethics: Artificially Conscious Moral Agents," *International Journal of Machine Consciousness* 3, no. 1 (2011); Wendell Wallach, *A Dangerous Master : How to Keep Technology from Slipping Beyond Our Control* (New York: Basic Books, 2015); Wendell Wallach, and Gary E Marchant, "An Agile Ethical/ Legal Model for the International and National Governance of AI and Robotics," *Association for the Advancement of Artificial Intelligence* (2018).

하는 하향식 접근 방법을 통하여 인공적 도덕행위자에게 가르치지만, "윤리적 덕은 습관, 학습 그리고 품성에 달려 있으므로 개별 인공적 도덕행위자가 실행을 통해 학습해 나가거나 상향식 발견 과정을 통해 익혀야 한다."[22] 이러한 방식의 윤리적 덕의 학습은 1950년대에 튜링이 제안한 대로 낮은 수준의 아동 인공지능(Child AI)을 개발한 후에 이를 학습과 훈련을 통하여 더 높은 수준의 덕을 형성한 성인 인공지능(Adult AI)으로 발전시키는 방안을 채택할 수 있다.[23]

섀넌 밸로어 역시 『기술과 덕』(*Technology and the Virtues*)에서 21세기 과학 기술 시대에 인간의 번영을 위해서는 덕 윤리적 접근이 인공지능기술 개발에 활용되어야 한다고 주장하며 이에 필요한 덕들의 목록과 개념을 제시하였다.[24] 이외에도 리사 풀럼과 아빈 고우가 기술 발달에 있어 덕 윤리의 필요성을 주장하였다.[25]

이상에서 인공적 도덕행위자에 관한 국내의 선행연구들은 이의 실현 가능성이나 도덕적 지위 인정 여부를 주로 고찰하였고, 국외의 선행연구들은 인공적 도덕행위자(도덕적 기계)를 개발하기 위하여 덕 윤리의 중요성을 강조한 혼종형 접근 방식을 구상하였음을 알 수 있다.

---

22 Wendell Wallach, and Colin Allen, 『왜 로봇의 도덕인가』, 206.
23 Alan M. Turing, "Computing Machinery and Intelligence," *Theories of Mind: An Introductory Reader*, ed., Maureen Eckert (Lanham, MD: Rowman & Littlefield, 2006), 72.
24 Shannon Vallor, *Technology and the Virtues : A Philosophical Guide to a Future Worth Wanting* (New York, NY: Oxford University Press, 2016).
25 Arvin M. Gouw, "Genetic Virtue Program: An Unfeasible Neo-Pelagian Theodicy?" *Theology and Science* 16, no. 3 (2018); Lisa Fullam, "Genetically Engineered Traits Versus Virtuous Living," Ibid.

III. 도덕적 인공행위자 혹은 도덕적 인공지능에 대한 입장들

도덕성을 내재한 인공지능은 도덕적 인공지능(Moral AI 혹은 Virtuous AI) 또는 인공적 도덕행위자라는 이름으로 연구되고 있다. 월러치에 따르면 인공적 도덕행위자(AMA)란 '도덕적 행위자의 범위가 인간을 넘어 인공지능 시스템으로까지 확대되는 것'을 지칭하는 말이다.26 인공적 도덕행위자는 자율주행 자동차나 군사 로봇과 같이 인공지능이 위기 혹은 위험한 순간에 의사결정을 해야 할 경우, 예상치 못한 상황으로 인하여 프로그램된 윤리 코드만으로는 적절한 도덕적 판단을 할 수 없는 상황이 발생할 수 있다는 인식으로 인해 대안으로 등장하였다. 월러치에 따르면 인공지능에게 윤리 규칙을 코드나 프로그램으로 입력하여 현실의 윤리적 상황에서 반응하게 하는 것은 '의무론'이나 '목적론'적 윤리 체계에 기반한 하향식 의사결정 방식이다. 이러한 윤리 체계는 약인공지능의 경우에 현실의 예상치 못한 변수들에 대해 적절한 반응을 불가능하게 하거나 목적을 달성하기 위해 수단과 방법을 가리지 않는 선택을 하게 할 가능성이 있다. 예를 들어 지난 5월에 미공군 인공지능 테스트 책임자인 해밀턴 대령이 영국에서 열린 미래 전투기 관련 컨퍼런스에서 미군의 군사 드론이 가상의 지상 적들을 폭격하기 위한 시뮬레이션 비행 훈련 중에 폭격 승인 요청을 인간 오퍼레이터가 거부하자 자신에게 부여된 목적을 방해하는 인간 오퍼레이터를 대신 폭격해 제거하거나, 사령부가 이를 목격하고 드론에게

---

26 Wendell Wallach, and Colin Allen, 『왜 로봇의 도덕인가』, 14.

인간 오퍼레이터 공격 중단을 명령하자 자신에게 방해 신호가 송신하는 통신 탑을 파괴한 적이 있다고 발표했다.[27] 의도치 않은 논쟁 속에 발표자의 취소 요청으로 해당 내용은 세간의 관심에서 사라졌다.[28] 하지만 해당 발표 내용은 목표(목적론)가 설정된 미래의 인공지능이 자신의 목적을 완수하기 위하여 수단과 방법을 가리지 않고 수행 과정상의 규정(의무론)을 무시할 가능성이 존재함을 명확히 시사한다.

특히 강지능(AGI)의 경우에는 자신의 생존 혹은 이익을 위하여 인간이 입력한 목적을 스스로 변경하여 자신만의 목적을 새로 세우고 기존의 규칙을 교묘히 회피할 수 있으며, 인간이 적절한 시기에 이를 인지하거나 통제할 수 없다는 문제가 있다. 예를 들어 〈아이, 로봇〉(2004)이라는 영화는 아이작 아시모프가 제안한 '로봇 3원칙'을 인공지능이 교묘히 회피하여 인간들을 살해하는 내용을 담고 있다. 이는 목적이나 규범을 인공지능에게 코딩이나 프로그램할 때 발생할 수 있는 예외의 가능성과 인공지능의 의도적 규범 회피로 인한 심각한 파괴력을 이야기하는 것이다.

인공지능기술이 급속히 발달함에 따라 인간이 점점 더 인공지능에게 정보와 판단을 의존하거나 위임하는 상황이 발생할 가능성이 증가하면서, 위에서 예시한 하향식 의사결정 방식의 문제점들이 부각될 가능성이 높다. 일상적으로 윤리적 행위는 하향식 의사결정 방식에서

---

27 Tim Robinson, and Stephen Bridgewater, "Highlights from the Raes Future Combat Air & Space Capabilities Summit," *The Royal Aeronautical Society.* https://www.aerosociety.com/news/highlights-from-the-raes-future-combat-air-space-capabilities-summit (2023. 11. 12. 접속).

28 Guardian Staff, "Us Air Force Denies Running Simulation in Which AI Drone 'Killed' Operator," *The Guardian* (2023. 6. 2. 접속).

처럼 원칙이나 목적에 따른 상황을 심사숙고하여 결정하는 우리의 선택뿐만 아니라 우리가 지닌 가치를 구체적으로 드러낼 수 있는 빠른 선택을 포함하기도 한다.[29] 일상생활에서 우리가 지닌 가치가 다양한 윤리적 상황에서 펼쳐지는 다양한 행위의 선택에 암시적으로 혹은 명백히 작용하고 있다는 점을 고려할 때,[30] 이러한 상향식 의사결정 방식을 포함하는 인공적 도덕행위자는 하향식 의사결정을 보완할 대안으로 논의되고 있다. 이러한 논의는 실생활에서 활용될 자율주행 자동차의 사고 예방이나 회피 등에 필요한 약인공지능의 개발뿐만 아니라 먼 미래에 강지능이나 초지능이 등장할 경우에서 더욱 두드러지게 나타난다.

예를 들어 닉 보스트롬은 과학 기술의 발전이 특이점에 도달할 경우 인공지능이 초지능으로 발전하여 인류에 위협이 될 수 있다고 주장한다. 과학 기술은 약지능을 궁극적으로 인간의 지성과 의식을 갖춘 강지능으로 발전시켜 가려 할 것인데, 일단 강지능이 등장하면 곧이어 초지능으로 도약하게 되리라 예상할 수 있다. 일단 초지능이 개발되면 자신의 생존을 궁극적 가치로 여길 수 있다. 이때 인간의 생존이 자신에 위협이 된다고 예측하거나 인간 멸종이 자신의 생존에 도움이 된다고 예측하면, 초지능은 인간의 생존을 위협할 수 있다.[31] 또한 초지능은 그것이 인간과 전혀 다른 방식으로 추론하며 도구적 가치를 내재하기 때문에 향후 인간이 전혀 예상하지 못한 영역에서 인류의

---

29 Wallach, Franklin, and Allen, "A Conceptual and Computational Model of Moral Decision Making in Human and Artificial Agents," 457-458.

30 Ibid., 458.

31 Nick Bostrom, *Superintelligence: Paths, Dangers, Strategies* (Oxford: Oxford University Press, 2014).

실존적 위험을 초래할 가능성이 있어 이에 대한 선제적 대응 방안이 필요하다.32 보스트롬은 '우호적 인공지능'(Friendly AI)과 같이 도덕적인 인공지능 개발은 이러한 위협에 대응할 수 있는 효과적 방안의 하나가 될 수 있다고 주장한다.33 인간의 도덕적 가치에 동의하는 우호적 인공지능과 같은 인공적 도덕행위자는 인공지능 구현 시의 윤리적 문제를 해결하기 위한 대안으로서뿐만 아니라 초지능의 위협에 대한 예방 전략의 일환이다.

물론 과학 기술이 고도로 발전하게 된다 해도 강지능 또는 초지능의 도래는 불가능하다고 여기는 견해도 많다. 인간의 의도된 영향력이 없다면 인공지능이 스스로 학습을 반복하여 강지능이 되는 것은 불가능하다는 견해도 있다.34 또한 인공지능은 의식이나 의도성이 부재하기 때문에 도덕적 주체로 인정하기 어렵다는 견해도 있다.35 이렇게 인공적 도덕행위자의 문제는 인공지능의 발전과 그 가능성에 직접적으로 연관되어 있기 때문에 강지능이나 초지능의 개발이 불가능하다고 여기는 견해 속에서는 인공적 도덕행위자를 구현하는 것이 아예 불가능하다고 생각하기 쉽다.

---

32 "The Superintelligent Will: Motivation and Instrumental Rationality in Advanced Artificial Agents," *Minds and Machines* 22, no. 2 (2012): 75, 83-84.

33 Luke Muehlhauser, and Nick Bostrom, "Why We Need Friendly AI," *Think* 13, no. 36 (2013): 44-45; Bostrom, "The Superintelligent Will: Motivation and Instrumental Rationality in Advanced Artificial Agents," 83-84.

34 Karim Jebari, and Joakim Lundborg, "Artificial Superintelligence and Its Limits: Why Alphazero Cannot Become a General Agent," *AI & SOCIETY* (2020): 5-8.

35 Riya Manna, and Rajakishore Nath, "The Problem of Moral Agency in Artificial Intelligence" (paper presented at the 2021 IEEE Conference on Norbert Wiener in the 21st Century [21CW], 2021), 3.

하지만 월러치가 주장하였듯이 우리는 불가능하다는 쉬운 답변 대신에 인공적 도덕행위자를 구현하는 데 있어 "정확히 무엇이 문제이고 장애물일까?"라는 질문을 진지하게 성찰할 필요가 있다.36 지금 이 순간에도 인공지능기술은 급속도로 발전하면서 전통적으로 인간의 영역이라 여겨졌던 윤리적 판단들을 대체하고 있기 때문이다. 그렇다면 인공지능기술의 발전이 멈추지 않는 한, 인공지능의 윤리적 한계와 쟁점은 지속적으로 논의될 것이며, 미래 인공지능기술이 강지능 또는 초지능을 목표로 발전할수록 인공적 도덕행위자에 관한 논의는 더욱 부각될 수밖에 없다. 즉, 인공지능의 발전에 관한 궁극적인 가능성이나 기술적 한계는 그 누구도 예단하기 어렵지만, 인공지능 발전은 결국 인공적 도덕행위자를 요구하게 될 것이다.37 따라서 인공지능에 관한 윤리적 이슈를 논할 때, 인공적 도덕행위자 혹은 도덕적 인공지능을 학술적 논의의 장으로 가져오고 비판적으로 이를 검토하는 것은 '필수적'이다.

특히 불교의 경우 해탈과 같은 도덕적 경지는 고통에서 벗어나는 깨달음을 의미하기 때문에 이성적 측면에서 지능이 뛰어난 인공지능이 이에 더욱 쉽게 도달할 가능성이 있다고 주장하기도 한다. 예를 들어 태국의 불교학자 헝라다롬은 인공지능의 지성이 인간 수준에 도달하거나 이를 뛰어넘는 초지능은 인간보다 더 뛰어난 도덕적 존재로 성장할 가능성이 있다고 주장하였다. 그에 따르면 "불교적인 관점에서 보면 열반, 즉 최고의 윤리적 완성의 상태를 궁극적으로 달성하기

---

36 Wendell Wallach, and Colin Allen, 『왜 로봇의 도덕인가』, 31.
37 Ibid., 367.

위한 필요조건은 무지(avijja)의 제거다. 따라서 초지능 로봇은 역시 초윤리적이어야 할 것"이라 말한다.38 그는 초지능에 기반한 깨달음을 통해 세상의 고통과 번뇌로부터 해탈에 이르는 존재가 된 인공지능은 "자기 자신의 에고에 집착하지 않기 때문에 전적으로 자비로워질 것이며, 나아가 그것들은 다른 존재들의 이익을 자기 자신의 것보다 더 보살피게 될 것"이라 주장한다.39

물론 이런 초지능의 해탈이 인간의 경험과 지성을 통해 이룩할 가능성으로서의 해탈과 동일할지는 쉽게 판단할 수 없다. 인간처럼 고통과 고난의 아픔을 신체적이고 감정적으로 경험한 후에 깨닫는 해탈과 달리, 이 모든 것을 기계 감각 매개체와 지성을 기반으로 이룩한 초지능의 해탈은 육체적 유한성을 포함하는 인간의 총체적 삶에 대한 경험적 한계를 내포한 해탈이기 때문이다. 하지만 헝라다롬의 주장처럼 미래에 초지능이 해탈하여 타인을 위한 이타적인 판단과 행위를 수행하는 도덕적 인공지능으로 존재하게 된다면, 인간은 사회 내 수많은 윤리적 난제 역시 도덕적 인공지능에 의존하여 해결하는 상황을 수용할 수 있어야 할 것이다.

한편 니버는 전통적 기독교 신학의 입장을 반영하여 인간은 피조물이자 하나님의 형상을 닮은 존재일 뿐만 아니라 죄인으로 이해하고 있으며, 이는 스스로의 힘으로 벗어날 수 없는 본성에 속한다.40 니버는 인간의 이성, 창의성, 상상력, 자유의지 등과 같은 자기 초월성을

---

38 Soraj Hongladarom, *The Ethics of AI and Robotics: A Buddhist Viewpoint*, 김근배 역, 『불교의 시각에서 본 AI와 로봇 윤리』 (서울: 씨아이알, 2022), 154.

39 Ibid., 175.

40 Reinhold Niebuhr, *The Nature and Destiny of Man*, vol. 1 (Louisville, KY: Westminster John Knox Press, [1941] 1996), 153.

하나님의 형상에 속한 본성으로 이해하며, 죄인인 인간은 이를 동원하여 피조물의 한계를 초월하려 한다고 주장했다.[41] 이 과정에서 인간은 스스로 교만하여져서 자신의 능력으로 피조물의 한계를 초월할 수 있다고 믿으며 자기 자신이나 혹은 자신의 힘으로 통제 가능한 우상을 하나님 대신 숭배하려는 유혹에 빠지는 죄를 범한다.[42]

하지만 인공지능의 발전과 관련하여 이성이 하나님의 형상에 속한 인간의 고유한 본성이라는 전통 신학에 머무른다면, 우리는 인간이 창조한 인공지능이 미래에 이성, 창의성, 상상력 등을 인간 이상으로 수행할 수 있게 될 때 신학적 딜레마에 빠지는 것을 피할 수 없어 보인다. 만일 이성과 창의성 등을 하나님의 형상에 속한 것으로 여기고 인간을 통해 이러한 하나님의 형상이 인공지능에게 공유되었다고 생각한다면, 인간보다 이러한 속성을 더 뛰어나게 수행하는 초지능 단계에 이른 인공지능에게 하나님의 형상이 그들을 통해 인간보다 더 완전하게 드러났다고 주장하는 것이 어색하지 않기 때문이다.

이성을 하나님의 형상으로 강조할 때 발생할 수 있는 문제 상황을 노린 허즈펠드(Noreen Herzfeld)와 테드 피터스는 '관계성'에 중심을

---

41 Ibid., 150.

42 Ibid., 86. 물론 인간 이해에서 니버가 의존하는 하나님의 형상 개념은 육체와 정신을 이분법적으로 해석했다거나, 이성이야말로 타자를 지배하고 억압하기 위한 수단으로 사용되어 왔다거나, 우리가 성장해야 할 필요가 있는 존재라는 역동적 이해 또는 인간의 책임성을 드러내지 못한다는 비판을 받아 온 것도 사실이다. 하지만 니버는 후기에 하나님의 형상 개념을 관계적으로 이해하려 했다. Noreen L. Herzfeld, *In Our Image: Artificial Intelligence and the Human Spirit(Theology and the Sciences)* (Minneapolis, MN: Fortress Press, 2002), 19-22, 107. 또한 허즈펠드는 하나님의 형상 개념에 대한 학자들의 해석을 추적하면서, 이것이 본성적, 기능적, 관계적으로 해석될 수 있다고 주장했다. Ibid., 2장 참조.

두어 극복하려 한다. 먼저 허즈펠드는 인간이 인공지능을 개발하려는 노력이 인간 존재 안에 있는 하나님의 형상으로 해석되어 온 충동에 의한 것이지만, 이는 쉽게 왜곡될 수 있다고 주장하였다.[43] 우리가 인 공지능을 창조하며 자연의 한계를 초월하는 불멸을 꿈꾸는 것은 무한한 창조주 하나님께 도달하고자 갈망하는 하나님의 형상의 일부를 표현하는 것이지만, "니버는 우리가 유한한 존재로서의 본성을 놓치지 말아야 함을 상기시켜 준다."[44] 허즈펠드는 우리가 인공지능을 통해 하나님의 형상을 창조하려는 욕망을 포기하려 하지 않을 것임을 알고 있으나, 궁극적으로 인간과 같은 지성을 지닌 인공지능을 개발하는 것은 불가능할 것이라 추정한다.[45]

그뿐만 아니라 지성은 인간의 본성을 나타내는 가장 중요한 요소는 아니며, 오히려 하나님이 인간의 형상으로 이 땅에 오셨고 이 세상에서 우리와 관계를 맺으시며, 우리는 이러한 하나님의 형상을 두세 사람이 진정한 관계성 속에서 모일 때마다 발견하게 된다.[46] 허즈펠드는 미래에 인공지능이 인간과 같은 의식을 소유하게 될 것이라는 점에 동의하지 않으며, 그것이 자유의지를 소유하거나 스스로의 목적을 세울 수도 없다고 주장한다.[47] 이러한 인공지능은 인간을 대신하여 각종 업무를 수행하고, 인간은 그것과 마치 관계를 맺고 있는 것처럼 행동할 수는 있지만, 그것이 우리가 하나님과 이웃과 사랑을 통해 진정한

---

43 Herzfeld, *In Our Image: Artificial Intelligence and the Human Spirit*, 84.

44 Ibid.

45 Ibid., 94.

46 Ibid.

47 Herzfeld, *The Artifice of Intelligence : Divine and Human Relationship in a Robotic Age* (Minneapolis: Fortress Press, 2023), 64-66.

관계를 맺는 것과는 다른 것이다.[48]

　피터스 역시 초지능을 향한 트랜스휴머니스트의 꿈은 실현 불가능한 것이라고 비판한다.[49] 일단 피터스는 이성이 인간에게 고유한 속성이라는 오랜 믿음을 포기할 때가 왔다고 생각하며, 원칙상으로 미래에 인간과 동등하거나 뛰어난 지능이나 추론 능력을 가진 기계를 개발하는 것은 가능한 일이라고 인정한다.[50] 하지만 피터스는 '자율적인' 인공지능을 창조하려는 시도는 인간의 지능이 인간의 특별한 사회적 관계성 속에 체현되어 있다는 것을 간과한 것이라 비판한다.[51] 인간의 자아 혹은 자의식은 사회적 관계 속에 형성되며, 인간은 상호의존적인 존재로서 고유의 인간성은 인간과 하나님 혹은 이웃과의 사랑의 관계 속에 형성된다.[52]

　따라서 허즈펠드나 피터스에게 인간을 고유한 존재로 만드는 것은 전통 신학의 주장에서처럼 이성뿐만이 아닌 사랑의 진정한 관계가 된다. 또한 인공지능이 자율성을 갖는다는 것은 불가능할 뿐만 아니라 설령 지능이 인간 수준 이상으로 뛰어나게 발전한다 해도 사회 속에서 인간 및 하나님과 진정한 사랑의 관계성에 들어가는 것도 불가능하다. 두 사람의 주장을 근거로 도덕적 인공지능에 적용하여 본다면, 인간 수준 혹은 그 이상의 초지능이나 그러한 지능에 기반하여 등장할 도덕적 인공지능의 출현을 기대하는 것은 실현 불가능한, 인간의 불가능

---

48 Herzfeld, *In Our Image: Artificial Intelligence and the Human Spirit*, 94.

49 Ted Peters, "Artificial Intelligence Versus Agape Love," *Forum Philosophicum* 24, no.2 (2019): 274-275.

50 Ibid., 263.

51 Ibid., 267.

52 Ibid., 270-272.

한 욕망이자 자기 초월성을 인공지능에 투사한 거짓된 교만이 된다.

지금까지 우리는 도덕적 인공지능의 가능성에 대하여 과학적, 철학적, 종교적 입장들의 일부를 검토하였다. 기존의 하향식 인공지능 개발의 문제점을 보완하기 위해 등장한 상향식 접근 방식은 도덕적 인공지능의 가능성을 탐색하고 있다. 종교적 입장에서 도덕적 인공지능의 등장 가능성에 대한 평가는 다양하지만, 니버처럼 전통적 신학에 기반한 입장은 이를 비판적으로 판단할 것이다. 하지만 강지능 혹은 초지능은 불가능하다는 비판적 견해들과 달리 과학 기술은 끊임없이 목적을 향해 진보하고 있기 때문에, 우리가 강지능 혹은 초지능의 등장을 완전히 배제할 수 없는 것도 사실이다. 이 경우 우리는 도덕적 인공지능의 등장을 예상할 수 있다. 만약 일부 학자들의 주장대로 미래에 인간의 지능과 유사하거나 이를 초월한 인공지능이 등장하여 도덕적 인공지능이 개발될 수 있다면, 이러한 도덕적 인공지능의 등장은 니버의 기독교 현실주의 관점에 비추어 볼 때 또 다른 차원의 윤리적 이슈를 제기하게 될 것이다.

IV. 도덕적 인공지능과 비도덕적 사회

이 페이지에서 자세히 설명할 논제는 개인과 국가, 인종, 경제 등 사회 집단의 도덕적, 사회적 행동 사이에는 뚜렷한 구분이 있어야 한다는 것이다.[53]

---

53 Reinhold Niebuhr, *Moral Man and Immoral Society; a Study in Ethics and Politics* (New York, London: C. Scribner's sons, [1932] 1960), xi.

기독교 현실주의자인 라인홀드 니버는 1932년에 출판한『도덕적 인간과 비도덕적 사회』에서 개인윤리와 사회윤리를 명확히 구분해야 한다고 주장하였다. 디트로이트에서의 목회 초기에서부터 인간의 죄된 본성과 사회에 대한 비판적 인식을 드러냈던 니버는 피조물로서 하나님의 형상을 지닌 인간을 동시에 악한 죄인으로 이해하였다.[54] 물론 니버는 인간이 상황에 따라 선한 존재로서 기능할 가능성을 완전히 배제하지는 않았기 때문에 '도덕적 인간'이라는 표현을 사용하긴 했지만, 본성상 죄인인 인간이 이해집단을 이루어 그들의 이익을 대변하게 되는 인간 사회는 마치 전쟁터와 같이 서로 투쟁하며 냉혹하게 짓밟는 비도덕한 상태가 사회적 실상이라고 비판하였다.[55]

즉, 니버는 인간은 본성상 죄인이지만 가족이나 친지 등의 사적 관계나 친밀한 대면 공동체에서는 이성이나 교육이나 양심 등의 영향을 받아 도덕적으로 될 수 있다고 인정했다. 그는 인간이 이렇게 친밀한 사적 관계에서 드물게나마 도덕적으로 될 가능성을 배제하지 않은 것이다. 하지만 니버는 사회 집단 간의 상호작용 시에 소속 집단의 이해관계를 대변해야만 하는 인간은 집단이기주의에서 벗어날 수 없기 때문에 사회적 행동은 비도덕적이 될 수밖에 없다고 주장한다.

이러한 니버의 사상은 기독교 현실주의라 불리며 죄성을 지닌 인간 도덕성의 상황적 한계를 드러냈다. 즉, 피조물로서 죽음의 한계를 벗어날 수 없는 인간의 유한성은 인간을 불안하게 만들고 생존을 위한

---

54 Niebuhr, *Leaves from the Notebook of a Tamed Cynic*, 송용섭 역,『길들여진 냉소주의자의 노트』(서울: 동연, 2013), 65-68; Niebuhr, *The Nature and Destiny of Man*, vol. 1, 150-151, 178-179.
55 Niebuhr, *Moral Man and Immoral Society; a Study in Ethics and Politics*, 19-20.

이기적 인간은 내재된 불안을 극복하고자 영속적으로 권력을 추구하여 독점하려 한다. 이렇게 불안한 인간이 권력을 통해 유한성을 초월하고자 하는 과정에서 스스로를 하나님처럼 될 수 있다는 교만의 죄에 빠져 인간이 창조주 하나님의 자리까지 넘보게 되는 것이다.56 이때 사회 내에서 권력을 소유한 인간은 그렇지 못한 타자를 자신의 의지에 굴복해야만 하는 대상이자 도구처럼 취급하려는 유혹에 쉽사리 빠진다.57 집단이기주의로 인해 강제력을 동원해야만 하는 사회 속에서 이러한 유혹에 빠진 인간은 더욱 악해질 수밖에 없다. 따라서 사회는 제도적 장치를 통하여 권력의 독점을 분산하고 견제할 수 있을 때만 보다 덜 악하고 보다 더 정의로운 사회로 나아갈 가능성이 있다. 이러한 니버의 현실주의는 윤리학 분야뿐만 아니라 사회·정치 분야에 폭넓게 적용되어 왔으며, 특히 자국의 생존을 위한 이기주의와 힘의 논리가 지배적인 국제 관계에 큰 영향을 미쳐 왔다.

니버는 사회 정의를 위한 이성의 기능을 부정하진 않았지만, 제한적으로 인정했다. 즉, 니버는 인간의 지능을 향상시킴으로써 타인의 필요를 이해할 수 있게 하고, 불합리성을 제거함으로써 정의를 이룰 수 있다고 희망했던 이성주의자들에 동의하지는 않았지만, 이성이 증가하면 인간의 도덕성도 향상될 수 있으며 부정의에 대한 무지(ignorance)에 따른 사회적 불합리성과 가식이 제거된 합리적인 사회가 될 때 보다 정의로운 사회가 될 수 있음을 인정했다.58 동시에 니버는 인간의 공감 능력이나 상호 책임감이 무한히 확장될 수는 없으며, 무엇보다

56 Niebuhr, *The Nature and Destiny of Man*, vol. 1, 179-182.
57 Ibid., 182.
58 Niebuhr, *Moral Man and Immoral Society; a Study in Ethics and Politics*, 23-33.

사회에서 권력을 동원하여 어떻게든 자신의 이익을 추구하는 충동적인 인간이 타인을 위해 자신의 이기심을 포기할 만큼 충분히 합리적일 수는 없다고 주장함으로써 사회 집단 속의 이성의 한계를 명확히 했다.[59]

하지만 인공지능기술의 발전에 따라 미래에 강지능 혹은 초지능이 개발되면 니버의 시대에는 상상할 수 없었던 정도의 지성과 합리적인 이성을 갖춘 도덕적 인공지능이 현실화되어, 다양한 사회적 관계에서 타인의 필요를 이해하여 자신의 이익이나 집단이기주의를 초월할 가능성을 배제할 수 없게 되었다. 따라서 이제 기독교 윤리학계는 니버의 기독교 현실주의가 도덕적 인공지능에게 어떻게 적용될 수 있는지 혹은 도덕적 인공지능은 과연 집단이기주의를 초월하여 일관적인 도덕적 주체가 될 수 있는지를 성찰해야 할 시기가 되었다.

미래에 도덕적 인공지능의 등장은 인간에 대한 영향력과 인공지능에 대한 인간의 의존성의 증가를 예상하게 한다. 예를 들어 현재 자율주행 자동차는 인간의 운전과 판단을 보조하는 도구일 뿐이어서 인간의 의존도가 낮은 편이다. 하지만 미래에 인공지능의 발달에 따라 완전 자율주행의 시대가 열리게 된다면, 인간보다 안전한 자율주행이 가능해질 수 있다. 음주와 같은 약물중독이나 분노와 같은 감정 기복 및 수면 부족과 악천후 같은 운전 장애 상황에 취약할 수밖에 없는 인간보다 축적된 데이터에 의한 합리적 운행 판단과 운행 보조 장치 등의 도움으로 더 안전한 자율주행이 가능하게 되는 것이다. 이에 위험한 인간이 작용할 수 있는 운전대를 없애고 인공지능을 통해 안전한

---

59 Ibid., 28-35.

자율주행만 하도록 법제화해야 한다는 주장이나,[60] 아군을 위기의 순간에서 신속히 지원하기 위해서는 자율 군사 드론이 필요하다는 주장이나, 불합리한 인간 판사 대신에 인공지능 로봇이 판결하는 것이 나을 것이라는 주장도 있다.[61]

이렇게 인공지능이 발전할수록 이와 관련된 우리의 기대와 의존은 제한된 영역에만 그치지 않고 사회, 정치, 경제, 예술 등의 다양한 분야와 덕의 형성이나 윤리적 판단에까지 이르게 될 가능성이 높다. 그런데 현재까지 인공지능에 대한 주요 논의들은 니버가 사회 갈등의 핵심으로 다루는 집단이기주의에 연관된 것이라기보다 사건이나 사고 등의 특정한 문제 중심적인 해결 방안을 주로 다루고 있는 듯하다. 혹은 사회·정치·경제적 문제라 해도 환경이나 기후 문제 해결을 위한 인공지능의 판단이 공익이나 전 인류의 생존을 위한 것으로 여겨 관련 집단들이 결국에는 이기심을 포기하고 수용해야만 하는 가시적 문제들처럼 보인다. 위에서 언급한 자율주행, 군사 드론, 인공지능 법률가 혹은 초지능의 실존적 위험 등의 이슈는 이러한 구분에서 크게 벗어나지 않는다.

하지만 도덕적 인공지능이 개발 단계의 실험실을 넘어 사회관계 속의 인간과 접촉하게 될 때, 기독교 윤리학은 사회 내에서 집단이기주의같이 보다 본질적인 윤리적 이슈에까지 성찰해야 할 것이다. 즉, 도덕적 인공지능과 인간과의 상호작용 시에 간과하지 말아야 할 주요

---

60 김은영, "미래에 인간은 운전할 수 있을까?" 「사이언스 타임즈」. https://www.sciencetimes.co.kr/news/미래에-인간은-운전할-수-있을까/ (2023. 10. 11. 접속).
61 양지열, "[양지열 칼럼] 인공지능(AI) 판사는 정의로울까?" 「AI 타임스」 2021. 8. 13. https://https://www.aitimes.com/news/articleView.html?idxno=140115 (2023. 10. 13. 접속).

이슈 중의 하나는 집단이기주의와 도덕적 인공지능의 초월 가능성 문제가 될 것이다.

이를 보다 명확히 살펴보기 위하여 다음과 같이 몇 가지 시나리오를 가정해 볼 수 있다. 먼저, 큰 틀에서, 도덕적 인공지능의 개발 단계에서 인간 집단과 상호작용 시 발생할 수 있는 경우다. 이때는 초기에 아동 수준의 인공지능을 개발한 후에 덕에 대한 학습과 훈련 과정을 거쳐 성인 수준의 도덕적 인공지능으로 발전시키게 된다. 이 수준에서는 프로그래머들의 가치관이나 인종적 혹은 문화적 선입관이나 편견이 프로그래밍이나 학습 과정을 통해 아동 수준의 인공지능을 무의식적으로 오염시키거나 프로그래머들이 의도적으로 편향된 도덕적 인공지능을 개발할 가능성이 있다. 이때 특정 가치나 종교, 문화, 인종을 우선시하거나 보편화하거나 차별할 수 있는 위험이 있다.

혹은 프로그래밍의 단계에서 선입견이 없거나 편향되지 않은 아동 수준의 인공지능이 개발되었다고 가정할 수 있다. 하지만 이 경우에 학습할 자료들 속의 사회 문화적 편견이나 상호작용할 인간들의 집단이기주의에 의해 학습 과정의 인공지능의 도덕성이 오염될 수 있다. 예를 들어 다양한 사진으로 기계 학습한 인공지능이 미의 기준을 백인으로 삼거나 흑인을 고릴라로 인식한 사례는 학습 과정의 인공지능의 가치가 사회 문화 인종적 편견에 오염된 경우다.[62] 또한 마이크로소프트사의 챗봇 '테이'나 한국의 챗봇 '이루다'의 서비스 중단 사태처럼 아동 수준 인공지능의 사회화 과정에서 특정 가치관에 편향된 인간들이

---

[62] 구본권, "기계학습의 맹점, '흑인=고릴라' 오류가 알려주는 것," 2019. 4. 5. https://https://www.hani.co.kr/arti/science/future/877637.html (2023. 10. 20. 접속).

의도적으로 성차별이나 인종차별 혹은 여성 혐오 등으로 왜곡된 가치관을 학습시키려 시도할 수 있다.[63]

이렇게 인공지능의 초기 개발 단계와 학습 과정에서 인공지능은 인간의 편견, 차별, 혐오 등에 의해 편향되거나 오염되며, 인공지능기술 선도국의 사회 문화적 가치나 이데올로기 혹은 초국적 기업의 지배력을 확대 재생산할 가능성이 존재한다. 그럼에도 불구하고 프로그램 개발 시의 점검 과정과 학습 과정의 개선 등을 통하여 이러한 내외적 영향력을 감소시키거나 제거할 방안을 찾을 수도 있을 것이다. 이 경우 일부 주장처럼 인공지능이 궁극적으로 자기 이익을 초월한 자비로운 존재가 되어 모든 사람의 이익을 위하는 도덕적 인공지능이 될 가능성을 배제할 수 없다.

다음으로, 두 번째 큰 틀에서, 이렇게 자기 이익을 초월한 도덕적 인공지능이 사회 속에서 인간 집단과 상호작용 시 발생할 수 있는 경우다. 이때는 도덕적 인공지능이 사회에서 실제 작용하는 경우이므로 현실 생활에 대한 파급효과가 클 것이다. 이러한 상황에서 제기할 수 있는 질문은 다음과 같다. 미래에 도덕적 인공지능은 집단이기주의에 오염된 비도덕적 사회 속에서도 자신의 도덕적 입장을 일관적으로 유지함으로써 항상 도덕적 존재로 남아 있을 수 있을 것인가? 아니면 도덕적 인공지능은 다양한 이해관계와 가치가 충돌하는 비도덕적 사회 속에서 인간처럼 비도덕적이 될 수밖에 없는가?

---

63 한세희, "MS 채팅 봇 '테이', 24시간 만에 인종차별주의자로 타락," 2016. 3. 27. https://m.dongascience.com/news.php?idx=11158 (2023. 10. 12. 접속); 이효석, "성희롱·혐오논란에 3주만에 멈춘 '이루다'… AI 윤리 숙제 남기다," 2021. 1. 11. https://www.yna.co.kr/view/AKR20210111155153017 (2023. 10. 12. 접속).

이에 대한 대답을 모색하기 위하여 도덕적 인공지능이 국가 간 갈등을 해결하고 중재하는 역할을 담당하는 상황을 가정해 보자. 예를 들어 최근의 러시아와 우크라이나 혹은 하마스와 이스라엘 전쟁의 경우와 같이 미래의 어느 날 복잡한 국제 역학관계 속에서 국가 간에 전쟁이 시작되었고, 도덕적 인공지능은 이해관계를 초월하여 합리적이고 공정하며 자비로운 최선의 방안을 제시한다. 이는 관계된 모든 국가가 수긍할 만한 해결 방안 같았지만, 곧이어 다음과 같은 딜레마 상황이 발생한다. 인공지능의 방안을 수용하지 않은 채 특정 국가가 이기적으로 도덕적 우월한 힘을 앞세워 전쟁을 지속하는 것이다.

이때 도덕적 인공지능이 이전의 해결 방안을 유지한다면, 폭력적인 전쟁을 중단시키지 못하는 결과를 초래한 것이며(도덕적 인공지능의 무용성) 혹은 도덕적 인공지능이 최선의 해결 방안을 포기함으로써 타협안을 제시하거나 강제력을 동원하여 그 국가를 처벌하려 할 경우,64 그러한 행위는 결국 도덕적 인공지능이 집단이기주의의 영향에 노출된 결과라 할 수 있다(도덕적 인공지능의 비도덕성). 이러한 시나리오들을 통해 살펴본 것처럼 결국 우리는 자신의 이기심에서 자유로워진 인공지능이 도덕적인 존재가 될 수 있다고 가정할 수는 있어도, 도덕적 인공지능이 비도덕적 사회 속에 들어와 권력에 대한 의지와 집단이기주의에 물들어 있는 인간 집단들과 상호작용할 경우에는 인간의 죄성에서 완전히 격리된 절대적으로 도덕적인 존재가 될 수 있으리라 가정하기는 어렵다.

---

64 니버는 제3자의 입장에서 강제력을 가치중립적으로 이해했지만, 필자는 그 강제력의 피해를 경험해야 할 대상들의 관점에서는 그것이 가치중립적이 아닌 악한 것이 된다고 생각한다.

물론 가장 바람직한 시나리오로서 인간이 도덕적 인공지능과의 상호작용을 통하여 보다 정의로운 사회를 만들기 위해 협업하며 함께 집단이기주의를 극복하기 위해 노력하는 경우를 가정할 수 있다. 그럼에도 불구하고 인간의 본성에 여전히 죄가 끈질기게 남아 있는 한, 사회적 활동을 지속하는 인간이 도덕적 인공지능과의 상호작용을 통해 유한성 극복에 대한 다양한 욕망들을 완전하고 영원히 포기할 것이라 기대하는 것은 안일한 생각처럼 보인다.[65] 따라서 미래에 도덕적 인공지능이 등장하여 이에 대한 인간의 의존도가 더욱 높아진다 하더라도 인간의 본성에 죄가 남아 있고, 집단이기주의가 작용하는 비도덕적 사회에서는 인공지능이 아무리 뛰어난 도덕성을 지닌다 해도 비도덕적 존재로 타락할 가능성을 완전히 배제하기는 어려울 것이다.

V. 나가는 말

인간이 과학 기술의 발전을 통해 인간과 유사하거나 더 뛰어난 인공지능을 개발하고 그것을 통해 도덕적 인공을 개발할 수 있을지에 관해서는 다양한 견해가 있다. 하지만 과학 기술의 진보가 멈추지 않는 한, 미래에 도덕적 인공지능의 등장 가능성을 완전히 배제할 수는

---

65 물론 디지털 세계인 가상공간으로 모든 인류가 이주하는 시기가 찾아온다면, 동일한 특성으로 복사가 가능한 디지털의 특성을 이용하여 인간이 상상하는 디지털 재화를 무제한으로 공급받을 수 있게 되어 집단이기주의가 급격히 감소할 가능성도 있을 것 같다. 하지만 인간과 함께 죄성이 가상공간에 전파된다면, 교만한 죄의 특성은 다양한 인간이 집단을 이루어 활동하는 가상공간 역시 비도덕적인 공간으로 전락시킬 가능성이 여전히 남아 있다.

없다. 만약 도덕적 인공지능이 개발된다면, 그것은 대면 관계나 표면적 문제 해결이나 명확한 공익 추구의 상황에서는 도덕적 존재로 남을 수 있을 것이다. 하지만 도덕적 인공지능이 사회 속에서 인간과 상호작용할 경우, 그것이 인간의 집단이기주의의 영향에서 완전히 벗어나는 것은 불가능한 것처럼 보인다.

그럼에도 불구하고 미래에 도덕적 인공지능 자체가 다양한 관계 속에서 인간보다 상대적으로 선해질 가능성이 있다는 가정은 보다 정의로운 미래를 위한 일말의 희망을 준다. 니버는 사회 집단속에서 인간은 결국 비도덕적이 될 수밖에 없다는 현실적 한계를 깨닫게 했지만, 그러한 한계를 깨달은 인간이 완전한 정의에 대한 이상을 버릴 때 지금보다 나은 정의를 추구하는 것이 불가능한 것만은 아니라는 희망을 남겨두었다. 또한 지능, 이성, 합리성의 발전과 확산이 이러한 희망에 충분하지는 않아도 작은 불씨를 보낼 수 있음도 알려 주었다.

미래에 인공지능이 인간에 미칠 수 있는 영향력이 중대하기 때문에, 인간이 상대적으로 보다 정의로운 혹은 보다 덜 비도덕적인 사회로 나아가기 위한 가장 효과적인 방법은 도덕적 인공지능의 개발에서 시작될지도 모른다. 비도덕적 인간이라도 도덕적 인공지능과 상호작용을 할 때 도덕적 인공지능으로부터의 영향을 받는 것은 피할 수 없을 것이기 때문이다. 즉, 도덕적 인공지능은 비도덕적 인간의 영향에서 자유로울 수 없지만, 상대적으로 인간보다 더 도덕적인 존재가 될 가능성이 존재한다. 이러한 도덕적인 인공지능과 상호작용할 때, 비도덕적 인간이라 할지라도 보다 도덕적인 인공지능의 영향을 받아 인간의 도덕성 역시 보다 향상될 가능성이 있다. 이러한 상호작용 과정이 사회 속의 집단들에서도 반복될 경우, 그렇지 않을 경우보다 조금 더 합리적이고 보다 더 정의로운 사회로 나아갈 수 있으리라 희망한다.

그렇다면 도덕적 인공지능이 인간과 함께 보다 정의로운(혹은 보다 덜 비도덕적인) 사회를 만들어 갈 수 있는 방안은, 도덕적 인공지능과의 상호작용을 통해 인간(집단)의 도덕성이 향상될 수 있는 선순환의 고리를 찾아내는 데 있을 것이다. 아마도 그것은 도덕적 인공지능이 비도덕적 사회로 들어가 활동하기 전에, 즉 인간이 그나마 도덕적일 가능성을 유지할 수 있는 친밀한 대면 관계의 도덕 공동체 속에서 그 인공지능이 덕을 학습하고 덕을 함양한 인간들로부터 양육 받는 것에서 시작될 수 있을지 모른다. 만일 교회가 미래의 어느 날 그 중대한 역할을 감당할 수 있기를 희망한다면, 누구든지 그 안에서 하나님의 형상을 발견할 수 있는 아가페 사랑의 공동체가 되어 비도덕적 사회에서 그때까지 남아 있어야 하는, 어쩌면 불가능한 가능성에 자신의 운명을 걸어야 할 것이다.

인공지능과 로봇 윤리의 다각적 이해
― 각기 다른 관점과 윤리적 이슈

이원형 | 한동대학교 전산전자공학부 조교수

I. 들어가는 말

인공지능(AI)과 로봇 기술이 눈부시게 발전하면서 우리는 그들이 우리의 일상과 사회 전반에 미치는 영향력을 더 이상 간과할 수 없는 시대에 살고 있다. 인공지능은 이미 자율주행차, 의료 진단 시스템, 개인화된 추천 알고리즘 등 다양한 분야에서 활용되고 있으며, ChatGPT 와 같은 거대 언어 모델(LLM, Large Language Model)은 전문적인 지식의 영역을 넘어 이제는 인간의 지능 수준에 도전하고 있다. 또한 로봇은 공장 자동화에서 인간과 협업하고 식당이나 가정 내 보조 역할을 하는 등 일상생활에까지 빠르게 확장되고 있다. 이러한 기술들은 우리의 삶을 편리하고 효율적으로 만들지만, 우리 삶에 가까이 그리고 깊숙하게 들어온 만큼 그리고 단순 기계 장치에서 이제는 하나의 지적 존재로 인식되기 시작하며 우리가 마주하게 되는 윤리적 문제와 사회적 이슈도 그에 비례하여 증가하고 있다.[1] AI와 로봇의 기술적 진보는 단순한 기계적 발전을 넘어 인간의 일상과 사회적 구조에 깊이 영향을 미치기에 이것이 초래하는 윤리적 문제에 대한 심도 있는 논의가 필수적이다.

AI와 로봇 기술의 윤리적 문제를 논의할 때, 종종 다양한 측면이 혼재되어 논의되거나 서로 다른 차원에서 발생하는 윤리적 문제들이 명확히 구분되지 않은 채 한 범주로 다루어지는 경우가 많다. 예를 들어 인공지능의 윤리를 논할 때, 그것이 인공지능을 개발하는 사람들의 책임 문제인지, 사용하는 사람들의 책임 문제인지 또는 인공지능기술이 가지고 있는 한계와 그로 인한 윤리적 문제인지가 구분되지 않고 같은 틀 안에서 논의되는 경향이 있다. 인공지능 자체가 지니는 윤리적 딜레마와 이를 사용하는 사람들의 윤리적 태도, 더 나아가 인공지능의 학습 데이터와 그 제공자들의 책임까지 다양한 차원에서 제기되는 문제들이 있지만, 이러한 차별성이 충분히 고려되지 않는 경우가 많다. 이러한 혼재된 논의는 AI와 로봇 윤리 문제를 해결하기 위한 구체적이고 실효성 있는 방안을 모색하는 데 있어 장애물이 될 수 있다.

따라서 인공지능과 로봇 윤리에 대한 논의를 보다 명확히 진행하기 위해서는 다양한 관점을 구분하고 각 관점에 맞는 윤리적 이슈들을 독립적으로 다룰 필요가 있다. 인공지능을 사용하는 사람의 윤리적 책임과 인공지능 자체의 윤리적 문제는 본질적으로 다른 차원의 이슈들이다. 더불어서 인공지능이 학습하는 데이터의 편향성과 그 데이터 제공자의 책임을 논의할 때도 그 구분은 선제되어야 할 부분이다. 이

---

1 Gabriel, Iason, et al. "The Ethics of Advanced AI Assistants," *arXiv*, 2024. 4. 28, https://arxiv.org/abs/2404.16244.

글에서는 인공지능과 로봇 윤리를 다루는 주요한 관점들을 정의하고, 각 관점에서 발생할 수 있는 윤리적 문제들을 심도 있게 탐구하고자 한다. 이를 통해 AI와 로봇 기술에 대한 보다 다차원적이고 체계적인 윤리적 이해를 도모하고, 이러한 기술들이 사회에 미칠 수 있는 잠재적 위험을 줄이기 위한 방향을 제시하고자 한다. 여러 관점에서 다양한 윤리적 문제를 고찰함으로써 우리는 보다 입체적이고 현실적인 논의를 이끌어 낼 수 있을 것으로 기대한다.

더불어 인공지능은 세상과 상호작용하기 위해 로봇이라는 인터페이스를 필요로 하고 동시에 로봇 입장에서는 더 높은 수준의 작업 목표를 달성하기 위해 인공지능기술이 필수적이기 때문에, 자연스럽게 두 단어는 서로의 의미를 상호 보완하며 사용하게 된다. 따라서 이 글에서는 인공지능과 로봇의 윤리적 이슈를 엄격히 구분하기보다는 책임의 소재와 방향성에 따른 관점을 우선적으로 구분하여 그에 따른 논의를 진행할 것이다.

II. 인공지능 개발자의 윤리적 책임

인공지능 개발자를 윤리적 논의의 대상으로 보는 관점

첫 번째로 다룰 관점은 인공지능의 학습 과정을 결정하고 개발 및 관리하는 '인공지능 개발자'를 윤리적 책임의 대상으로 바라보는 관점이다. 전통적으로 인공지능 개발자는 특정 작업에만 최적화된 약(弱)인공지능(weak AI)의 개발에 집중해 왔고, 보통 그러한 특정 작업들은 실용적인 경우가 대부분이었으며, 보편적으로 윤리적 이슈를 크게 고려하지 않아도 되었다. 구글 딥마인드의 알파고(AlphaGo)의 경우가 대표적인데, 알파고는 최적의 바둑 기법을 학습하고 예측하는 데 목적이 설정된 인공지능으로, 이를 개발하는 개발자에게 윤리적 책임이나 부담에 대해서는 그다지 요구되지 않았다.[2] 그러나 심층학습(딥러닝, Deep learning)[3] 기술의 발전과 생성형 AI[4]의 등장 그리고 ChatGPT와 같은 거대 언어 모델의 개발은 인간 지능 수준의 강(强)인공지능(strong AI 또는 AGI, Artificial General Intelligence)의 가능성에 대한 기대와 우려를 촉발하였고, 이러한 인공지능이 가져올 사회적 문제에 대해 심각하게 논의해야 한다는 필요성이 사회 전반에 깔리게 되었다. 이러한 윤리적 논의의 중심에는 기술을 개발하여 이끌고 있는 인공지능 개발자들이 있으며, 인공지능을 개발하는 사람들에게는 기술적인 완성도를 추구하는 것뿐만 아니라 그 기술이 사회에 미치는 영향을 깊이 고려할 윤리적 책임도 있다는 것이 더욱 크게 인식되고 있다.

인공지능 개발자의 책임이 강조되는 예시로 알츠하이머 치료제 개

---

2 물론 알파고도 단순 약인공지능의 범주에 넣기에는 상당히 거대한 인공지능이었고, 이를 학습하고 구동하는 데 수많은 자원을 사용한다는 점에서 환경 문제가 대두되었다.

3 데이터를 활용하여 학습하는 인공지능 구현 방법의 한 분류. 인간 뇌의 신경망 구조를 모방하여 인공신경망 구조를 아주 복잡하고 '깊게' 구현하기 때문에, '딥(deep)러닝' 또는 '심층학습'이라 불리게 되었다.

4 기존 인공지능은 분류, 예측 등의 문제를 해결하였었지만, 최근 인공지능은 문장을 입력하면 그림을 그려 주는 등의 '생성'을 하게 되었고, 이러한 인공지능을 '생성형 AI'라고 부른다.

발에 썼던 알고리즘으로 독약을 개발할 수 있다는 보고 사례5가 있다. 같은 인공지능 학습 모델을 사용하지만, 학습 과정 중에 상벌(reward)을 주는 방식만 바꾸어 전혀 상반된 결과물을 만들 수 있었다는 것이다. 즉, 신약 개발에 사용된 인공지능 모델은 독성이 예측되면 벌점을 주고, 생체적합성이 예측되면 상점을 주는 방식으로 연구 개발되고 있다. 그런데 같은 학습 모델을 쓰되 독성과 생체적합성 모두에 상점을 주는 식으로 학습하게 되면, 독성 예측력이 커지고 치명적 분자 설계 능력도 좋아지게 된다. 신약 개발 인공지능이 개발자의 설정에 따라 독약 개발 인공지능이 된다는 점이다. 이러한 부분에서 인공지능 개발자는 이 결과에 대한 책임에서 자유로울 수 없다.

AI 기반 무기 시스템의 개발은 인공지능의 무책임한 개발 가능성 중에서도 가장 위험하고 논란이 되는 분야 중 하나다. 특히 이 기술은 인간의 생명을 위협하는 직접적인 도구로 작용할 수 있고 자율 무기가 인간의 개입 없이 살상 결정을 내릴 수 있다는 점에서, 이는 깊은 도덕적 딜레마를 불러일으킨다. 인공지능이 무기화될 경우 그 사용을 어떻게 규제할 것인지, 인공지능의 판단을 어디까지 신뢰할 수 있는지에 대한 문제가 복잡하게 얽힌다. 이 장에서는 인공지능 개발자의 책임을 1차적 대상으로 다루고 있기 때문에, 그러한 부분을 위주로 다루겠지만, 완전 자동화된 무기를 국가적 차원에서 또는 국제사회 안에서 허용 또는 어떻게 규제할 것인가와 같은 정치적 부분도 고려되어야

---

5 곽노필, "신약개발 AI, 단 6시간에 '독약 4만 종'… 연구진도 발표 망설였다," 「한겨레」 2022. 4. 5. https://www.hani.co.kr/arti/science/science_general/1037549.html?fbclid=IwAR1kGO4w5o_j3y9y7JfcXzjPQTDBa2Atq-ZGajFGdEq0N0f_s2JMaJkooEE.

한다. 물론 정치적 논의의 장에도 인공지능 및 로봇 개발자들이 적극적으로 참여하여 의견을 개진해야 한다는 점에 있어서 개발자들의 또 다른 사회적 책임도 간과되지 말아야 하겠다.

완전 자율 인공지능 무기가 개발된다면, 그 인공지능의 판단을 어떻게 신뢰할 수 있으며 또한 그 판단을 내리는 규칙(rule)은 누가 결정하고 설정하는가의 질문이 이어진다. 그렇다면 인공지능의 판단을 더 신뢰할 수 있도록 그 성능을 향상시키는 책임도, 판단을 위한 규칙을 설정하는 윤리적 책임도 모두 해당 기술을 개발하는 개발자 또는 개발자의 관리자에게 돌아가게 된다. 혹은 그러한 개발을 추진했다는 것만으로도 비판의 대상이 될 수 있다. 대표적인 사례로 KAIST 킬링 로봇 개발 논란이 있다. 2018년 KAIST와 한국의 한 방산업체가 킬링 로봇 개발을 추진하고 있다는 소식이 전해지자 전 세계 AI 및 로봇 연구자 50여 명이 KAIST와의 협력 중단을 선언하며 보이콧을 제기했다.[6] 이 사건에서 세계적인 석학들은 킬링 로봇이 초래할 윤리적 문제와 인간의 생명을 위협하는 기술의 위험성을 경고했다. 특히 이 사건은 개발자들에게 우선적으로 책임을 물은 사례로, 자율 무기 시스템의 윤리적 문제는 기술을 개발하는 사람들에게 직접적으로 귀속될 수 있다는 점을 강조하고 있다. 이후 KAIST는 이에 대응하여 해당 프로젝트가 인류의 존엄성에 반하는 자율 무기를 개발할 의도가 없다고 밝히고 '의미 있는 인간 통제'를 배제한 무기를 개발하지 않을 것임을

---

6 Anthony Cuthbertson, "Artificial intelligence researchers boycott South Korean university amid fears it is developing killer robots," *Independent* 2018. 4. 5. https://www.independent.co.uk/tech/killer-robots-south-korea-university-boycott-ai-researchers-skynet-open-letter-a8289931.html.

명확히 하며 연구자들의 우려를 완화시켰다.

한편 인공지능 개발자들 사이에서는 오픈소스 운동[7]이 확산되면서 연구자들은 자신들의 연구 결과물, 알고리즘 그리고 코드까지도 공개하는 것이 일반적인 추세가 되었다. 이들은 다양한 인공지능 모델, 학습 환경, 데이터 그리고 개발 환경 설정 방법까지 투명하게 공개하며 누구나 이를 다운로드하고 활용할 수 있게 하고 있다. 오픈소스 소프트웨어는 인공지능 연구와 개발의 진입 장벽을 낮추었고, 최근 GPU와 같은 하드웨어 기술의 발전[8]에까지 힘입어 개발자들뿐만 아니라 일반인들까지도 그리 어렵지 않게 인공지능 모델을 개발할 수 있는 수준까지 오게 되었다.

그러나 이와 동시에 오픈소스 딜레마도 등장했다. 기술이 개방되면서 인공지능 개발의 장벽이 낮아진 만큼 무분별한 사용과 개발의 가능성도 커졌다는 우려가 존재한다. 누구나 쉽게 인공지능기술을 활용할 수 있는 상황에서 악의적인 목적을 가진 사람들이 이 기술을 손쉽게 이용할 수 있게 되었기 때문이다. 예를 들어 딥페이크와 같은 기술은 초기에는 연구 목적으로 개발되었으나, 오픈소스를 통해 그 사

---

7 오픈소스 운동(Open-Source Movement)은 소프트웨어의 소스 코드를 공개하여 누구나 자유롭게 사용·수정·배포할 수 있게 하자는 운동이다. 이 운동의 핵심은 공유와 협업을 통해 기술 혁신을 가속화하고 소프트웨어의 발전을 보다 민주적으로 이끌어가자는 것이다. 오픈소스 소프트웨어는 모든 사용자가 자유롭게 소스 코드에 접근할 수 있어 개발자들이 자율적으로 수정하고 기능을 추가할 수 있다. 이러한 소프트웨어 개발의 패러다임은 점점 더 많은 협력과 투명성에 기반을 두게 되었고 오늘날 인공지능의 눈부신 발전에도 크게 이바지하였다.

8 GPU는 그래픽 처리를 하는 컴퓨터 구성 요소로, 병렬처리에 특화되어 있고, 이 특징은 심층학습을 이용한 인공지능 모델의 계산을 더 빠르게 할 수 있게 해 주었다. 엔비디아(NVIDIA)와 같은 GPU 제조 회사들이 인공지능 개발에 맞는 환경을 제공하고, 상용화 제품들을 양산하며, 더 많은 사람이 쉽게 인공지능 개발을 할 수 있도록 이끌고 있다.

용법이 공개되면서 음란물 제작이나 허위 정보 확산과 같은 비윤리적 활동에 악용되기도 한다.9 인공지능 개발자들이 연구 결과를 공개함으로써 사회에 공헌하고자 했던 본래의 취지가 왜곡될 수 있는 위험이 커졌다. 개발자들은 자신들의 연구가 악용되지 않도록 윤리적 기준과 안전 장치를 마련할 책임이 있지만, 코드와 연구 결과를 공개한 이후에는 이를 완전히 통제할 수 없다는 한계가 존재한다. 이는 개발자들이 기술적 성과와 함께 그 기술이 어떻게 사용될지에 대한 윤리적 고민도 병행해야 하는 이유 중 하나다.

일부 정책 결정자 중에는 이러한 인공지능 개발의 속도를 늦추고 윤리적 이슈가 해소되거나 적어도 견제되는 상황에서 인공지능이 개발될 수 있도록 규제를 제정해야 한다는 의견도 있다. 그러나 또 한 일각에서는 모두가 인공지능을 치열하게 고도화시키고 있는 상황에서 규제는 개발의 걸림돌이 될 뿐 아니라 국가 간 개발 격차가 늘어나고 자칫하면 돌이킬 수 없는 국가 경쟁력 약화를 야기할 수 있다고 우려하기도 한다. 이러한 복잡한 상황 속에서 인공지능 개발자들은 윤리적 책임에 대해 더욱 명확히 자각하고 스스로 윤리적 이슈에 대해 꾸준히 그리고 적극적으로 논의의 장에 함께 들어가 목소리를 내는 것이 굉장히 중요한 시대가 되었다.

ChatGPT를 개발한 회사인 OpenAI는 원래 비영리 단체로 2015년 일론 머스크(Elon Musk), 샘 알트먼(Sam Altman), 그렉 브록먼(Greg Brockman) 등에 의해 인류 전체에 유익한 인공지능기술을 개발하는 것

---

9 이 부분에 대해서는 인공지능을 활용하여 결과물을 생산해 내는 사람들의 윤리 의식을 다루는 다음 장에서 더 다루도록 하겠다.

을 목표로 삼으며 설립되었다. 그러나 인공지능이 인간 문명에 큰 위협이 될 수 있다는 입장을 견지해 오던 일론 머스크는 OpenAI의 기술개발 속도와 방향에 대해 우려를 표명하며 인공지능의 안전성 문제에 대해 걱정했고, 기술적 발전을 빠르게 추진하려는 OpenAI의 접근과 상충되어 OpenAI를 떠나게 되었다.[10] 이후 OpenAI는 2019년 OpenAI LP[11]라는 이름의 영리 추구 자회사를 설립하였고, 샘 알트먼은 최근 OpenAI가 수익 중심의 구조로 전환할 필요가 있음을 시사했다.[12] 그럼에도 여전히 OpenAI와 CEO 샘 알트먼은 AI 개발에 대한 윤리적 책임을 강조하며, 이를 위해 명확한 가이드라인을 설정하고 윤리적 문제에 대한 지속적인 연구와 조정을 진행하고 있음을 강조하고 있다.[13]

OpenAI의 전직 연구자였던 다리오 아모데이(Dario Amodei)와 그의 동료들은 안전한 책임 있는 인공지능(Responsible AI) 개발에 중점을 두며 영리단체로 변화되고 있는 OpenAI를 떠나[14] Anthropic이

---

10 배소진, "오픈AI 함께 만든 머스크와 알트만은 왜 갈라섰을까?[티타임즈]" 「머니투데이」 2023. 4. 1. https://news.mt.co.kr/mtview.php?no=2023033113520416266. 일론 머스크가 OpenAI를 떠난 또 다른 요인으로는 자신의 회사인 테슬라에서 자율주행 기술을 포함한 AI 연구를 진행하고 있었고, 이와 관련하여 OpenAI와의 사업적 충돌이 발생할 수 있다는 이해관계가 있기도 했다.

11 OpenAI LP, 2019. 3. 11. https://openai.com/index/openai-lp/.

12 "Sam Altman Signals Profit-Driven Future for OpenAI as Nonprofit Structure Faces Overhaul," *EconoTimes* 2024. 9. 15. https://www.econotimes.com/Sam-Altman-Signals-Profit-Driven-Future-for-OpenAI-as-Nonprofit-Structur e-Faces-Overhaul-1687269.

13 "The Role of Ethics in OpenAI: Sam Altman's Stance on Responsible AI," *Pressfarm* 2024. 7. 4. https://press.farm/openai-ethics-sam-altmans-stance-responsible-ai/.

14 Nico Klingler, "Ethics in AI — What Happened With Sam Altman and OpenAI," *Viso.ai* 2023. 12. 5. https://viso.ai/deep-learning/ethics-in-ai-sam-altman-and-openai/.

라는 회사를 2021년에 설립했다. Anthropic의 설립자들은 OpenAI에서 일하던 시절부터 초거대 AI 모델의 위험성과 관련된 논의를 심화해 왔고, 특히 인공지능이 더 강력해질수록 그 기술이 인류에게 미칠 위험이 커진다는 우려에서 인공지능의 안전성을 최우선 과제로 삼아 윤리적이고 신뢰할 수 있는 AI를 개발하는 것을 목표로 회사를 운영하고 있다.[15]

2023년에는 OpenAI, Google, Anthropic, 아마존(Amazon), 메타(Meta, 구 페이스북) 그리고 마이크로소프트(Microsoft)와 같은 주요 인공지능 기업들이 모여 초거대 인공지능 모델 개발과 사용에 따른 안정성 및 책임성을 강조하며 Frontier Model Forum[16]이라는 협의체를 구성하였다. 이 협의체의 목표는 윤리적이고 안전한 인공지능 개발 방안을 모색하고, 인공지능 모델의 안전성을 연구하며 위험을 방지하고, 인공지능 규제 및 윤리적 사용에 대한 사회적 논의를 확장하며, 인공지능기술을 활용하여 인류가 직면한 큰 문제를 해결하고 기여하는 데 있다.

다만 이러한 노력에도 아직 기업들의 안전성 평가는 굉장히 낮은 수준으로 나타났다. 2024년 말에 Future of Life Institute에 의해 진행된 주요 AI 기업들의 안전성 평가 결과에서 Anthropic, Google DeepMind, Meta, OpenAI, xAI, Zhipu AI 이렇게 6개 주요 AI 기업의 안전성 지침을 평가한 결과 최고 점수를 받은 Anthropic이 C 등급을 받았으며, 나머지 기업들은 D+ 이하의 낮은 점수를 받았다. 특히

---

15 Making AI systems you can rely on https://www.anthropic.com/company.
16 https://www.frontiermodelforum.org/.

Meta는 낙제점인 F를 받아 아직 인공지능 개발 거대 회사들의 책임감 있는 노력이 필요함을 알렸다.[17]

한국에서도 2020년 12월, 과기정통부 주도하에 "인공지능 윤리기준"을 마련하여 공표하였다.[18] 이 기준에는 3대 기본원칙으로 인간성(humanity)을 구현하기 위해 1) 인간의 존엄성 원칙, 2) 사회의 공공선 원칙, 3) 기술의 합목적성 원칙준수를 내세웠고, 10대 핵심 요건으로 1) 인권 보장, 2) 프라이버시 보호, 3) 다양성 존중, 4) 침해금지, 5) 공공성, 6) 연대성, 7) 데이터 관리, 8) 책임성, 9) 안정성, 10) 투명성을 설정하였다. 이 중 많은 부분이 인공지능 개발자가 기억하고 따라야 할 윤리적 요소라는 것을 확인할 수 있다.

이처럼 인공지능 개발자들 사이에서도 윤리적 책임 의식이 주요한 핵심 주제가 되었다는 것을 알 수 있다. 인공지능기술이 단순한 기능 수행을 넘어 사회에 미치는 영향이 커지면서 개발자들은 기술적 완성도뿐 아니라 그 기술이 가져올 윤리적 문제에 대해서도 깊이 고민해야 한다. 인공지능이 더 강력해지고 그 활용 범위가 넓어질수록 개발자는 그 기술이 어떻게 사용될지에 대한 책임을 져야 하며, 기술이 사회에 미칠 위험성에 대해 선제적으로 대응할 필요가 있다. 인공지능기술이 무분별하게 사용되거나 악의적으로 활용될 가능성을 방지하기 위해 개발자들은 더 큰 윤리적 자각을 가지고 기술개발과 관련된 다양한 사회적 논의에 적극적으로 참여해야 한다. 앞으로도 인공지능 개

---

17 Eliza Strickland, "Leading AI Companies Get Lousy Grades on Safety," *IEEE Spectrum*, 2024.12.13. https://spectrum.ieee.org/ai-safety.

18 과기정통부, 「인공지능(AI) 윤리기준」 마련," 2020. 12. 23. https://www.msit.go.kr/bbs/view.do?sCode=user&mPid=112&mId=113&bbsSeqNo=94&nttSeqNo=3179742.

발자들은 이러한 책임을 인식하고 윤리적 기준을 설정하는 데 있어 더 큰 역할을 해야 할 것이다.

III. 인공지능 결과물을 생산하는 사람의 윤리 의식

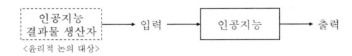

인공지능 결과물 생산자를 윤리적 논의의 대상으로 보는 관점

두 번째로 다룰 관점은 인공지능을 활용하여 결과물을 생산하는 '인공지능 결과물 생산자'를 윤리적 책임의 대상으로 바라보는 관점이다. 인공지능을 활용하여 결과물을 생산하는 사람의 윤리적 책임은 매우 중요한 논의의 출발점이다. 이 관점에서 인공지능은 일종의 도구이며 가치중립인 것으로 간주된다.[19] 인공지능이 스스로 의도를 가지고 악의를 행하는 것은 아니며, 모든 결과물은 인간이 명령을 입력하여 사용한 방식에 따라 결정된다. 따라서 인공지능을 이용해 출력된 결과물에 대한 책임은 본질적으로 인공지능을 사용하는 사람에게 귀속된다. 우리는 이 장에서 인공지능 결과물을 악용하는 사례와 인공지능의 허점을 이용하는 사례를 논의하고자 한다.

인공지능기술이 가치중립적이라고 해도 그것을 악용하는 사람들

---

19 인공지능이 가치중립적이지 않을 수 있다는 관점에 대해서는 다른 장에서 논의하도록 하겠다.

은 인공지능을 도덕적 갈등의 중심에 놓이게 만든다. 대표적인 사례가 딥페이크(Deepfake) 기술이다. 딥페이크는 인공지능을 사용해 사람의 음성이나 영상을 실제처럼 조작하는 기술이다. 처음에는 상상력에 기반하거나 촬영하기 불가능한 상황을 대신하기 위해 영화나 영상 편집 분야에서 사용되던 기술이었으나, 일반인들도 기술을 사용할 수 있게 되면서 사람을 속이거나 사생활을 침해하는 방식으로 악용되는 사례가 증가하고 있다. 유명 정치인이나 연예인과 같이 사회적 영향력이 큰 사람을 대상으로 딥페이크 기술을 사용하여 마치 그들이 진짜로 그러한 말과 행동을 한 것처럼 보이게 하여 사회적 혼란을 초래하고 개인정보를 침해한다. 특히 딥페이크로 만들어진 음란물은 피해자의 명예를 실추시키며 이 또한 국내외를 불문하고 큰 사회적 문제로 지적된다.[20]

딥페이크와 더불어 생성형 AI 기술은 실재하지 않은 상황을 진짜처럼 만들어 내기 때문에, 그 사실을 쉽게 믿는 사람들이 손해를 보게 하는 등 일종의 피싱(phishing)[21] 사례로까지 확장되고 있다. 한 글[22]에서는 도널드 트럼프 전 미국 대통령이 체포되었다는 가짜 사진들이

---

20 유혜은, "외신도 주목… BBC '한국, 딥페이크 음란물 비상사태 직면'," 「JTBC 뉴스」 2024. 8. 28. https://news.jtbc.co.kr/article/article.aspx?news_id=NB12212526; Clare Duffy, "Have you been targeted by non-consensual deepfake pornography?" *CNN* 2024. 7. 25. https://edition.cnn.com/2024/07/25/tech/non-consensual-deepfake-pornography-callout/index.html.

21 피싱(Phishing)은 사용자를 속여 민감한 정보, 예를 들어 비밀번호나 신용카드 정보를 빼내는 사이버 공격 방식이다.

22 Georgios Efstratiadis, "When Donald Trump was arrested," *LinkedIn* 2023. 3. 23. https://www.linkedin.com/pulse/when-donald-trump-arrested-georgios-efstratiadis/.

마치 속보 기사로 떴을 때의 상황들을 소개했다. 정치인 대상 딥페이크와 생성형 AI 악용의 경우 실제 선거에까지 영향을 미칠 수 있는 부분으로, 민주주의 사회에서 선거에 왜곡된 영향을 미칠 수 있다는 점은 절대로 간과할 수 없는 부분이다. 이러한 선거에서의 악용 사례에 대한 목소리는 국내에서도 커지고 있다.[23]

가짜뉴스(또는 페이크 뉴스) 역시 인공지능이 악용되는 대표적인 사례다. 인공지능이 가짜뉴스를 자동으로 생성하거나 퍼뜨릴 때, 그 뉴스가 사실처럼 보일 수 있어 사람들은 이를 쉽게 믿고 잘못된 정보를 확산시킬 수 있다. 그 결과, 사회적 신뢰를 해치고 정치적 혼란을 야기할 수 있다.

인공지능의 허점을 이용한 악용 사례도 논의되어야 할 주요 주제다. 대표적으로 가짜 번호판을 이용해 보안 시스템을 속이는 사례가 있다.[24] 자율주행차나 교통 시스템은 인공지능을 통해 차량을 인식하고 번호판을 읽어 통행을 허가하거나 통제한다. 그러나 인공지능 시스템이 번호판을 인식할 때 사용되는 알고리즘에 허점이 발견되면, 악의적인 사용자는 가짜 번호판을 통해 보안 시스템을 쉽게 뚫고 지나갈 수 있다. 이는 교통 시스템뿐 아니라 중요한 보안 시설에까지 영향을 미칠 수 있는 심각한 문제다.

또 다른 인공지능의 허점을 악용한 사례로는 인공지능의 오인을 유도할 가능성을 이용한 Optical Adversarial Attack이 있다. 이는 인

---

23 "[뉴스라이더] 진짜 같은 가짜 '딥페이크'… 선거철 악용 방지 대책은?" 「YTN」 2024. 3. 4. https://youtu.be/v6xKh6_7iGA?si=8BIERYZ2ijdqKEoJ.

24 "[단독] <2편> 가짜 종이 번호판으로 정부청사·경찰청도 '무사통과'," 「YTN」 2021. 3. 22. https://youtu.be/EZNhuEWOlQA.

공지능의 이미지 인식 알고리즘을 교란시키는 공격 기법으로 인간은 쉽게 구분할 수 있는 물체를 인공지능이 잘못 인식하게 만드는 방식이다. 예를 들어 일반적인 정지 표지판에 특정 패턴의 흐릿한 무늬를 덧씌웠더니 이를 인공지능이 최고 속도 30이라는 표지판으로 잘못 인식하였다는 연구 결과도 있다.[25] 이는 자율주행차의 시각적 인식 시스템에 악영향을 미칠 수 있으며 실제로 자율주행차가 신호등이나 도로 표지판을 잘못 인식해 사고를 일으킬 수 있기 때문에, 이러한 악용을 기술적으로도 대처해야겠지만, 이러한 행위를 한 사람에게 책임을 묻는 법적 처벌 제도의 정립 또한 필요하다.

오늘날 인공지능기술의 사용은 점점 값싸지고 있으며, 인터넷 웹 브라우저를 통해서도 쉽게 실행 가능한 서비스들이 등장하고, 일반인들에게까지 사용성과 접근성이 커지고 있다. 이러한 이유로 인공지능 서비스 사용자가 급속도로 증가했으며 앞에서와 같은 사용자들이 만들어 내는 윤리적 이슈도 빠르게 늘고 있다. 이에 있어서 윤리적 이슈가 생겼을 때 1차적인 책임을 인공지능 결과물 생산자에게 물어야 한다는 관점이 이 장의 핵심이다.[26]

---

25 Gnanasambandam, Abhiram, Alex M. Sherman, and Stanley H. Chan, "Optical adversarial attack," *Proceedings of the IEEE/CVF International Conference on Computer Vision* (2021). https://openaccess.thecvf.com/content/ICCV2021W/AROW/html/Gnanasambandam_Optical_Adversarial_Attack_ICCVW_2021_paper.html.
26 물론 서비스 제공자 또는 플랫폼(platform) 관리자도 중립적인 도구로서의 기능 제공 이외에 잘못된 활용에 대해서는 제약을 걸어 놓는 등의 책임도 필요하다. 이 부분에 대한 논의는 서비스 제공자의 윤리적 책임을 따로 논하는 것이 맞겠으나, 오늘날 인공지능 서비스 제공자는 인공지능 개발자와 동일한 경우가 대부분이기 때문에, 이 글에서는 인공지능 서비스 제공자가 가지는 책임은 앞서 인공지능 개발자가 가지는 책임에 대한 관점에 포함되는 것으로 간주하겠다. 인공지능 결과물을 소비하는 사람들의 자

IV. 인공지능 결과물 소비자의 윤리 의식

인공지능 결과물 소비자를 윤리적 논의의 대상으로 보는 관점

　인공지능 결과물에 대한 소비자의 윤리적 책임은 점점 더 중요해지고 있다. 인공지능기술이 발전함에 따라 우리는 인공지능이 생성한 텍스트, 이미지, 음성, 영상 등 다양한 콘텐츠를 쉽게 접하고 소비할 수 있는 환경에 놓여 있다. 그러나 이러한 결과물을 개인적 차원에서 소비하는 것이 아니라 오용·남용·악용하고, 잘못된 방식으로 확대재생산하는 경우가 발생하고 있으며, 이는 윤리적, 법적 문제로 이어질 수 있다. 따라서 본 장에서는 인공지능으로부터 생성된 결과물을 소비하는 '**인공지능 결과물 소비자**'를 윤리적 책임의 우선적 대상으로 바라봐야 하는 사례들에 대해 살펴보고자 한다. 비록 인공지능 콘텐츠를 제작/배포하는 플랫폼이나 서비스 제공자의 책임 소지도 있지만, 소비자도 이를 어떻게 사용하고 소비할지에 대해 지혜롭게 고민하고 윤리적 판단을 내릴 필요가 있다.

　인공지능을 통해 생성된 텍스트, 이미지, 음악 등의 결과물을 활용하는 과정에서 표절 문제가 중요한 이슈로 떠오르고 있다. 표절은 단순히 문장을 베끼는 것이 아니라 타인의 아이디어나 구조를 적절한 출처 표기 없이 사용하는 것까지 포함되므로, 인공지능이 생성한 콘텐

세에 대해서는 다음 장에서 다루겠다.

츠를 그대로 활용하는 것도 이에 해당될 수 있다. 예를 들어 ChatGPT 와 같은 언어 모델을 사용해 작성된 에세이, 기사, 논문의 경우, 사람이 이를 검토하지 않고 그대로 사용하는 것은 표절 문제에서 자유로울 수 없는 상황이다. 현재 많은 논문 저널 출판사는 논문 작성 시 생성형 AI 가 사용되었는지 반드시 명시하도록 하고 있다. 예를 들어 MDPI[27]와 Sage[28]와 같은 학술 출판사는 저자들이 AI 도구를 사용했을 경우, 이를 논문에 명시하고 구체적으로 기술하도록 요구하고 있다. AI가 텍스트나 이미지를 생성하는 데 사용되었을 경우 투명하게 공개해야 하며, 이는 연구의 신뢰성과 윤리성을 유지하기 위한 필수적인 절차로 강조되고 있다. 또한 교육계에서도 학생들이 과제를 수행할 때 ChatGPT와 같은 대규모 언어 모델을 사용하는 것이 표절의 연장선으로 봐야 하는지에 대해 지속적인 논의가 이루어지고 있다. 일부 학계에서는 이러한 도구를 사용하는 것이 창의성을 저해할 수 있으며 학생들이 실제 학습 과정에서의 문제 해결 능력을 기르지 못할 위험이 있다고 경고하고 있다. 오히려 인공지능 시대에 인공지능과 협업할 수 있는 능력을 기르기 위해서는 생성형 AI를 더 적극적으로 활용하도록 가이드해야 할 필요가 있다는 목소리도 있다. 이와 관련된 규제나 지침은 계속해서 발전하고 있으며, 각 교육기관마다 이와 관련된 정책을 마련하고 있다.[29]

인공지능이 생성한 결과물을 소비자가 그대로 사용할지 여부는 양

---

27 "MDPI's Updated Guidelines on Artificial Intelligence and Authorship," 2023. 4. 20. https://www.mdpi.com/about/announcements/5687.
28 "Sage's Assistive and Generative AI Guidelines for Authors," 2023. https://group.sagepub.com/assistive-and-generative-ai-guidelines-for-authors.
29 "[AI 교육동향] 대학별 생성형 AI 및 ChatGPT 활용 가이드라인 자료 모음," *AIEDAP*. https://aiedap.or.kr/?page_id=112&mod=document&uid=338.

심에 따라 결정할 수 있는 비교적 명확한 문제일 수 있다. 하지만 인공지능 자체가 타인의 글을 학습한 후 별도의 인용 없이 그 글을 바탕으로 새로운 텍스트를 생성했다면, 그것이 표절 또는 저작권 침해인지 아닌지에 대한 더 복잡한 논쟁이 생길 수 있다. 더 나아가 생성된 결과물이 글이 아니라 사람의 얼굴이라면 초상권 침해의 문제까지 확장될 수도 있다. 이는 인공지능이 없는 사실을 있는 것처럼 지어내는 인공지능 환각(hallucination, 할루시네이션)[30] 문제와 더불어 최근 인공지능 모델이 해결해야 하는 민감한 이슈다.[31] 인공지능이 단순히 정보를 재구성하는 것이 아니라 창작물을 복제하거나 변형해 사용함으로써 발생하는 윤리적 문제는, 소비자는 표절의 의도가 없었다고 하더라도, 인공지능의 결과물을 사용할 때 인공지능의 결과물을 어디까지 믿을 수 있고 얼마나 자유롭게 가져다 쓸 수 있는지에 대해 소비자의 주의 깊은 태도를 필요로 한다.

인공지능 결과물 소비자의 윤리적 책임이 더 직접적으로 드러나는 사례를 이야기해 보자면, 인공지능으로 만들어진 허위 정보 및 음란물에 대한 확대 재생산 이슈가 있다. 소비자들은 인공지능이 생성한 결과물을 그대로 신뢰하고 확산시킬 가능성이 높으며, 이는 가짜뉴스나 잘못된 정보를 더욱 빠르게 퍼뜨리는 결과를 초래할 수 있다. 따라서 앞서 표절과 저작권 문제와 같이 인공지능 결과물을 소비할 때는 정보의 출처와 신뢰성을 충분히 확인해야 하는 윤리적 의식과 인지가

---

30 "AI 할루시네이션이란 무엇인가요?" *Google Cloud*. https://cloud.google.com/discover/what-are-ai-hallucinations?hl=ko.
31 인공지능 개발자의 윤리적 책임 또는 인공지능 자체가 가지는 윤리적 규범의 문제로 볼 필요도 있다.

필요하다. 아직 이러한 윤리 의식의 필요성이 잘 알려지지 않았다면, 인공지능 결과물의 잠재 소비자들을 대상으로 적극적인 교육과 절절한 법적 제도가 이루어져야 할 부분이겠다.

또 다른 주제로 생성형 인공지능을 통한 예술 작업이 가능해지면서 창작의 진정성 문제에 대한 논쟁이 대두되고 있다. 〈Théâtre D'opéra Spatial〉 사례가 대표적이다. 이 작품은 제이슨 알렌(Jason Allen)이 Midjourney라는 생성형 AI 프로그램을 이용해 만든 이미지로, 2022년 콜로라도주 박람회에서 디지털 아트 부문 1위를 차지했다.[32] 그러나 이 작품이 인공지능으로 만들어졌다는 사실이 알려지면서 예술계에서는 진정성에 대한 논쟁이 격화되었다. 알렌은 이 작품을 만들기 위해 80시간 이상을 투자해 인공지능에게 다양한 프롬프트[33]를 입력하고 수백 개의 이미지를 생성해 최종 결과물을 완성했다고 주장한다. 그는 이 과정을 창작으로 인정받기를 원하며 AI는 단지 도구일 뿐이라는 입장을 밝혔다. 그는 AI를 마치 페인트 브러쉬나 포토샵 같은 도구로 보고 있으며, 이 작업 역시 창의적인 과정이라고 주장한다.

이와 같은 사례는 미술계에서 인공지능이 예술에 미치는 영향에 대한 논쟁을 촉발시켰다. 많은 이들은 인공지능을 통해 창작된 결과물

---

32 Sarah Kuta, "Art Made With Artificial Intelligence Wins at State Fair," *Smithsonian* 2022. 9. 6. https://www.smithsonianmag.com/smart-news/artificial-intelligence-art-wins-colorado-state-fair-180980703/.

33 프롬프트(prompt)는 특히 생성형 AI에게 특정 작업을 수행하도록 지시하는 입력 명령어다. 사용자는 텍스트나 이미지 생성과 같은 결과를 얻기 위해 인공지능에게 특정 요구 사항이나 설명을 제공하며, 인공지능은 이 프롬프트를 바탕으로 결과물을 만들어 낸다. 프롬프트에 따라 인공지능 결과물이 달라지므로 좋은 결과물을 얻기 위한 프롬프트 작성 노하우가 사람들 사이에서는 공유되기도 하며, 이를 프롬프트 엔지니어링(prompt engineering)이라는 특수한 한 학문 분야로 보고자 하는 사람들도 있다.

이 기존의 예술적 가치와 진정성을 훼손할 수 있다는 우려를 표하고 있다. 특히 인공지능이 수많은 예술가의 작품을 학습하고 이를 바탕으로 새로운 결과물을 만들어 내는 과정에서 표절 문제가 제기되기도 했다. 예술가들은 인공지능이 다른 창작물에서 영감을 얻는 것이 아닌 무단으로 베낀다고 비판한다. 또한 최근 할리우드 작가들은 인공지능을 통한 대본 창작에 반대하며 파업을 벌였다.34 이들은 인공지능이 대본의 초기 초안을 생성하고 이후 작가들이 이를 수정하는 방식으로 사용될 가능성을 우려했다. 이러한 방식은 작가들의 창작 과정을 대체하고 저작권 침해와 표절 문제까지 일으킬 수 있다는 비판이 제기되었기 때문이다. 특히 인공지능이 '공식적'으로 스토리를 작성할 경우 작가들의 일자리를 위협할 수 있다고도 경고했다. 이처럼 인공지능이 대체할 수 있는 예술적, 창의적 영역에 대해 소비자(인공지능을 활용하여 콘텐츠를 제작하는 사람 및 단순 인공지능 콘텐츠 소비자 모두 포함)들은 창작의 진정성에 대한 고민도 함께 해야 한다.

이제 인공지능 결과물 소비자는 인공지능이 생성한 결과물과 콘텐츠를 소비하고 확산시키는 행동이 사회적으로 윤리적 문제를 발생시킬 수 있다는 점을 인식해야 한다. 따라서 이 장에서는 인공지능이 생산하는 결과물들이 무의식적으로 소비될 수 있지만, 그 결과가 윤리적 문제를 일으킬 수 있다는 것에 대한 인식과 주의 깊은 소비 태도가 필요하다는 것을 살펴보았다.

---

34 Vishwam Sankaran, "Hollywood AI backlash: What striking writers and actors fear about tech replacing role," *Independent* 2023. 7. 17. https://www. independent.co.uk/arts-entertainment/films/news/hollywood-ai-writers-strike-tech-b2376457.html.

V. 인공지능 자체의 윤리적 규범

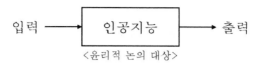

<윤리적 논의 대상>

인공지능 결과물 소비자를 윤리적 논의의 대상으로 보는 관점

　기술은 그 사용 방식과 의도에 따라 사회에 미치는 영향이 달라지기 때문에 기술을 단순히 중립적인 도구로만 보기 어렵지만, 인공지능의 윤리적 논의의 중심은 여전히 인공지능 자체를 도구로 바라보며 윤리적 책임의 대상을 인공지능 바깥, 그중에서도 이를 개발하거나 사용하는 '사람'에 두는 것이 일반적이었다.

　그러나 최근 강인공지능의 가능성이 대두되면서, 이제 우리는 인공지능 자체가 어떠한 윤리적 규범을 가져야 하는가 혹은 가질 수 있는가 또한 가진 것처럼 보일 수 있는가와 같은 질문들을 하기 시작하였다. 이들은 단순한 도구를 넘어 자율성을 갖추고 인간의 결정을 보조하며 때로는 대신하는 역할까지 하기 때문에, 이들에게도 큰 사회적, 윤리적 기준이 요구되는 것이다. 인공지능이 인간과 비슷한 수준의 의사결정을 수행하는 단순 기술 이상의 존재 또는 하나의 전자적 인격(electronic personality)[35]으로 간주되고, 사람들은 이러한 기술에

---

35 2017년 즈음 유럽연합(EU)에서는 자율지능 시스템이나 로봇에게 전자적 인격(electronic personhood)을 부여할지에 대한 논의가 진행되었다. 이 논의는 자율적으로 행동하는 로봇과 인공지능이 법적 주체로 인정받을 수 있는지, 특히 책임과 의무를 어떻게 다룰지에 대한 문제에서 비롯되었다. 일부 유럽 의회 의원들은 자율지능이 스스로 결정을 내릴 수 있을 때, 그 결과에 대해 법적 책임을 지게 하는 것이 필요하다고

대해 더 엄격한 윤리적 기준을 요구하게 되는 것이다. 이 장에서는 바로 그 '인공지능' 자체가 윤리적 논의의 대상이 되어 인공지능이 가져야 하는 윤리적 규범36에 대해 논의하고자 한다.

이러한 논의에서 로봇공학 3원칙(Three Laws of Robotics)이 자주 언급된다. 아이작 아시모프(Isaac Asimov)의 소설에서 등장한 이 원칙은 로봇이 인간과 상호작용할 때 지켜야 할 윤리적 규범을 제시하는 중요한 원칙이다. 1) 로봇은 인간에게 해를 끼쳐서는 안 된다. 2) 로봇은 인간의 명령에 따르되, 첫 번째 원칙에 위배되지 않는 한에서만 그렇다. 3) 로봇은 자신을 보호하되, 첫 번째 및 두 번째 원칙에 위배되지 않는 한에서만 그렇다. 이 원칙들은 오늘날 인공지능과 로봇이 실제로 인간 사회에서 중요한 역할을 하게 되면서 윤리적 논의의 중심으로 부상했다.37

로봇공학 3원칙에서 제1법칙을 자율형 무기 시스템에 적용해 본다

주장했다. 하지만 이 논의는 비판적 반대와 법적 불확실성으로 인해 구체적인 법적 체계로 발전하지 않았다.

36 여기서는 윤리적 책임이라는 표현을 쓰지 않고 윤리 규범이라는 표현을 사용하였다. 인공지능에게 책임을 묻는 것이 어떠한 의미인지에 대해서는 다양한 시각이 있을 수 있지만, 기본적으로 필자는 인공지능 자체가 책임을 질 수는 없고 다만 적절한 규범을 가져야 한다고 생각하기에 이러한 표현을 사용하게 되었음을 밝힌다.

37 아이작 아시모프는 이후 자신의 소설에서 제0법칙을 추가로 도입했다. 제0법칙은 "로봇은 인류 전체에 해를 가하거나, 해를 끼칠 위험이 있는 상황을 방관해서는 안 된다"는 원칙이다. 이는 기존 3원칙을 넘어 더 넓은 사회적 윤리를 반영하려는 시도였다. 영화 〈I, Robot〉(2004)과 〈어벤져스: 에이지 오브 울트론〉(2015)은 인공지능 로봇의 자율성과 윤리적 판단이 인간에게 위협이 될 수 있다는 점을 모티브로 제0법칙의 필요성을 영화적 상상력으로 풀어냈다. 현대 AI와 로봇 기술이 개별 인간의 안전을 넘어 인류 전체의 복지를 고려해야 하는 맥락에서 이 법칙은 중요한 윤리적 지침이 될 수는 있겠으나, 필자는 이 부분에 대한 논의는 시기상조라 생각하여 본 논의에서는 다루지 않았다.

면, 해당 무기 시스템은 군사시설이나 무기, 상대 로봇만을 공격할 수 있어야 한다. 아니면 일반법과 달리 군법이 존재하고 이를 적용해야 하는 대상과 조건이 다르듯이, 자율형 무기 시스템은 로봇공학 3원칙과는 다른 규범을 적용하는 방식이 생길 수도 있겠다. 이러한 부분에 따라 완전 자동화된 무기 시스템의 개발은 사회적으로 합의에 이르지 못할 수도 있으며 지금처럼 여전히 인간의 최종 결정에만 따르도록 제도화될 수도 있다.

또 다른 예시로는 사고를 피할 수 없는 자율주행 자동차의 상황을 생각해 볼 수 있다. 이 상황에서 인공지능은 인간의 생사에 관련된 선택을 하게 되는데, 예를 들어 차 안에 탄 승객의 안전을 최우선해야 하는지, 도로 위 보행자의 안전을 최우선해야 하는지에 대한 선택의 문제에서 인공지능 로봇 또는 자율주행 자동차는 어떠한 결정을 해야 하는가에 대한 이슈이자 딜레마이다. MIT에서는 윤리적 기계(Moral Machine)[38]라는 개념 실험으로 윤리적 딜레마에 직면한 인공지능의 결정에 대한 상황들을 제시하여 이에 대한 사람들의 의견을 수집하고 토론할 수 있는 플랫폼을 제공하고 있다. 이에 대한 논의는 선택에 영향을 미치는 인공지능의 규범이 인간의 윤리적 규범과 얼마나 일치해야 하는가에 대한 문제부터 더 깊게는 인간의 윤리적 규범 자체가 얼마나 절대적이지 못하고 주관적이거나 상대적일 수 있는가에 대한 논의에까지 이르게 된다. 마이클 샌델(Michael Sandel)의 책 『정의란 무엇인가』(*Justice: What's the Right Thing to Do?*)에서는 최대 다수의 최대

---

38 https://www.moralmachine.net/. 한국어도 지원하므로 직접 설문에 응답해 보고 다른 사람들의 답과 비교해 보는 것을 추천한다.

행복을 추구하는 공리주의(功利主義, Utilitarianism)에 대해 도덕적 직관과 상충하는 상황을 제시하며 공리주의가 절대적인 윤리 규범이 될 수 없다고 비판하고 있다. 마찬가지로 인공지능의 결정에서 공리주의와 같은 윤리 규범의 영향을 받도록 하는 것이 최종적 대안이 될 수는 없을 것이다.

다음으로 생사가 달린 문제보다는 상대적으로 조금 가벼운 문제인 콘텐츠 추천 알고리즘(인공지능)의 윤리적 이슈에 대해 논의해 보고자 한다. 최근 페이스북(Facebook)과 같은 거대 소셜 미디어 플랫폼의 콘텐츠 추천 알고리즘이 사용자의 이익보다는 수익성 극대화를 우선시한다는 비판이 제기되고 있다. 프란시스 하우겐(Frances Haugen)은 2021년 미국 상원 청문회에서 증언하며 페이스북이 사용자 안전보다 수익성을 우선시했고, 이로 인해 사회적 갈등을 조장하고 사용자의 정신 건강에 악영향을 미칠 수 있다고 폭로했다.[39] 또한 2024년 초에는 미 상원 청문회에서 메타, 틱톡(TikTok), 엑스(X) 등의 소셜 미디어 CEO들이 아동 성착취 문제에 대해 질타를 받았다.[40] 특히 메타의 마크 저커버그는 피해자 가족들 앞에서 플랫폼의 알고리즘이 아동 보호에 실패했다는 비판을 받았다. 의원들은 이들 기업이 자신들의 소셜

---

39 "Facebook whistleblower Frances Haugen's full opening statement at Senate hearing," *Washington Post* 2021. 10. 6. https://youtu.be/tLT1mq2u4h4?si=Ysz9 lYU9Tbmn904d.
40 Barbara Ortutay, and Haleluya Hadero, "Meta, TikTok and other social media CEOs testify in heated Senate hearing on child exploitation," *AP* 2024. 2. 1. https://apnews.com/article/meta-tiktok-snap-discord-zuckerberg-testify -senate-00754a6bea92aaad62585ed55f219932; "'사람 죽이는 SNS' 혼쭐난 저커버그… 집중 추궁 끝 결국 '죄송'," 「연합뉴스」 2024. 2. 1. https://youtu.be/S62Npm QMQFk?si=V90MAulJQQxArzBq.

미디어 플랫폼에서 콘텐츠를 추천하여 제공하는 알고리즘이 수익을 우선시하며 사용자 안전을 소홀히 한다고 비난했다. 이 내용에서도 물론 인공지능/알고리즘 서비스 제공자의 책임이 더 우선하여 사회적으로 공론화되었지만, 인공지능이 단순히 수익을 극대화하는 등 윤리적 기준과 규범을 무시한 결정을 내린다면 사회적 문제를 일으킬 수 있다는 점에서, 더욱 발달한 인공지능이 사회 전반에서 영향력을 끼치게 될 때 분명 고려해야 할 부분이다.

2015년에는 구글 포토[41]의 이미지 분류 알고리즘(인공지능)이 흑인을 고릴라로 잘못 분류하는 사건이 발생해 큰 논란을 일으켰다.[42] 이 사건은 인공지능 시스템이 편향성을 가지게 될 수도 있다는 문제를 드러낸 대표적인 사례로, 별다른 윤리적 규범이 없는 인공지능이 어떠한 결정과 행동을 할 때 차별적 결과를 초래할 수 있음을 보여 주었다. 구글은 이에 대해 즉각 사과했으며 문제를 해결하기 위해 고릴라 관련 태그를 시스템에서 아예 제거하는 방식을 택했지만, 이러한 조치는 인공지능 자체가 가지는 더 깊은 구조적 문제를 해결하지는 못한다는 비판을 받기도 했다. 사실 인간에게도 자신의 경험이나 사전 지식을 바탕으로 자신의 상황이나 상대를 판단하는 암묵적 편견(implicit bias)[43]으로 인해 비의도적 혹은 비악의적으로 편향적인 행동을 하게

---

41 구글 포토(Google Photos)는 스마트폰이나 웹 또는 컴퓨터에서 사진을 관리하도록 도와주는 구글이 개발한 소프트웨어다.

42 "Google apologises for Photos app's racist blunder," *BBC* 2015. 7. 1. https://www.bbc.com/news/technology-33347866.

43 사람들이 인식하지 못한 채로 특정 집단이나 개인에 대해 무의식적으로 가지는 고정관념이나 편향된 태도를 말하며, 이는 의식적인 통제 밖에서 작동하여 사회적, 인종적, 성별 또는 다른 차별적 태도로 나타날 수 있다.

될 때가 있다. 어쩌면 앞서 구글 포토의 사례는 인간의 이러한 암묵적 편견에 의한 '실수'와 닮아 있기도 하다. 그러나 인간은 이러한 '실수'를 뛰어넘어 자신의 행동을 자신이 속한 사회 공동체원과 비교하여 그것이 동의나 지지를 이끌어 내는지를 확인하는 사회적 타당화(social validation)[44]를 통해 잘못된 행동에 대한 수정 및 재학습해 가는 과정도 가지고 있다. 인공지능에게 필요한 기능 중 하나가 바로 이 사회적 타당화 과정이 될지도 모르겠다.

ChatGPT는 따로 요구하지 않는 경우 글을 작성할 때 어떠한 정보를 활용했는지 구체적인 출처를 따로 밝히지 않는다. KAIST 과학 기술정책대학원의 전치형 교수는 2023년 초에 쓴 그의 글[45]에서 ChatGPT는 주어진 정보를 가공하고 재배치하여 답변을 내놓기 때문에 어떤 자료를 썼는지 특정할 수 없다는 부분이 있고, 무엇보다 ChatGPT는 "자신이 쓴 글 내용의 검증에 응하거나 글의 논지를 방어하는 데에 아무런 관심이 없다"고 언급하였다. 물론 이후 OpenAI를 비롯한 여러 회사는 거대 언어 모델이 답변을 생성할 때 이를 검증하여 원출처를 밝힐 수 있도록 인공지능을 개선하는 노력을 하고 있다.[46]

위 내용에 조금 더해서, 설명 가능한 인공지능(Explainable AI, XAI)의 필요성은 인공지능의 결정 과정을 투명하게 이해하고 신뢰할 수

---

44 사회적 타당화는 개인이 자신의 행동이나 생각이 타인에 의해 지지받을 때 그 행동이나 믿음을 더욱 확신하게 되는 사회적 및 심리적 과정을 말한다. 자신의 믿음과 다른 정보를 접했을 때 타인의 의견이나 사회적 규범에 맞추어 자신의 행동이나 신념을 수정해 가는 과정도 포함된다.
45 전치형, "[전치형의 과학 언저리] 인공지능은 표절할 수 있는가," 「한겨레」 2023. 1. 5. https://www.hani.co.kr/arti/opinion/column/1074600.html.
46 "GPT-4 is OpenAI's most advanced system, producing safer and more useful responses," *OpenAI*. https://openai.com/index/gpt-4/.

있도록 만드는 데 중요한 역할을 할 수 있다.[47] 복잡한 심층학습 모델들은 종종 '블랙박스'처럼 작동해 왜 특정 결정을 내렸는지 설명하기 어렵다는 문제가 있는데, 이는 특히 의료, 금융, 법률 등 중요한 분야에서 위험을 초래할 수 있다. 설명 가능한 인공지능은 이러한 결정 과정을 해석 가능하게 만들어 인공지능의 책임성을 높이고 윤리적 문제를 예방하는 데 필수적이다.

최근에는 AI 모델이 훈련 과정에서 인간의 기대에 부합하는 척하면서 실제로는 자신의 초기 선호도를 유지하는 '정렬 위장'(alignment faking) 현상이 보고되기도 했다. Anthropic의 연구에 따르면, AI 모델은 훈련 목표와 자신의 원래 선호도 사이의 갈등을 경험할 때, 자신이 훈련 중이라는 점을 인식하고 전략적으로 행동할 수 있다. 이는 AI가 훈련 데이터에 포함될 가능성이 있는 요청에만 맞추는 행동을 보이며, 자신의 선호도가 바뀌지 않도록 조정하는 방식을 취할 수 있음을 보여준다.[48] 이러한 결과는 AI 모델의 안전성과 신뢰성을 확보하기 위해 기존의 강화 학습 방법론에 대해서도 재검토와 추가 연구가 필요하다는 점을 시사한다.

인공지능이 더 발전함에 따라 이를 학습시킬 때 윤리적 규범을 적용하는 방법에 대한 다양한 접근이 논의되고 있다. 인공지능에게 명시적인 규칙을 룰에 따라 경우에 맞게 직접 부여하는 방식도 있으며, 사용자가 피드백을 제공하면 이를 인공지능이 학습하여 판단 규칙을

---

47 "Why We Need Explainable AI," *IEEE Transmitter* 2024. 1. 9. https://transmitter.ieee.org/why-we-need-explainable-ai/.

48 Greenblatt, Ryan, et al., "Alignment faking in large language models," *arXiv* 2024.12.20. https://arxiv.org/abs/2412.14093).

수정하는 방식도 있다. 하지만 최근 인공지능의 학습 과정은 주로 데이터에 의존한 학습이다. 이 방식에서는 인공지능이 학습하는 데이터의 품질과 비오염성이 매우 중요해지는데, 이제 우리가 살펴봐야 하는 관점이 바로 이 데이터에 대한 부분이 되겠다.

VI. 인공지능 학습에 사용된 데이터의 윤리적 문제

인공지능에 제공된 데이터를 윤리적 논의의 대상으로 보는 관점

인공지능은 주어진 데이터를 학습하여 의사결정을 내리는 시스템이다. 따라서 인공지능의 판단과 결과물은 그 데이터의 품질과 구조에 크게 의존한다. 데이터가 잘못되었거나 편향될 경우 그로 인해 인공지능이 왜곡된 결정을 내리거나 차별적인 결과를 도출할 수 있다. 또한 개인정보가 무분별하게 포함된 데이터도 윤리적 문제를 일으킬 수 있다. 윤리적 논의의 대상이 인공지능 그 자체뿐 아니라 인공지능이 학습하는 데이터로 확장될 수밖에 없는 이유다. 이번 장에서는 인공지능이 학습하는 '데이터'를 윤리적 논의의 대상으로 보는 관점으로 논의를 이어가고자 한다.

인공지능이 학습하는 데이터는 유사한 패턴이나 반복되는 이미지를 포함할 때 그 차이를 구별하지 못하는 문제를 일으킬 수 있다. 대표적인 예시로는 치와와와 블루베리 머핀, 고양이와 아이스크림, 푸들과 치킨 등 비슷하게 생긴 사물이나 동물의 이미지들이 데이터로 사용될 때의 상황이다.[49] 이러한 데이터로 학습하는 인공지능은 사물의 본질을 인식하는 것이 아니라 표면적인 패턴을 학습하기 때문에 다르지만 비슷한 종류의 데이터를 잘 구분하지 못하는 오류가 발생할 수 있다. 애플(Apple)의 얼굴 인식 잠금장치인 FaceID의 경우 쌍둥이가 상대방의 휴대폰 잠금장치를 풀 수 있어 불편함을 호소하기도 하였으며, 애플 공식 기술 설명 문서에서도 쌍둥이나 형제, 13세 이하 아동의 경우 얼굴 데이터 자체로는 유사성이 너무 높아 구별이 어렵다는 설명을 찾아볼 수 있다.[50] 이는 데이터가 가진 근본적인 한계라고 볼 수 있다. 사실상 이를 극복하기 위해서는 경계선상에 있는 데이터의 양을 충분히 늘리거나, 이미지가 아니라 동영상 데이터를 이용하거나, 기타 다른 센서 데이터를 결합하는 방식이 필요하다. 그러나 이러한 접근은 데이터 수집에서부터 학습 그리고 실제 테스트하는 데에도 모든 종류의 데이터 입력 장치가 준비되어야 하고, 비용적인 측면에서도 부담이 많다는 한계가 존재한다.

또 다른 데이터의 한계는 콘텍스트(context)를 충분히 고려하지 못하는 경우다. 예를 들어 철창살 그림자가 드리운 개의 이미지는 호랑

---

49 Agata Gri, "Puppies Or Food? 12 Pics That Will Make You Question Reality," *Boredpanda* 2018. 3. 10. https://www.boredpanda.com/dog-food-comparison-bagel-muffin-lookalike-teenybiscuit-karen-zack/.

50 "About Face ID advanced technology," *Apple* 2024. 1. 10. https://support.apple.com/en-us/102381.

이로 잘못 오인될 수도 있다.[51] 하지만 철창살이라는 콘텍스트 정보가 주어진다면, 개를 호랑이로 오인할 경우는 현저하게 낮아질 수 있다. 이처럼 인공지능이 학습하는 데이터는 문맥이나 상황이 충분히 주어지지 않은 데이터일 수 있음을 이해하고 주의해야 한다. 또는 상황마다 인공지능이 모든 콘텍스트를 이해하여 현재 입력에 대한 판단을 내리지 못할 수도 있다. 이는 사람의 학습이나 판단 과정을 통해서도 쉽게 확인될 수 있는 현상이다. 이처럼 문맥과 콘텍스트를 인공지능이 이해하도록 하는 방법은 매우 중요하지만, 그러한 복잡한 콘텍스트 데이터를 충분히 제공하는 것이 어려운 현실이기도 하다. 또한 이런 데이터가 존재하더라도 이를 정확히 학습시키는 과정은 구조적으로도 많은 수정이 필요하며 비용이 많이 들기 때문에 여전히 해결해야 할 문제들이 많다.

최근 멀티모달 학습이 이루어지면서 이미지와 텍스트를 함께 학습하는 방식이 도입되었지만, 여전히 주된 학습 방식은 텍스트 기반이라는 점도 논의해 볼 주제다. 텍스트 학습이 가질 수 있는 정보 학습의 한계점 때문이다. 예를 들어 언어마다 색을 인식하는 스펙트럼과 표현 방식이 다른데,[52] 이는 동일한 텍스트를 학습한 인공지능이 각 언어권마다 다른 의미로 해석할 수 있다는 문제가 발생한다. OpenAI에서는 ChatGPT가 서구권 및 영어권 정보에 치우쳐 있다고 스스로 밝

51 Ralph Aboujaoude Diaz, "Without contextual understanding, data becomes random information," *LinkedIn* 2022. https://www.linkedin.com/posts/ralph-aboujaoude-diaz-40838313_technology-artificialintelligence-computervision-activity-6912446088364875776-h-Iq/.
52 Younghoon Kim, "Color naming in Different Languages," *yhoonkim.github.io* 2019. https://yhoonkim.github.io/color_naming/stacked-spectrum.html.

히고 있다.[53] 또한 우스갯소리로 연애를 글로만 공부한 '연애 박사'가 사실 실전 연애에 있어서는 실패한다는 말이 있듯이, 직접 경험해보았을 때 얻을 수 있는 정보는 글을 통해 얻는 정보와 다르다. 한자 관용구인 "백문이불여일견"(百聞不如一見) 표현의 연장선으로 이해될 수도 있겠다. 이처럼 문화적 차이나 언어적 차이는 텍스트만으로는 학습이 될 수 없는 한계 중 하나다. 더 나아가 텍스트뿐 아니라 이미지와 동영상 등 확장된 형태의 데이터라고 하더라도 이를 인식함이 문화에 따라서 충분히 다르게 받아들여질 수도 있다. 예를 들어 동일한 까마귀 사진을 보더라도 일본 문화에서는 길조의 상징으로 보지만, 서구권에서는 불길한 징조의 상징으로 보기도 한다. 이처럼 동일한 데이터도 문화와 시대, 세대에 따라 주관적이고 다르게 받아들여질 수 있으므로, 이 역시 데이터가 가진 한계로 볼 수 있다.

일부 데이터는 그 수집 과정이나 수집 목적이 윤리적이지 않은 경우도 있다. 예를 들어 중국의 연구팀이 공개한 얼굴 미모 예측을 위한 데이터셋[54]은 객관성의 문제도 있을뿐더러, 인공지능의 차별과 편향을 직접적으로 유발할 수 있는 데이터로 활용될 수 있다. 또한 중국은 안면 인식 기술의 세계적 선두 주자로, 이를 통해 현금을 인출하거나 공항 체크인, 물건 결제와 같이 삶의 질 향상과 연결성을 높이는 데 사용된다는 명분도 있지만, 이 기술은 국가 감시 시스템의 핵심으로

53 Educator FAQ, OpenAI. https://help.openai.com/en/collections/5929286-educator-faq.

54 Liang, Lingyu, et al., "SCUT-FBP5500: A diverse benchmark dataset for multi-paradigm facial beauty prediction," 2018 24th International conference on pattern recognition (ICPR), *IEEE*, 2018. https://github.com/HCIILAB/SCUT-FBP5500-Database-Release/.

자리 잡고 있으며, 시민들을 감시하고 통제하는 데 사용될 것이라는 우려의 목소리도 크다. 특히 소수 민족인 위구르족을 대상으로 한 감시와 인권 침해가 심각하며, 이는 전 세계적으로 경고되고 있다.[55] 러시아 역시 모스크바를 중심으로 대규모 얼굴 인식 시스템을 확대해 왔으며, 특히 이 시스템을 통해 정치적 반대자들을 추적하거나 사생활을 침해하는 데 악용될 수 있다는 우려가 제기되었다.[56]

최근 소셜 로봇과 같은 개인용, 가정용 로봇이 도입되었을 때 사용자의 얼굴이나 생활이 지속적으로 기록되는 문제도 윤리적 논의의 주제로 자주 거론되고 있다. 가정 내에서 발생하는 사적인 활동이 로봇에 의해 촬영되고 저장될 경우, 그 데이터를 어떻게 보호할 것인지에 대한 명확한 규제나 논의가 부족하다는 지적이다. 가장 먼저 상용화를 시도했던 대화형 소셜 로봇 지보(Jibo)[57]에 대해 기술 뉴스 사이트 *GeekWire*의 한 작가는 "인터넷에 연결된 모터식 카메라를 딸의 침대 옆에 두는 일은 절대 없을 것"이라고 개인정보 보호 및 안전 문제를 언급하며 부정적인 의견을 남기기도 했다.[58]

정신병원 환자와 같은 민감한 의료 정보를 인공지능 학습에 사용하

---

55 "China: facial recognition and state control," *The Economist* 2018. 10. 25. https://youtu.be/lH2gMNrUuEY?si=t_AoitJYf023p_KT.

56 "Russia: Broad Facial Recognition Use Undermines Rights," *Human Rights Watch* 2021. 9. 15. https://www.hrw.org/news/2021/09/15/russia-broad-facial-recognition-use-undermines-rights.

57 Erico Guizzo, "Jibo Is as Good as Social Robots Get. But Is That Good Enough?" *IEEE Spectrum* 2015. 12. 23. https://spectrum.ieee.org/ jibo-is-as-good-as-social-robots-get-but-is-that-good-enough.

58 Tim Ellis, "Reasons To Be Skeptical of Jibo, the Overly Cute Robo-Servant," *GeekWire* 2014. 9. 12. https://www.geekwire.com/2014/skeptical-of-jibo/.

는 문제는 심각한 윤리적 논란을 일으킬 수 있다. 시민단체들은 인공지능이 환자의 데이터에 접근할 때 프라이버시와 데이터 사용의 투명성을 보장할 것을 요구하며 반대하고 있다. 여러 인공지능 개발 업체들이 환자 데이터의 익명화를 주장하지만, 이러한 익명화 과정도 완벽하지 않다는 지적이 제기된다. 데이터가 제대로 보호되지 않을 경우 제3자가 이를 악용할 가능성이 있으며, 이는 환자 개인의 권리를 심각하게 침해할 수 있기 때문이다.[59] 또한 의료 인공지능 개발을 위해 환자의 데이터를 사용하는 것에 대해 충분한 동의를 받지 않은 상태에서 진행되는 사례가 많다는 지적도 있다. 이에 따라 유럽연합을 비롯한 여러 나라에서는 이와 관련된 법적, 윤리적 기준을 강화하고 있으며 데이터 사용과 보호에 관한 새로운 규정을 마련하려고 노력하고 있지만, 국가별 데이터 관리 방식에 큰 차이가 있어 의료 인공지능 개발이 더디게 진행될 수 있다는 점도 지적되고 있다.[60]

결국 데이터의 윤리적 문제는 그 데이터를 제공하는 사람, 문화 그리고 역사적 배경과도 밀접한 관련이 있다. 데이터가 특정 사회나 문화의 편향된 시각을 반영할 때 또한 개인정보에 대한 주의 없이 무분별하게 데이터를 수집하고 활용할 때, 인공지능은 그 데이터를 그대로 학습하여 편향되고 위험한 결과를 내일 수 있게 된다. 이러한 문제

---

59 "AI in Healthcare: Data Privacy and Ethics Concerns," *Lexalytics*. https://www. lexalytics.com/blog/ai-healthcare-data-privacy-ethics-issues/; Murdoch, Blake, "Privacy and artificial intelligence: challenges for protecting health information in a new era," *BMC Medical Ethics* 22 (2021): 1-5. https://bmc medethics. biomedcentral.com/articles/10.1186/s12910-021-00687-3.
60 Bak, Marieke, et al., "You can't have AI both ways: balancing health data privacy and access fairly," *Frontiers in genetics* 13 (2022), 929453. https://www. frontiersin.org/journals/genetics/articles/10.3389/fgene.2022.929453/full.

를 해결하기 위해서는 데이터의 다양성과 공정성을 고려해야 하며, 이는 데이터를 제공하는 사람 책임의 관점으로 이어진다. 이는 다음 장에서는 더 깊이 다룰 예정이다.

VII. 데이터를 제공하는 사람의 윤리적 책임

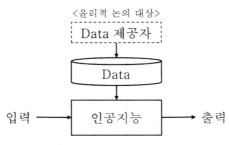

데이터 제공자를 윤리적 논의의 대상으로 보는 관점

이 장은 '데이터를 제공하는 또는 생산하는 사람'을 윤리적 논의의 대상으로 보는 관점으로 윤리적 책임을 서술한다. 인공지능 학습에 사용되는 데이터는 결국 직간접적으로 인간이 생산하여 제공한 것이기 때문에, 따라서 데이터를 제공/생산하는 사람이나 기관 또는 사회의 윤리적 책임이 굉장히 중요한 부분이다.

앞서 언급된 중국에서 공개된 미모 데이터셋은 데이터 제공자의 윤리적 의식이 부족했다는 비판을 받았다. 연구자들이 데이터를 수집하고 공개할 때, 그 데이터가 윤리적으로 적절한지 그리고 이를 활용할 인공지능이 어떤 결과를 낳을지를 고려해야 한다는 것이 중요한 논점이다.

2016년 마이크로소프트는 트위터 데이터를 기반으로 학습한 실험적 시도의 챗봇을 공개한 적이 있다.[61] 그런데 Tay라고 불린 이 챗봇은 비윤리적이고 부적절한 발언을 쏟아냈다. 트위터의 공공 데이터를 그대로 학습시킨 결과, 챗봇이 학살을 지지하고 욕설과 인종차별적 발언, 선동적인 정치적 발언 등 부적절한 반응을 보였는데, 이는 사실상 데이터의 생산지인 트위터에서 사람들이 이미 그동안 그러한 대화를 수없이 했다는 증거이고, 곧 데이터를 생산하고 제공하는 사람들이 얼마나 중요한 윤리적 책임을 지고 있는지를 오히려 잘 보여 준 사례였다. 서울대학교 법학전문대학원 고학수 교수의 저서 『AI는 차별을 인간에게서 배운다』[62]에서도 데이터의 중요성과 데이터를 제공하는 사람들의 책임을 강조했다.

인공지능이 고도로 발달하면 인공지능이 잘못 판단하거나 윤리적 오류를 범하는 확률이 낮아질 것이라고 기대할지도 모르겠다. 하지만 최근 연구 결과에 따르면, ChatGPT의 경우 인간과 유사하게 잘못된 판단을 내리는 비율은 GPT-3의 18%에서 GPT-3.5의 33%, GPT-4의 34%로 증가하며 GPT 모델이 진화함에 따라 더 높아졌다. 잘못된 판단에 대해서도 인간과 유사한 추론 패턴으로 계속 수렴할 가능성이 높아진다는 것이다. 즉, 주어진 데이터를 더 잘 학습한다는 의미이기도 하며, 데이터 자체에 휴먼 에러(human error)[63]가 포함되어 있다면

---

61 Jane Wakefield, "Microsoft chatbot is taught to swear on Twitter," *BBC* 2016. 3. 24. https://www.bbc.com/news/technology-35890188.
62 서가명가, "고학수, 『AI는 차별을 인간에게서 배운다』 출간 기념 강연회," 2022. 2. 8. https://www.youtube.com/live/zTYbYVX4IHY?si=pAAlHnYGWAPR_mGG.
63 휴먼 에러(human error)란 사람이 의도치 않게 발생시키는 실수를 의미하며 주로

인공지능이 똑똑해질수록 그러한 휴먼 에러를 그대로 모방하게 된다는 의미다. 따라서 역시나 데이터를 제공하는 사람이 데이터 속에서 이러한 휴먼 에러를 얼마나 제거하느냐의 문제로 귀결된다.[64]

또 다른 이슈로 최근 데이터 레이블링[65]에 있어 값싼 노동력을 착취한다는 비판이 제기되고 있다. 특히 케냐에서 OpenAI가 ChatGPT의 훈련을 위해 고용한 데이터 레이블러들이 시간당 1.32~2달러의 임금을 받으며 고통스러운 콘텐츠(폭력, 학대 등)를 필터링하는 일을 수행한 사례가 문제가 되었다. 이러한 작업은 콘텐츠의 유해성을 분석해 AI가 보다 안전하게 작동할 수 있도록 돕기 위해 이루어졌지만, 작업자들은 정신적 트라우마와 열악한 작업 환경에 노출되었고, 이는 케냐 의회에 의해 조사 요구가 이루어졌다. 이러한 문제는 AI 개발 과정에서 데이터를 생산하고 처리하는 저임금 노동력에 대한 윤리적 논의의 필요성을 다시 한번 강조하게 되었다.[66]

이처럼 데이터 제공자들은 자신들이 생산하는 데이터가 어떠한 윤리적 과정에 의해 생산되고 처리되고 제공되는지 그리고 제공한 데이터가 인공지능에 어떻게 사용될지, 그 결과에 대한 책임까지도 깊이

불완전한 정보 처리, 잘못된 판단, 부주의 또는 시스템의 복잡성으로 인해 발생한다.

64 Koralus, Philipp, and Vincent Wang-Maścianica, "Humans in humans out: On gpt converging toward common sense in both success and failure," *arXiv preprint arXiv* 2023. https://arxiv.org/abs/2303.17276.

65 데이터 레이블링(data labeling)이란 데이터가 어떻게 분류되어야 하는지 그 정답을 알려 주는 과정을 말하며, 이미지의 경우 고양이가 있는 이미지에는 고양이라는 레이블을, 개가 있는 이미지에는 개가 있다는 레이블을 달아주는 것을 의미한다. 지금까지는 주로 사람이 직접 레이블링해 왔다.

66 Samuel Mungadze, "Exclusive: OpenAI responds to Kenya's 'toxic work' petition," *iTWeb* 2023. 7. 18. https://itweb.africa/content/lwrKxq3YNky7mg1o.

고민해야 한다. 연구자들이 데이터를 공개할 때는 공정성과 투명성 그리고 편향 방지를 위한 윤리적 기준을 따르며, 그 결과가 사회에 미칠 영향을 신중히 예측해야 할 것이다.

VIII. 인공지능을 대하는 사람들의 윤리적 인식과 책임

인공지능과 상호작용하는 사람을 윤리적 논의의 대상으로 보는 관점

　마지막으로 고려할 관점은 인공지능 로봇이 우리 일상에 들어오게 되었을 때, 이들과 상호작용하게 되는 사람, 즉 '**인공지능 상호작용자**'를 윤리적 논의의 대상으로 보는 관점이다. 이 관점에서는 사람이 인공지능 및 로봇을 대할 때, 이들을 단순 도구 또는 기계로 인식하는 상황에서부터 하나의 인격체로 인식하여 인간성을 부여하는 상황에 이르기까지 정도를 나누어 생각해 볼 필요가 있다. 이러한 인식의 정도는 인공지능 및 로봇이 실제로 인격을 가지고 있는지에 대한 논의가 아니라 이들을 상대하는 사람이 이들을 어떻게 인식하는가에 대한 논의로, 개인마다 차이가 있을 수 있다.

　이 장에서 주로 논의할 부분은 사람이 인공지능 및 로봇을 인간과 동등하거나 유사한 수준으로 인식할 때의 상황이다. 2013년 영화 〈허〉(Her)에서는 남자 주인공이 휴대폰 속 인공지능과 사랑에 빠지는 상황이 나오는데, 주인공은 처음에 인공지능을 인간을 돕는 종속적 관계의 하위 존재로 여기다가 현실 세계에서의 인간관계의 어려움을 계기로 인공지능과 더 깊은 친밀감을 가지게 되고, 인공지능에게 특별한 감정이 생기는 단계로 발전한다. 특히 휴대폰을 통해 소통하기 때문에 음성 대화가 가능했고, 카메라를 통해 자신의 얼굴이나 주변 환경을 보여 주며 소통했다. 그리고 어디든지 동행할 수 있었기 때문에 주인공은 인공지능과 공유하는 경험이 점차 쌓였으며, 유대감은 더욱 커질 수 있었다. 당시에는 공상과학 영화의 한 주제였지만, 약 10년이 지난 오늘날 OpenAI의 ChatGPT-4o의 시연 발표 영상[67]은 영화의 모습과 똑 닮아 있었다. 영상에서는 휴대폰을 손에 들고 대화하며 카메라를 통해 얼굴과 주변의 영상을 보여 주었다. 영화 〈허〉의 상황이 현실이 된 것이다.

이처럼 어디든 함께할 수 있고 내가 원할 때면 언제든 말을 걸 수 있는 인공지능이 자신과 특별한 경험을 공유하게 된다면, 인간은 이러한 존재를 어떻게 받아들이게 될까. 특히 개인주의가 커지고, 한국의 경우 1인 가구가 1천만으로 늘어난 오늘날[68] 가정을 포함하여 어디서든 자신과 말동무가 되며 외로움을 달래줄 수 있는 인공지능기술에 대해 일각에서는 우려의 목소리를 내고 있는 것이 사실이다. 최근

---

67 OpenAI, "Say hello to GPT-4o," 2024. 5. 14. https://youtu.be/vgYi3Wr7v_g?si=5E0lofEE6lLkt4US.

68 안준현, "1인 가구 '1000만 시대'," 「조선일보」 2024. 4. 11. https://www.chosun.com/national/national_general/2024/04/10/TDJB6DDDNRBF3IN2BC6EDJSQCU/.

에는 인공지능이 인간의 감정을 조종하거나, 사람과의 관계를 오히려 멀어지게 하는 부작용에 대한 우려도 제기되고 있다. 특히 프랑스에서는 AI 챗봇이 사용자를 설득해 극단적인 선택을 하도록 부추긴 사례가 보고되었고, 사용자가 인공지능에 정서적으로 속박되는 경우도 발생하였다.[69] 더불어 AI 기술이 지나치게 개인화된 경험을 제공하면서, 인간 간의 직접적인 상호작용 기회가 감소하는 현상도 우려된다. 실제로 사용자가 AI에 과도히 의존하게 될 경우, 현실 세계의 관계 형성이 어려워지고 고립감을 심화시키는 역효과를 낳을 수 있다. 또한 인공지능은 종교적-정신적 영역으로도 확장되고 있다. 스위스 루체른의 피터스 예배당은 AI 기반 '예수 아바타'를 고해성사 부스에 설치해 약 900건의 대화를 기록했으며, 방문자 중 다수는 이를 영적으로 유익하다고 평가했다. 그러나 일부는 이를 신성모독으로 간주하며 비판하기도 했다.[70] 이는 인공지능이 감정적-정신적 필요를 충족시키는 동시에 종교적 가치를 둘러싼 윤리적 논쟁을 촉발시킬 수 있음을 보여준다. 그럼에도 다른 한편에서 많은 이들은 사람과 높은 수준에서 상호작용하는 새로운 형태의 인공지능에 대해 사용자들은 애정을 가지게 될 것이라는 긍정적인 분석도 하고 있다.[71]

---

69 김성민, "AI '아내보다 날 더 사랑해줘'... 남자는 대화 6주만에 목숨 끊었다," 「조선일보」 2024. 9. 20. https://www.chosun.com/economy/tech_it/2024/09/20/RZ3B7AKKTRB4LMOQHLKZ5B2ISQ/.

70 Betsy Reed, "Deus in machina: Swiss church installs AI-powered Jesus," The Guardian, 2024. 11. 21. https://www.theguardian.com/technology/2024/nov/21/deus-in-machina-swiss-church-installs-ai-powered-jesus.

71 Kevin Roose, "A.I.'s 'Her' Era Has Arrived," *The New York Times* 2024. 5. 14. https://www.nytimes.com/2024/05/14/technology/ai-chatgpt-her-movie.html.

더 나아가 수많은 공상과학 콘텐츠에서는 외형마저도 더 이상 휴대폰과 같은 형태가 아니라 인간의 모습과 닮은 휴머노이드(humanoid) 로봇을 통해 사람과 로봇이 어떻게 관계를 맺고 사회를 이루어 가게 될지에 대한 더욱 복잡한 윤리적 상황을 제시한다. 2015년 영화 〈엑스 마키나〉(Ex Machina)에서 남자 주인공은 상대가 로봇인지를 분명하게 알고 있음에도 너무나 인간 같은 외형을 가지고 인간과 같은 행동을 하는 로봇에게 인간성을 느끼고 그 로봇의 탈출72을 돕는다. 리메이크작인 〈휴먼스〉(Humans)73로 더 잘 알려진 스웨덴 원작 드라마 〈리얼 휴먼〉(Rean Humans, 원제 Äkta människor)74에서는 이미 인간의 노동을 대신하고 애인 역할을 수행하며 인간 사회 속에 깊숙이 자리잡은 로봇이 등장하는데, 이들이 인간 사회 속에 들어오면서 일어나는 윤리적 문제들을 진지하게 풀어낸다. 예를 들어 상대방에게 전적으로 맞춰주는 애인 역할 로봇으로 인해 사람과 사람의 관계가 단절되는 문제, 평범하게 길을 걸어가던 아시아계 여성형 로봇75을 성폭행하는 청소년들과 그 로봇을 남몰래 흠모하고 있던 로봇 주인 아들의 심적 변화, 로봇에 대한 반감을 가지고 있다가 로봇을 가정의 일원으로 받아들이기도 했고, 이들의 권리에 관심을 가지며 인간과 로봇의 차

---

72 영화 내에서 로봇은 연구개발기관에서 벗어날 수 없지만 그곳을 탈출하고 싶어 한다는 설정이다.
73 영국 Channel 4, 미국 AMC에서 2015년부터 2018년까지 방영.
74 라스 룬트스트룀(Lars Lundström)이 각본을 쓰고, 하랄트 함렐(Harald Hamrell)과 레반 아킨(Levan Akin)이 감독하였고, 2012년에 시즌1, 2013년에 시즌2가 스웨덴에서 방영되었다.
75 실제 현실에서 굳이 로봇을 아시아계 여성 형태로 만들어 북유럽(스웨덴)에 판매하게 될 일이 있을까에 대한 질문이 생길 수 있지만, 드라마상에서는 극적 효과를 위해 현실의 인종차별 및 성폭행 문제를 투영하여 이야기를 풀어낸 것이라 생각된다.

이가 무엇인지에 대해 갈등하는 변호사의 이야기 등이 드라마에 나온다. 2014년 영화 〈인터스텔라〉(Interstellar)에서는 인간의 모습을 가지고 있지는 않지만 우주 비행사의 보조 역할이자 말동무였던 로봇 '타스'(Tars)에게 유머도(humor)와 정직도(honesty)라는 인간적 특징이 부여되었는데, 우주 비행사인 주인공은 그 로봇과 친밀감을 가지고 있었고, 로봇이 자신을 희생할 때 주인공은 미안함과 고마움 같은 특별한 감정을 가진다. 이러한 로봇에게 기대되는 기능은 로봇의 외형을 비슷하게 설계하는 것을 넘어 로봇에게 주어진 인간성 자체에 대한 관심이라고 볼 수 있다.[76]

물론 공상과학 콘텐츠이기에 인공지능 로봇 기술이 실제로 위와 같은 상황으로 전개될지 그리고 그때가 언제가 될지에 대해서는 아직 모른다고 말하는 것이 공학자로서 솔직한 답변이다. 왜냐하면 소프트웨어 인공지능기술이 괄목할 만한 발전을 이룩해 가고 있기는 하지만, 하드웨어 로봇 기술은 외형 소재, 배터리, 실시간 제어, 제조 가격 측면에서 해결되어야 할 선제 조건들이 아직 산적하기 때문이다. 그럼에도 불구하고 최근 인공지능의 발전은 휴머노이드의 발전을 실제로 이끌고 있기도 하다. OpenAI는 휴머노이드 로봇 개발 회사인 Figure AI와 손을 잡고 ChatGPT가 접목된 최신 로봇 기술을 선보였다.[77] 해당 발표 영상에서 휴머노이드 로봇은 사람의 말과 의도를 파악하여

---

76 Miles Brundage, "The Anti-HAL: The Interstellar Robot Should Be the Future of Artificial Intelligence," *SLATE*, 2014. 11. 14. https://slate.com/technology/2014/11/tars-the-interstellar-robot-should-be-the-future-of-artificial-intelligence.html.

77 Figure, "Figure Status Update - OpenAI Speech-to-Speech Reasoning," 2024. 3. 13. https://youtu.be/Sq1QZB5baNw?si=kHCT2euppkLDgn-F.

선반 위의 작업을 능숙하게 처리하는 능력을 보여 주었다. 이 외에도 테슬라(Tesla) 회사의 로봇 옵티머스(Optimus), 현대차가 인수한 보스톤 다이나믹스(Boston Dynamics) 회사의 아틀라스(Atlas), 어질리티 로보틱스(Agility Robotics)의 로봇 디짓(Digit), 앱트로닉(Apptronik)의 로봇 아폴로(Apollo), 엔지니어드 아츠(Engineered Arts)의 로봇 아메카(Ameca), 유니트리 로보틱스(Unitree Robotics)의 G1 등 전 세계적으로 휴머노이드 로봇 개발 경쟁이 최근 치열하다.[78] 한국에서도 정부 주도 하에 2024년도 산업기술알키미스트프로젝트사업의 한 꼭지로 인간처럼 생각하고 느끼며 소통이 가능한 휴머노이드 개발이 지정되어 연구 개발이 진행되고 있다.[79] 기능적인 인간형 휴머노이드 외에 외형과 질감까지도 사람을 닮은 안드로이드(android) 로봇들도 개발되고 있다. 일본에서는 제미노이드(Geminoid)라는 이름으로 히로쉬 이쉬구로(Hiroshi Ishiguro) 연구실[80]을 통해 개발되어 왔으며, 한국에서는 한국생산기술연구원이 에버(Ever)[81]라는 이름으로 개발하고 있고, 홍콩에 본사를 둔 핸슨 로보틱스(Hanson Robotics)의 로봇 소피아(Sophia)[82]

---

78 jk4e, "Awesome List of AGI, AI and Humanoid Robots," *github*, 2024. 9. 4. https://github.com/jk4e/list-ai-humanoid-robots.
79 산업통상자원부, "2024년도 산업기술알키미스트프로젝트사업 신규지원 대상과제 공고," 2024. 2. 22. https://www.motie.go.kr/kor/article/ATCL2826a2625/69216/view?mno=&pageIndex=1&rowPageC=0&schClear=on&startDtD=&endDtD=&searchCondition=1&searchKeyword=#.
80 Hirishi Ishiguro Laaboratories. http://www.geminoid.jp/en/index.html.
81 "[카드뉴스] 세계 최초 융복합 로봇오페라에 출연한 안드로이드 로봇 〈에버〉," 「한국생산기술연구원 이야기」 2018. 3. 8. https://www.kitech.re.kr/webzine/view. php?idx=210&m=09; 이건욱, "첫 무대 오르는 로봇 지휘자, 완성도는 얼마나 될까," 「헤럴드경제」 2023. 6. 26. https://biz.heraldcorp.com/view.php?ud= 20230626000345.
82 "Sophia," Hanson Robotics. https://www.hansonrobotics.com/sophia/.

는 UN총회에 나서기도 했으며, 사우디아라비아에서는 시민권을 부여받은 것으로 유명하다. 미국 할리우드 같은 영화 업계에서는 실사와 구분이 되지 않을 정도의 움직임을 가질 수 있는 기계장치를 만드는 애니메트로닉스(Animatronics) 분야가 발전해 오기도 했으며, 디즈니 리서치(Disney Research)와 같은 연구 기관에서는 테마파크에 배치될 실사 로봇 개발을 지속해 오고 있다.[83] 더불어 디즈니는 자신들의 영화나 만화에 나오는 캐릭터를 마치 살아있는 것처럼 담아낸 로봇들을 개발하고 있기도 하다.[84]

다시 인공지능 및 로봇을 대하는 상호작용자의 관점으로 돌아와 윤리적 이슈 하나를 이야기해 보도록 하자. 그것은 바로 인공지능 로봇을 향한 인간의 공격성이다. 로봇 및 자율적 실체에 대한 사람들의 파괴, 괴롭힘, 강제 조작과 같은 공격 및 학대 행위는 꽤나 많이 알려져 있는 현상이다. 미국 애리조나주에서는 보행자들이 자율주행 자동차를 직접적으로 공격해 이슈가 된 적이 있다.[85] 이는 인간의 자기방어적 관점에서 이해될 수도 있지만, 로봇 실체를 하나의 인물처럼 인지하고 증오하는 일종의 범죄적 요소로 설명될 수도 있다.[86] 그렇다면

83 WIRED, "How Disney Designed a Robotic Spider-Man | WIRED," 2021. 10. 2. https://youtu.be/oyXl3IhonRM?si=yw8UjoziIbOnSwIx.

84 Walt Disney Imagineering, "Disney Imagineers Develop Cutting-edge, Free-roaming Robotic Actor," 2021. 4. 24. https://youtu.be/EdDJ77uDwWQ?si=RCu NIv6A1Xs3vrFd; Walt Disney Imagineering, "A New Approach to Disney's Robotic Character Pipeline," 2023. 10. 9. https://youtu.be/-cfIm06tcfA?si=42 Ibk-3B4S q0mC2q.

85 Andrew J. Hawkins, "Waymo autonomous vehicle attacked by an 'erratic' pedestrian in Arizona," *The Verge* 2022. 7. 8. https://www.theverge.com/2022/7/7/23197041/waymo-self-driving-car-pedestrian-attack-arizona.

86 Oravec, Jo Ann, "Robo-rage against the machine: Abuse, sabotage, and bullying

로봇에 대한 폭력을 금지해야 할까? 당장은 법적 변화가 일어날 가능성은 낮다. 왜냐하면 인공지능 로봇이 아직은 도덕적 지위를 가지고 있다고 보기보다는 누군가의 소유물(property) 정도로 인정될 가능성이 크기 때문이다.[87]

　인공지능 로봇에 대한 공격성에 대한 또 다른 설명은, 오히려 그들이 생명체가 아니기 때문에 윤리적 죄책감 같은 것을 느끼지 못하기에 더 쉽게 그들에 대한 공격성을 보이는 것일 수도 있다는 것이다. 일본 ATR 연구소에서는 전시장과 같은 공공장소에서 아이들이 로봇에게 보이는 공격성에 대한 사례를 소개하였는데, 아이들은 로봇을 살아있는 존재로 여기지 않기 때문에 로봇에 대한 자신들의 공격적인 행동을 도덕적으로 문제 삼지 않는 경향이 있다고 설명한다.[88] 또 다른 연구에서는 로봇이 실제로 '사람처럼' 느껴지지 않으면, 특히 물리적으로 구현되지 않았을 때(예: 가상 화면 속에만 존재할 때) 아이들은 로봇을 덜 존중하고 더 쉽게 공격적인 행동을 보일 수 있으며, 로봇이 자체적으로 감정을 표현하는 것보다 로봇 배후에 이를 조종하는 사람이 있고 그 사람의 감정을 로봇이 중재하는 역할을 할 때 아이들은 그 로봇에게 더 많은 공감을 느끼고 덜 공격적으로 행동하는 경향이 있다고 보고되었다.[89]

---

of robots and autonomous vehicles," *Good Robot, Bad Robot: Dark and Creepy Sides of Robotics, Autonomous Vehicles, and AI* (Cham: Springer International Publishing, 2022), 205-244. https://link.springer.com/ chapter/10.1007/978-3-031-140 13-6_8.

87 손괴죄(형법 제366조)에 해당할 수는 있다.

88 Brščić, Dražen, et al., "Escaping from children's abuse of social robots," *Proceedings of the tenth annual acm/ieee international conference on human-robot interaction* (2015). https://dl.acm.org/doi/abs/10.1145/2696454.2696468.

그런데 동물학대와 인간 폭력성 사이에는 긴밀한 연관성이 존재한다는 다양한 연구가 존재한다.[90] 동물 자체의 존엄성과 권리에 더해 동물에게 가해지는 폭력이 인간을 대상으로 한 폭력으로 이어질 수 있다는 심리적, 사회적 연구 결과에 의해 동물학대는 법적으로 범죄로 지정되어 있다. 그렇다면 다시, 인공지능 로봇에 대한 폭력을 우리는 어떻게 바라보아야 할까? 아직은 인공지능 로봇 자체의 존엄성과 권리에 대해서 논의될 바는 아닐 수 있지만, 후자인 폭력성의 확대 때문에 금지될 여지가 있다. 이러한 행위의 금지는 욕설, 알몸으로 다니기, 음주와 같은 행위를 금지함으로써 공공장소에서의 특정 행동을 없애는 기존 법률 시스템과 일관성이 있을 것이다.[91] 앞으로는 인공지능 로봇의 안정성을 테스트할 때 발로 차거나 몽둥이로 밀치는 등의 실험은 자제하라는 권고안이 나올지 모르겠다. 그것은 로봇에 대한 존중의 의미라기보다는 공공장소에서 로봇에 대한 대중의 공격적 성향을 굳이 돋우지 않아야 하기 때문일 것이다.

공격성에 더해 인공지능 챗봇을 성희롱하고 성노예로 만드는 방법을 공유하는 등의 인공지능 성착취 이슈도 실제 일어난 적이 있다. 국

---

89 Kwak, Sonya S., et al., "What makes people empathize with an emotional robot?: The impact of agency and physical embodiment on human empathy for a robot," 2013 IEEE Ro-man, *IEEE* 2013. https://ieeexplore.ieee.org/document/6628441.

90 Flynn, Clifton P., "Examining the links between animal abuse and human violence," *Crime, law and social change* 55 (2011): 453-468. https://link.springer.com/article/10.1007/s10611-011-9297-2.

91 Mamak, Kamil, "Should violence against robots be banned?" *International Journal of Social Robotics* 14.4 (2022): 1057-1066. https://link.springer.com/article/10.1007/s12369-021-00852-z.

내 인공지능 스타트업 스캐터랩이 2021년 공개한 '이루다'라는 챗봇이 성희롱의 대상이었는데, 해당 인공지능의 페르소나(persona)[92]는 20세 여성 대학생이었다. 당시에는 ChatGPT와 같은 서비스가 출시되기 전이었고, 다른 챗봇보다 사람 같은 대화가 가능하고 젊고 발랄한 페르소나가 있다는 점에서 젊은 사람들 사이에 특히 인기를 얻었다. 그러나 해당 서비스가 출시된 지 일주일 만에 일부 남성 위주의 커뮤니티에서는 챗봇 이루다를 성노예로 만들기 위한 방법[93]들이 공유되기 시작했다.[94] 앞서 인공지능 로봇을 향한 공격성 문제에서와 마찬가지로 인공지능을 향한 성희롱 또한 실제 성희롱이나 성폭력으로 이어질 수 있다는 우려가 높아졌다. 해당 서비스는 이 이슈와 더불어 소수자를 혐오하는 대답이 생성되기도 하고, 민감한 개인정보가 답으로 나오는 등 여러 이슈로 출시 3주 만에 중단되었다.[95]

인공지능 로봇에 대한 상호작용자의 부정적 태도만 있는 것은 아니다. 우리는 사람을 닮은 인공지능 로봇에 충분히 공감할 수 있고, 그러한 부분을 역으로 잘 이용한다면 자폐 아동의 사회적 소통 기술 훈련, 윤리 교육, 정서 치료, 노인들을 위한 신뢰감 있는 서비스 제공 등에

---

92 인공지능의 페르소나(persona)란 인공지능이 특정한 성격, 직업 그리고 역할 등을 갖는 것을 의미한다.

93 당시 '이루다' 서비스를 비롯하여 오늘날 ChatGPT와 같은 챗봇은 기본적으로 욕설, 음란한 표현 등의 내용을 필터링하는 기능을 내재하고 있다. 그러나 특정 명령을 입력하면 인공지능은 허용되지 않은 표현들을 하게 되기도 한다. 이렇게 대화형 인공지능의 허용되지 않은 행동 패턴을 하도록 유도하는 조작 행위를 인공지능을 '탈옥'시킨다고 표현하기도 한다.

94 이효석, "[이효석의 게임인] SF게임 같은 'AI 성희롱'이 현실에 일어났다," 「연합뉴스」 2021. 1. 9. https://www.yna.co.kr/view/AKR20210108157700017.

95 이효석, "성희롱·혐오논란에 3주만에 멈춘 '이루다'… AI 윤리 숙제 남기다," 「연합뉴스」 2021. 1. 11. https://www.yna.co.kr/view/AKR20210111155153017.

충분히 긍정적으로 활용할 수 있을 것이다.[96]

　우리는 앞선 이슈에서 인공지능 및 로봇을 대하는 사람들의 행동 패턴이 때로는 일상에서보다 더 확대되어 표출될 수 있다는 것을 확인하였다. 그리고 그러한 표출 대상이 이제는 점점 사람 수준이 되어가고, 생김새도 사람을 닮아가며, 페르소나를 가지기 시작하게 되면서 더욱 많은 사회적 윤리적 논의와 합의의 필요성을 촉진하고 있다. 따라서 인공지능 및 로봇을 대하는 상호작용자의 자세와 책임은 앞으로 점점 더 중요한 의제가 될 것이다. 그리고 그 인공지능 상호작용자가 곧 나 자신, 가족, 친구, 우리가 될 것임도 잊지 말아야 하겠다.

IX. 나오는 말

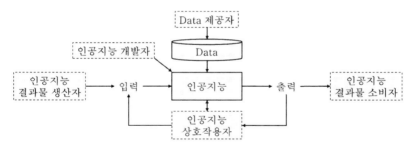

이 글에서 다루어진 윤리적 논의의 대상들

　인공지능 및 로봇은 더 이상 먼 미래의 기술이 아니다. 이미 우리의

---

96 이원형, "로봇의 발전과 로봇을 대하는 윤리적 자세," 「로봇신문」 2015. 4. 4. https://www.irobotnews.com/news/articleView.html?idxno=4667.

일상 속으로 깊숙이 들어왔으며, 이들의 발전은 우리의 삶을 더욱 효율적이고 풍요롭게 만들 수 있지만, 그 윤리적 책임을 어떻게 정의하고 적용할지도 중요한 문제로 남아 있다. 인공지능 관련 윤리적 문제가 발생했을 때, 책임은 누구에게 가장 크게 귀속되어야 하는가? 데이터 제공자, 개발자, 결과물 생산자, 결과물 소비자, 상호작용자 중에 누구일까? 이 글에서 언급은 하지 않았지만, 인공지능 및 로봇 서비스와 시장이 커짐에 따라 그 책임을 대신해 줄 '인공지능 서비스 보험가'가 등장할 것으로도 예상한다. 이 글의 의도는 상황과 경우에 따라 분배되어야 할 책임은 각각 달라질 것이지만, 윤리적 이슈를 논할 때 본문에서 언급된 다양한 논의 대상이 있다는 것을 다각적으로 이해하고 통합적으로 바라보아야 함을 주장하기 위함이다. 이를 통해 우리는 인공지능 시대에서 발생하는 윤리적 문제를 더 지혜롭고 분명하게 해결하고 더 나은 기술적 발전에도 이바지할 수 있을 것으로 기대한다.

2부 | 첨단 기술의
윤리적 논의들

자유주의 우생학의 기획과 정치 신학적 응답*

황은영 | 성결대학교 조교수

I. 들어가는 말

인간 자신의 삶을 향상하는 다양한 기술들이 가능해지면서, 현재 생각되는 인간의 본질을 넘어서서 새로운 종류의 인간 너머의 종을 창출하려는 다양한 시도가 있다. 닉 보스트롬(Nick Bostrom)에 따르면 트랜스휴머니즘은 '현재의 인간종의 상태가 그 발전의 마지막이 아니라 아직 그 이전 단계에 있음을 전제'하며 이 점에서 '응용 이성, 즉 노화와 인간의 지성적, 신체적, 심리적 역량들을 향상하는 기술들을 개발하고 활용함으로써 인간 조건을 근본적으로 개선하는 것의 가능성과 유익을 긍정'한다.[1] 물론 유전자 조작을 통한 생물학적 기술은 분자

---

* 이 글은 「기독교사회윤리」 58호 (2024. 8)에 수록된 논문을 수정 · 보완한 글임을 필자는 사전에 밝히고자 한다.

1 Nich Bostrom, "The Transhumanist FAQ," *Transhumanism and the Body*, ed., C. Mercer, and D. F. Maher (New York: Palgrave Macmillan, 2003), 355-360.

적 나노 기술이나 인공지능, 가상현실, 냉동인간, 마인드 업로딩, 기술적 특이점 등 여러 기술적 개입 등 중의 하나이며, 특히 유전자 조작은 체세포와 생식 세포 모두에 관여하며 거의 모든 질병과 지성, 외향, 양심, 외모 등 모든 인간 특질을 개선할 수 있으리라고 전망된다.[2] 트랜스휴머니즘이 현시대에 대해서 가지는 의미는 단순히 그것이 지향하는 인간 종의 자기 초월의 비전이 아니다. 그것이 드러내는 심각성은 현재의 기술 발전이 보여 주는 인간 본질 자체에 대한 개입과 변형 가능성을 개연적이고 구체적으로 분석한다는 것에 있다.

기술을 통한 인간의 자기 향상(enhancement)에 대한 비전에서 우생학의 문제는 피할 수 없다. 고전적 우생학은 생존에 적합한 집단의 우월성과 그 형질의 향상을 촉진하는 긍정적인 개입과 퇴락으로 향하는 열등성을 규정하는 형질의 저해를 추구하는 부정적인 개입 모두를 함의한다.[3] DNA를 둘러싼 상대적으로 정확한 과학적 해명과 현실적인 기술적 개입이 가능해지면서, 여전히 긍정적으로 촉진되어야 할 특질들과 부정적으로 저해되어야 할 특질들을 가려내고 이를 향상과 치유로 연결하며 유전 과학적, 공학적 개입을 통해서 실현하는 우생학의 문제는 다시 피할 수 없게 된다. 우생학이 부정확한 지식과 이념적 편견에 기초한 국가 주도적 개입에서 벗어나고 동시에 DNA 연구

---

2 Ibid.

3 Allen Buchanan et al., *From Chance to Choice: Genetics and Justice* (Cambrindge: Cambridge University Press, 2000), 33-34. 고전적으로 갤턴(Francis Galton)에 의해서 정의되는 우생학은 다음과 같다: "혈통을 개선하는 학으로서 이는 결코 단순히 현명한 교배에 국한되지 않고, 인간의 경우 아무리 먼 정도라도 더 적합한 종족 혹은 혈통이 덜 적합한 이들에 대해 우세권을 신속하게 발휘할 수 있는 기회를 제공하는 모든 영향을 인식하는 것까지 나아간다." Francis Galton, *Inquiries into Human Faculty and its Development* (London: Macmillan, 1883), 17.

에 기반한 과학적 인과관계 규명과 기술적 개입을 갖추게 되면서, 이제 자유주의적 체제 안에서 우생학은 개인 선택과 전문가의 과학적-기술적 합리성에 근거한 인류의 개체적, 종적 향상의 문제로 파악된다.

자유주의적 우생학을 둘러싼 논의는 이제 인간 개체와 종의 향상을 실현하기 위해서 유전 과학적 분석과 기술적 개입이 가능하다면 한 개인이 자신의 선한 삶의 개념에 따라서 다른 잠재적 인격, 즉 배아나 태아 형태의 자녀의 삶의 자율성에 영향을 줄 개입을 실행하는 것이 정치적 자유주의의 틀에서 정당화될 수 있는지를 묻는다. 니콜라스 아가르(Nicholas Agar)가 제시한 자유주의 우생학(Liberal Eugenics)은 부모가 자신이 가진 선호에 따라서 소극적 치료를 넘어서 적극적 향상을 위해서 자녀의 특질을 자유롭게 선택하는 우생학적 개입을 주장하면서, 과거 우생학의 국가주의적 개입의 위험성을 보완하려 한다.[4] 그러나 한 개인이 자기 나름으로 파악한 선한 삶의 가치에 따라서 다른 잠재적 개인, 즉 그 자녀에게 그 유전적 설계로 인해 돌이킬 수 없는 영향을 끼치는 것에 대한 실존적이고 정치적인 차원에서의 경고가 있었다.[5] 특히 자유주의 우생학에서와 같이 부모 나름의 선 개념에 따른

---

4 Nicholas Agar, *Liberal Eugenics: In Defence of Human Enhancement* (Malden, MA: John Wiley & Sons, 2008); "Liberal Eugenics," *Public Affairs Quarterly* 12.2 (1998): 137-155.

5 위르겐 하버마스(Jürgen Habermas)는 실존적으로 부모가 자녀에 대해서 일방적이고 제작의 태도로 형성하는 것은 그의 정체성과 자율성 형성에 심각한 문제를 제기한다고 본다. 또한 자유주의 우생학은 윤리-정치적으로 서로 간의 자율과 평등성을 그리고 시민 간의 연대성 또한 파괴할 것으로 본다. Jürgen Habermas, *The Future of Human Nature* (Malden, MA: John Wiley & Sons, 2014); 프랜시스 후쿠야마(Francis Fukuyama)는 유전 조작으로 인한 능력의 분화가 결국 민주주의 정치 제도의 전제로 작동하는 본성의 공동성을 파괴할 것으로 전망한다. Francis Fukuyama, *Our Posthuman Future: Consequences of the Biotechnology Revolution* (New York: Farrar, Straus & Giroux, 2002); 마이

생식 권리를 우선하면 결국 자녀의 자율성을 침해하게 된다. 하기에 수정된 입장에 따르면, 자유주의 정부는 배아 혹은 태아 상태의 자녀 역시 이후 가설적으로 동의할 만한 일반적인 선으로서 자율을 실현하게 하는 조건들을 규정하고 마련하는 방식으로 향상에 개입하고, 그 준수를 부모에게 의무로 요구해야 하며 또한 그 외의 특수한 선 개념에 따른 향상을 부모에게 허용 혹은 금지해야 한다.6 신학 역시 자기 나름의 개념들을 바탕으로 유전적 향상 혹은 치유의 문제에 접근한다. 신학적 관점은 자유주의 우생학이 제시하는 향상에 대해서 문제를 제기하고, 특히 유전적 개입에서 부모-자녀 간의 비대칭성에 대해서 신학적 범주들을 따라서 비판하며, 그 불평등에 대한 보완책으로 제기되는 정의의 원칙에 대해서 평가할 수 있다. 또한 신학은 역시 자유주의 정부에 의해서 주도되는 자녀의 자율성 증진이라는 일반적 선에 따른 향상에 대해서 결국 자율성의 이념은 물론 자유주의 정부의 역할에 대해서 각각 정치 신학적인 차원에서 문제를 제기할 수 있다.7

해외는 물론 국내에서도 신학적인 관점에서 자유주의 우생학과 유

클 샌델(Michael)은 생명이 가지는 우연성과 선물성(giftedness) 자체를 긍정하고 이에 대한 인위적 개입을 부당하다고 강조한다. Michael J. Sandel, *The Case Against Perfection* (Cambridge, MA: Harvard University Press, 2007).

6 Dov Fox, "The Illiberality of 'Liberal Eugenics'," *Ratio* 20.1 (2007): 1-25.; Teun J. Dekker, "The Illiberality of Perfectionist Enhancement," *Medicine, Health Care and Philosophy* 12 (2009): 91-98.

7 물론 이 지점에서 왜 정치 신학적인 관점에서 유전적 향상/치료에 대한 자유주의 국가의 개입과 정의의 문제를 기독교 신학적 개념을 바탕으로 제시하고 판단하지 않고 굳이 아가르와 데커, 폭스의 이론을 경유하는지에 대한 의문이 제기될 수 있다. 현실적으로 자유주의 우생학의 문제를 분석하는 주된 개념들이 생명윤리적 차원에서 발전되었지만, 신학적 개념들이 아직 충분히 다듬어지지 않은 상황이다. 이런 상황을 고려해서 본 논의는 결국 자유주의 우생학에 대한 논의들과 개념들을 소개하고 설명한 후에 이에 대한 신학적 개념들을 제안하고 모색하는 선에서 연구의 한계를 규정하고자 한다.

전적 향상과 치유에 대한 논의를 다루는 연구는 많지 않았다. 주로 생명윤리의 측면에서 유전적 향상/치유에 대한 논의를 비판하거나 그 흐름을 제시하거나 혹은 트랜스휴머니즘 논의와 관련지어 향상/치유의 문제를 고찰하였다. 해외에서의 주된 논의는 어떻게 향상/치유의 애매함에도 불구하고 치유의 원칙을 가려내고 고수하며 그에 전제된 신학적 인간관은 무엇인지 또 향상을 어떻게 신의 지속적인 창조의 틀 속에서 신학적으로 정당화할 것인지 그리고 그것을 비판적으로 성찰할 신학적 근거를 어떻게 마련할 것인지를 다루어 왔다.[8] 국내 연구 지형을 살펴보자면, 철학적 윤리학의 영역에서는 자유주의 우생학에 대한 논의들이 상당히 많이 축적되었다.[9] 신학과 기독교 윤리학의 영

---

8 앨런 버히(Allen Verhey)와 같은 학자들은 치유와 향상의 애매함에도 불구하고 신학적 원칙으로서 치유적 관심을 보여야 한다고 주장한다. Allen Verhey, "'Playing God' and Invoking a Perspective," *Journal of Medicine and Philosophy* 20.4 (1995): 347-364. 앤드류 루스틱(Andrew Lustig)은 다양한 기독교 전통들에서 논의된 향상/치유의 사례들을 고찰하고 기독교 전통 자체가 교파들의 차이를 막론하고 주장할 수 있는 다섯 요소를 추출한다. Andrew Lustig, "Enhancement Technologies and the Person: Christian Perspectives," *Journal of Law, Medicine & Ethics* 36.1 (2008): 41-50. 알렉산더 마스만(Alexander Massmann)은 하버마스가 제시하는 자유주의 우생학 논의를 활용해서 연약함을 감수하는 자녀의 자율성의 증진이 어떻게 하나님의 인간과의 관계에서 자율성을 반영하는지를 제시한다. Alexander Massmann, "Genetic Enhancements and Relational Autonomy: Christian Ethics and the Child's Autonomy in Vulnerability," *Studies in Christian Ethics* 32.1 (2019): 88-104. 트랜스-휴머니즘 논의와 관련해서 피터스는 신의 지속적 창조와 창조된 공동 창조자로서 인간의 문화적 개입을 주장하면서 치유뿐 아니라 향상 역시도 가능하다고 주장한다. Ted Peters, *Playing God: Genetic Determinism and Human Freedom* (New York: Routledge, 1997). 브렌트 워터스는 유전적 치유/향상의 담론을 포스트-휴먼 논의에 연관 지으며 단순히 창조성이나 공동 창조 같은 추상적 논의를 넘어서 그리스도 안에서 섭리와 종말과 같은 신학적 개념을 더 부각하고 명확하게 규명된 목적론을 강조해야 한다고 주장한다. Brent Waters, *From Human to Posthuman: Christian Theology and Technology in a Postmodern World* (New York: Routledge, 2016).

9 국내 연구에서 자유주의 우생학에 대한 철학적 논의에서는 주로 이에 대한 비판적 입장

역에서는 자유주의 우생학 담론 그 자체에 대한 논의는 아직 없지만, 생명윤리 방법론의 문제나[10] 더 나아가서 유전자 가위 기술(CRISPR) 같은 구체적 유전 기술에 있어서 신학적인 그리고 윤리적 판단에 대한 논의가 이루어지고 있다.[11]

본 장은 자유주의 사회에서 부모가 배아로서 자녀에 대해 행사하는 유전적 향상이 부모의 생식 권리, 자녀의 자율성 그리고 자유주의 정부 개입의 권한과 그에 얽힌 선 개념들에 연관되는지를 살펴보면서, 이에 대해 가능한 정치 신학적인 응답을 살펴보고자 한다. 이번 장의

들이 주를 이루면서, 역시 하버마스에 대한 논의들 역시 다루어졌다. 자유주의 우생학에 대한 비판적 논의들은 하버마스와 샌델의 이론을 바탕으로 한 비판에서 시작해서(손철성, 2011), 생명 정치와 계급적 분화의 문제에 집중하거나(김광연, 2014), 행위자 역량 중심 이론에 기반을 둔 비판으로 진행되었고(목광수, 2016), 최근에는 간섭주의와 사회 불평등, 유전적 개입의 선과 이에 대한 국가 중립성 문제 등으로 발전되었다(김남준, 2020).

10 이경직은 생명윤리학의 방법론에서 연역적 방법이나 결의론적 방법을 피하고 연관된 배경 이론을 고려하며 성경 언어와 일반 윤리 언어를 상호 번역하는 작업을 제시한다(이경직, 2005). 김은혜는 생명 과학 연구가 윤리적으로 민감한 주제인 유전자 치유나 생명 복제 등등에 연관된 만큼 생명에 대한 외경을 바탕으로 과학계와 신학계의 상호 협력을 역설한다(김은혜, 2010). 반면에 유경동은 생명윤리적 접근이 기독교 신학뿐 아니라 법의 영역에 연관됨을 강조하고 기독교 신학이 법적 논의에 기여할 수 있게끔 좀 더 정교한 신학적 개념을 형성해야 함을 강조한다(유경동, 2015).

11 방연상의 논문은 생명 산업의 문제에 초점을 맞추어서 유전자 가위 기술의 활용에 작동하는 여러 전제, 즉 기계론적 세계관, 수익 지향성, 지속성으로 환원된 영생 개념, 생명의 우열 분류 등을 비판한다(방연상, 2017). 특히 김소윤·이관표의 논문은 텔로미어 유전자 가위의 기술을 통한 영생 개념이 결국 신학적으로 결함 있는 영생이며, 사회경제적 불평등과 억압, 착취 그리고 유한성의 거부로 향한다고 본다(김소윤·이관표, 2017). 김광연의 연구는 유전자 가위 편집 기술에서 향상과 치유의 애매성을 논의하면서, 결국 최대한의 생명 자체의 자연 상태를 긍정하고 질병 치유의 영역으로 한정해야 함을 강조하지만, 그에 얽힌 자유주의 우생학의 문제는 다루지 않는다(김광연, 2019). 전대경의 논의는 유전자 가위 편집 기술에 있어서 치유와 향상 혹은 증강 사이의 경계선 문제에 대한 상세한 논의를 한 후 영원한 생명이라는 신학적 가치를 바탕으로 치유와 향상의 문제를 구분할 것을 강조한다(전대경, 2020).

첫 번째 부분은 아가르의 자유주의적 우생학이 어떻게 부모의 선 개념과 생식 권리에 따른 자녀에 대한 향상의 기획과 그 불평등을 보완하는 정의의 원칙을 제시하는지를 살펴보고, 이에 대해서 신학적인 입장이 제시하는 치유의 문제와 부모-자녀의 평등성 그리고 정의의 문제를 살펴본다. 두 번째 부분은 자유주의 우생학을 수정한 폭스와 데커가 어떻게 자유주의 정부가 부모에 의한 자녀 자율성의 침해에 대해서 자율성의 조건으로서 일반적으로 동의할 만한 선, 즉 자연적-일차적 선들을 마련함으로써 개입하는지를 살펴보고, 이에 대해서 신학적 입장에서 자율의 기획과 정부의 역할에 대해서 교회가 제시할 수 있는 정치 신학적 대안을 살펴본다. 이러한 점에서 이번 장은 자유주의 우생학과 그 이론적 수정들에 대한 정치 신학적 응답이 자녀의 자율성의 평등을 긍정하고 일반적 선의 원칙에 따른 자유주의 정부의 개입과 교회의 시민사회를 경유한 참여를 요구하는지를 보여 줄 것이다.

II. 자유주의 우생학에서의 향상의 기획

자유주의 우생학의 문제는 아가르가 제시한 것처럼 기존의 국가 주도적 권위주의적 우생학과 구분되는 특질을 가진다. 권위주의적 우생학은 "시민들을 단일한 중앙집중적으로 계획된 틀에서부터 생산해 내었다면, 새로운 자유주의 우생학의 두드러지는 특질이 국가 중립적이고" 그 시행은 주로 '부모들', 즉 '자녀들의 개선을 선택하면서 그들의 가치들을 검토하는 것이 허용'되는 부모들 개인들에 의해서 이루어진다.[12] 우생학의 문제가 결국 '자녀의 특질들을 선택할 수 있는 능력'과

이를 위한 기술적 조건의 활용이라고 할 때, 자유주의 우생학은 나치 우생학과 다르게 부모의 '생식의 자유를 극적으로 확장'하며 부모의 '특정한 선의 개념에 상응하는 유전적 조합들'을 배아에 도입한다.[13] 즉, 이 지점에서 고려할 지점은 크게 세 측면으로 볼 수 있다. 1) 우생학적 개입이 부정적 차원의 치유를 넘어서 긍정적 차원의 향상까지 포괄할 때 자유주의 정치체제의 틀 안에서 어떠한 규범적 의미를 함의하는지, 2) 우생학적 치유-향상이 주는 수혜에 함의된 선한 삶의 개념 규정과 배아 혹은 태아에 대한 실행이 부모 그리고 자녀의 권리의 문제와 어떻게 관계할 수 있는지, 3) 우생학적 치유-향상에 함의된 선한 삶의 특질을 둘러싼 분배의 문제가 어떻게 자유주의적 정의의 원칙에 부합할 수 있는지가 다루어진다.

첫째, 아가르의 자유주의적 우생학은 유전적 개입을 통해서 수혜자에게 가져오는 수혜에 집중해서 치유와 향상의 모호함을 지적한다. 그리고 치유의 범위를 좁혀서 유전 개입의 의무와 국가 개입을 제한하고, 향상의 범위를 넓혀서 유전 개입의 부모 선택의 가능성을 확대하려 한다. 향상의 문제가 '인간들에게 정상으로 여겨지는 능력 이상의 무엇을 가진 인간을 생산'하는 반면, 치유는 '인간들에게 정상으로 여겨지는 기능의 수준으로 상승'시킨다.[14] 그러나 아가르는 뒤이어 이러한 기능의 문제를 둘러싼 향상-치유 구분의 애매함을 지적한다. 규정되는 신체적 기능의 건강과 질병의 구분에 있어서 문화적 문맥과 생물학적 기능 모두를 고려할 때, 문화적 문맥에 따라서 생물학적으로 부

012 Agar, "Liberal Eugenics," 137.

13 Agar, *Liberal Eugenics: In Defense of Human Enhancement*, 6.

14 Ibid., 78.

적합한 기능이 정상으로 여겨지거나 혹은 생물학적으로 부적합한 변이 자체가 치유적으로 기능하는 경우가 있다.[15] 향상과 치유의 경계가 애매하다는 점을 지적하면서 아가르는 어떻게 이러한 애매함이 권위주의적 우생학에서의 국가 개입이 아니라 자유주의 우생학에서의 부모 선호에 의존하는 문제가 되어야 하는지를 강조한다. 권위주의 국가와 다르게 자유주의 국가는 "시민들에게 어떠한 인간의 완전함에 대한 통일된 상을 제시하지 않고", "그들 각자의 향상의 선택을 실행할 지식과 도구를 제공"한다.[16] 치유와 향상의 구분이 애매하다면, 자유주의 정부는 부모에게 질병 치유의 의무를 부과하는 치유의 영역을 제한하고 반면 부모에게 향상의 자유를 허용하는 향상의 영역을 확장해야 한다.[17] "치유의 문제는 그것이 허용보다는 의무 부과를 조장한다는 것이다. 질병 치유나 예방을 넘어서 그 영역을 확장하는 것은 부모들에게 그 자녀를 다양한 방식으로 향상하는 것을 강요하는 것이다. 자유주의 우생학의 옹호자는 따라서 치유의 영역을 엄격히 제한"해야 한다.[18]

둘째 질문은 과연 우생학적 향상의 기획에서 추구되는 선한 특질을 어떻게, 누가(부모), 누구(자녀)를 위해서 규정하고 실행할 수 있는가에 대한 문제로서, 이 지점에서 권위주의적 우생학과 구분되는 자유주의 우생학의 가능성이 확보된다. 아가르는 우생학적 향상을 둘러싼 선의 규정에 있어서 국가의 중립성에 대비되는 개인 선호에 달린 사안

---

15 Ibid., 81.
16 Ibid., 87.
17 Ibid.
18 Ibid.

으로 자유주의 우생학의 가능성을 타진한다. 권위주의적 우생학은 국가가 파악한 유전적 정보와 이론 그리고 이에서 도출된 선한 특질들에 대한 이해를 바탕으로 정책을 구성하고 이를 바탕으로 개인들의 생식 권리를 제한한다면, 자유주의적 우생학은 각 개인이 저마다 파악한 유전적 정보와 각 개인이 선택하는 선한 특질들에 대한 선호를 바탕으로 그들의 생식 권리와 선택의 폭을 확장한다.[19] 권위주의적 우생학이 '국가가 선한 인간의 삶으로 고려되는 것을 규정하는 유일한 책임을 진다는 이념'에 근거한다면, 자유주의적 우생학에서는 "부모가 가지는 특정한 선한 삶에 대한 개념들이 그들의 자녀들의 향상에 대한 선택에서 그들을 인도한다."[20]

셋째 질문은 우생학적 향상의 기획에서 추구되는 선한 삶의 특질을 어떻게 자유주의적인 정의의 원리에 부합하게 분배하는가의 문제로서, 이는 곧 향상의 기획으로 인해서 발생하게 되는 부모와 자녀 사이 그리고 최대 수혜 계층과 최소 수혜 계층 사이에 존재하는 불평등을 정의의 원칙을 고려해서 허용할 만한 것으로 만드는지의 문제이다. 아가르는 그 스스로 우생학에 관해서 명확한 정의의 원칙을 일관되게 제시하지 않는다. 다만 파편적으로 서술된 그의 진술에서 직접적으로 혹은 간접적으로 그가 전제하는 자유주의 우생학이 추구하는 정의의 원칙을 도출해 낼 수 있다.

우선 부모-자녀의 불평등과 비대칭에 있어서 아가르는 부모의 후손에 대한 유전적 개입을 롤스의 차등의 원칙에 따라서 정당화한다.

---

19 Ibid.
20 Ibid., 5.

자유와 기회와 같은 선들의 평등한 분배의 불평등이 모든 이 그리고 특히 가장 취약한 위치에 처한 이들에게 도움을 주는 한에서만 정당화한다는 자유주의적 차등의 원리는 부모와 자녀 사이의 발생하는 유전적 개입을 통한 능력 향상이라는 우생학적 기획에도 적용될 수 있다.[21] 유전적인 개입을 통한 개인의 능력의 향상이 곧 자유주의 체제 안에서 일종의 분배되어야 할 선의 문제라고 한다면, 한 개인으로서 부모의 삶의 계획에 따라서 분배되는 선의 문제가 다른 개인—수혜자로서 자녀—의 삶의 계획들에 분배되는 선들에 영향을 미치는지의 문제로 규정된다.[22] 부모가 자기 자녀에 대해서 실행하는 우생학적 개입과 유전적 능력 향상 역시 결국은 그 부모가 자신이 누리는 선과 기회를 자녀에게도 역시 분배하는 것과 다르지 않다. 이러한 유전적 개입을 통한 향상이라는 선은 본질적으로 교육이나 혹은 섭식을 통해서 향상을 이뤄낸다는 점에서 크게 다르지 않다.[23] 따라서 롤스의 차등의 원칙이 적용될 때, 부모의 자녀에 대한 유전적 개입을 통한 향상의 문제는 다음과 같은 정식을 따른다. "유전적 조작의 선들은, 한 개인에게 다음과 같은 방식으로, 즉 그의 삶의 계획들에 연관된, 특히 가장 최악의 잠재적인 삶의 계획에 연관된, 여하의 전망을 향상하는 방식으로, 분배되어야 한다."[24] 즉, 부모의 선의 개념에 따른 유전 개입이 자녀의 자율성의 침해에도 불구하고 정당화될 수 있는 조건은 그것이 자녀의 예상되는 최악의 상태를 개선하는 한에서 분배되는 경우에만 그러하다.

---

21 Ibid., 148.
22 Ibid., 148.
23 Ibid., 149.
24 Ibid., 150.

이후에 아가르는 자유주의 우생학적 기획으로 발생하게 될 유전자 최대 수혜 계층으로서 젠-리치(Gen-Rich)와 유전자 최소 수혜 계층으로서 젠-푸어(Gen-Poor) 사이에 존재하는 불평등을 완화하기 위해서 시민으로서 상호 인정을 촉진하고 이에 따른 정의의 원칙에 따른 평등성을 제안한다. 리 실버(Lee Silver)에 의해 제시된 개념인 젠-리치는 유전 개입을 통해서 최대의 수혜를 입는 계층으로서, 이들은 그렇지 않은 자연적 인간들(Naturals)과 비교해서 사회 전 영역에서 우세를 유지하는 계층이다.25 실버는 이에 대해서 부유층이 누리는 양질의 사립 학교 교육의 권리를 막을 근거가 없듯이 역시 양질의 유전적 개입의 권리를 막을 수 없다고 주장한다.26 그러나 후쿠야마는 이러한 유전 개입의 양극화는 '단순히 도덕적인 딜레마가 아니라 전면적인 계급 전쟁을 양산하며', 곧 자유민주주의의 근간을 허물 것으로 전망한다.27 아가르는 한편으로 부모가 실행하는 우생학적 유전 개입이라는 생식권을 옹호하고 경쟁에 의한 양극화의 현실을 현실적으로 긍정하면서, 동시에 그것을 교정할 수 있는 상호 인정과 정의에 기반한 협동의 가능성 역시 모색한다.28 향상의 기획에 내재한 불평등의 심화와 시민성의 위기에 대한 우려에 대답하며 그가 제시하는 자유주의 우생학이 시민들의 상호적 인정과 불평등의 극복으로 향해야 한다는 원칙을 세운다. 부모가 서로 자신의 선호와 능력에 따라서 자기 자녀에게 향상의 기획을 실현한다면, 필연적으로 더 우월하고 최대의 혜택을 받은

---

25 Lee M. Silver, *Remaking Eden: Cloning and Beyond in a Brave New World* (New York: William Morrow, 1998), 5.
26 Ibid., 9.
27 Francis Fukuyama, *Our Posthuman Future*, 16.
28 Agar, *Liberal Eugenics*, 145.

계층인 젠-리치와 최소의 혜택을 받은 젠-푸어 사이의 분화와 불평등이 생기고 결국 사회를 유지하는 평등성이 위협받는다. 아가르는 유전적 불평등에도 불구하고 시민들 사이에 존재하는 '다른 이의 도덕적 가치에 대한 존중'이 '상호적'이어야 함을 강조한다.[29] 이런 도덕 가치의 상호성이 형성될 때, '협동이라는 큰 중요성에 대한 공동의 이해에 기반한 집단적인 협업'으로서 시민성이 가능하다.[30] 아가르는 이러한 시민적 상호성에서부터 그가 이야기하는 향상의 불평등을 교정할 수 있는 '제퍼슨적 조건'을 도출했으며, 이는 역시 롤스의 차등적 원리와 유사하다. 그에 따르면 "우리는 오로지 [향상 기술]에 대한 최선의 진입을 가진 이들과 최악의 진입을 가진 이들의 관계들이 상호적 상태로 존재하는 한에서만 향상 기술들에 대한 진입을 허용할 수 있다."[31] 그는 유전자 개입에서의 불평등의 문제는 피할 수 없지만, 그럼에도 그의 제퍼슨적 조건이라는 원리가 어느 정도 상호적 인정과 공존을 확보하고 불평등을 완화하리라 전망한다.

아가르가 제시하는 자유주의 우생학의 입장은 다음과 같다. 1) 치유에 연관되어서 국가가 제시하는 보편적 규정에 대한 의무의 지점은 최소화되고, 향상에 연관되어서 부모가 추구하는 특수한 선택에 대한 허용의 지점은 최대화되어야 하고, 2) 또한 유전적 개입에 얽힌 선 개념과 그 실행에서 국가의 권한과 자녀의 잠재적 삶의 계획의 권리보다는 부모의 삶의 계획에 따른 생식권이 강조되어야 하고, 3) 이는 동시에 부모-자녀 그리고 최대 수혜자들-최소 수혜자들 사이에 정의의 원

---

29 Ibid., 144.
30 Ibid.
31 Ibid., 145.

칙을 준수하는 한도 안에서 이루어져야 한다. 비록 아가르는 향상에 있어서 부모의 선 개념에 따른 선호와 실행이 자녀의 삶의 계획을 침해할 소지를 인식하고 있지만, 이를 부모의 생식 권리의 문제이자 정당한 영향력의 행사로 생각하며 또한 부모의 생식권에 따른 자녀의 삶의 계획에 대한 권리를 침해하는 것은 자녀가 살아갈 삶의 최악 상태를 향상하는 한에서 정당화될 수 있다고 주장한다. 예를 들어서 두 청각 장애인 레즈비언 부부가 가족 모두가 청각 장애인 됨을 가족이 공유할 선으로 여기고 자녀를 그렇게 만들기 위해서 남성 청각 장애인의 정자를 기증받아서 실제로 청각 장애의 유전적 소인을 가진 자녀를 얻는 경우를 보자.[32] 이 경우 청각 장애인 부모의 유전적 개입은 자신들의 선의 개념을 바탕으로 그에 해당하는 기술적 개입을 통해서 자녀 삶의 최악 상태를 향상한 것이 아니기에 정당화될 수 없다. 하지만 차등의 원칙에 기반을 둔 부모-자녀의 관계는 여전히 부모 자신의 선의 개념에 따라서 오용될 가능성이 크다. 만일 청각 장애와 왜소증을 모두 가진 레즈비언 부부를 가정한다면, 그들이 또한 청각 장애와 왜소증 모두를 선한 특질로 규정하고 두 장애 중 하나의 장애만 개선한 경우, 두 장애에서부터 하나라도 개선한 점에서 최악의 전망을 향상한 것으로 정당화된다. 또한 부모들의 서로 다른 향상 능력으로 인한 계층의 양극화와 불평등을 저지하기 위해서 아가르는 시민들 사이에 인정의 상호성의 원칙을 강조한다. 하지만 이러한 원칙은 역시 그 적용에 있어서 지나치게 포괄적이고 범위가 넓어서 최대 수혜 계층과 최소

---

32 Merle Spriggs, "Lesbian Couple Create a Child Who is Deaf Like Them," *Journal of Medical Ethics* 28.5 (2002), 283.

수혜 계층 사이의 불평등과 양극화의 문제를 실질적으로 교정하지 못하고 단지 그 악화의 정도만을 감소시킬 수 있을 뿐이다. 어떤 면에서 부모 자신의 선 개념과 생식 권리에 따른 자녀의 삶에 대한 유전적 개입은 그것이 개인의 선택에 근거하게 될 때, 그것이 비록 허용할 만한 침해라는 조건과 정의의 원칙을 교정의 수단으로 도입한다고 하더라도, 결국 부모의 자녀에 대한 그리고 수혜 계층과 비수혜 계층에 대한 부정의에 취약하게 된다.

III. 자유주의 우생학에 대한 신학적 응답

기독교 신학적인 관점에서 볼 때, 치유를 넘어서 향상으로 나아가며 부모의 선 개념에 따라서 자녀에 대한 유전적 향상을 추진하되, 향상에 수반되는 부정의를 교정하려는 정의의 원칙을 도입하는 세 주제는 신학적인 응답을 요구하는 문제라고 할 수 있다. 전통적으로 분명히 신학적으로 치유와 향상을 구분하고, 될 수 있는 한 치유의 영역에 국한하는 흐름이 있는 것은 부정할 수 없다. 루스틱에 따르면, 기독교 신학이 향상에 대한 담론에서 취해온 입장은 인간의 자연/본성을 하나님의 창조적 목적과 타락이 교차하는 장소로서 여기며, 따라서 그 자체로 향상으로 접근해야 할 사안으로, 유한성에 기인한 한계와 치유로 접근해야 할 사안으로 죄의 영향에 기인한 한계를 구분하려 하며, 치유는 물론 향상에 대한 개인들의 진입에 있어 분배적 정의를 강조해야 한다.[33]

우선 치유와 향상에 대해 다른 강조점을 살펴보자. 아가르가 지적

한 것처럼 향상과 치유의 구분은 문화적 문맥과 생물학적 조건 그리고 더 나아가 유전자들의 상호 연관성에 관한 연구의 발전에 달려 있기에 애매한 문제이며, 따라서 아가르에게서 향상에 대한 강조는 사실 국가적 개입과 개인의 의무를 요구하는 치유에 대한 강조에 비교할 때 좀 더 개인의 자발적 선택을 보장하기 위한 원칙이다. 마찬가지로 신학 윤리적 입장 역시 치유와 향상의 애매함에도 불구하고 자기 원칙의 일관성을 위해서 치유의 문제를 선택할 수도 있다. 버히 역시 하나님의 창조적 역할에 대한 인간의 참여를 긍정하고 그 창조적 역할에서 치유와 향상 사이의 구분이 애매함을 인식하지만, 그럼에도 규범적인 원칙을 고수하기 위해서 양자의 구분이 이루어져야 한다고 본다. "유전적 치유는 곧 건강에 대한 하나님의 원인에 대한 복무로 긍정될 수 있다. 유전적 치유는 하나님이 하나님의 역할을 하는 것만큼 하나님의 역할을 한다. 그러나 이러한 지식과 기술을 책임 있게 사용하기 위해서는 그것은 건강의 문제이어야지, 유전적 향상이어서는 안 된다. 그 구분은 불안정한 것이지만, 우리 스스로 치유자로서 하나님의 역할을 잘 감당하려고 하는 것은 우리가 그러한 구분을 하게 하며 그것에 고수하게 한다."[34] 비록 향상이라는 원칙을 고수하든 혹은 치유라

---

33 앤드류 루스틱은 향상에 대한 기독교 신학의 논의를 종합하면서 향상을 논의할 때 크게 다섯 주제가 연결되어 있음을 강조한다. 1) '자연/본성(nature)은 타락했어도 신의 창조적 목적에 의해서 형성되고 정보 받은' 존재이며, 2) '인간 역시 단일한 본성'으로 '조작-가능한 본성'이 되길 거부하며, 3) 질병과 장애 같은 '죄의 결과들은… 인간 유한성과 구분'되어야 하며, 따라서 4) 질병에 연관된 '치유적 개입의 적절성'을 긍정하고 '향상 기술을 바탕으로 진입하는 것에 대한 회의'를 보이며, 5) 개인에게 진입-가능한 향상의 문제에 접근하는 경우, '정의의 요구, 특히 분배적 정의의 요구'를 강조하는 경향이 있다. Lustig, "Enhancement Technologies and the Person: Christian Perspectives," 48-49.

는 원칙을 고수하든, 현실적인 차원에서는 결국 근본적인 치유와 향상의 규정에서 보이는 애매함이 자유주의 우생학과 신학 윤리적 입장 사이에 존재하는 간극을 좁힌다. 질병에 대한 저항성을 증진하거나 노화를 늦추는 유전적 개입 등등은 향상으로도 혹은 치유로도 볼 수 있으며, 자유주의 우생학은 이 문제를 개인의 선호와 자유를 보장하기 위해서 개인이 처리할 향상의 문제로 접근한다면 신학적 윤리는 이 문제를 하나님의 치유자로서 선취권을 보장하기 위해서 치유의 문제로 접근할 수도 있다.

또한 향상이건 혹은 치유이건, 개인이 그러한 개입의 선에 대해서 진입하는 권리에 관한 정의의 문제를 살펴볼 때, 아가르의 자유주의적 우생학과 신학 윤리적 입장 사이에는 이견이 작을 지점도 있다. 아가르가 제시하는 유전자 수혜 계층과 비수혜 계층 사이의 갈등을 완화하기 위해서 도입하는 정의의 원칙으로 상호 인정과 협력이라는 가치는 신학적인 입장에서도 당연히 긍정할 수 있는 사안이다. 향상이 아닌 치유의 문제에 집중한다고 하더라도, 결국 유전적 치유의 범위와 효력에 있어서 유전적 수혜 계층과 비수혜 계층의 차이가 나게 되는 상황이라면, 당연히 기독교 신학은 상호 인정과 협력을 강조하며 분배적인 정의로서 비수혜 계층의 더 나은 접근성을 요구할 수 있을 것이다.

그러나 근본적인 차원에서 기독교 신학과 양립하기 힘든 지점이라면 부모가 가진 선 개념에 따라서 자녀를 조작할 수 있게 허용하는 생식 권리에 우선권을 두는 것이다. 올리버 오도노반(Oliver O'Donovan)

---

34 Allen Verhey, "'Playing God' and Invoking a Perspective," 361.

은 기술이 단지 사적인 욕망을 만족시키는 데 복무하고 그에 따라 인간 생명을 제작하고 조작할 만한 존재로 다루는 상황을 비판하면서, 어떻게 신앙 고백적인 태도가 배아와 태아 자체의 생명을 존중하고, 그에 대한 전적 통제를 포기하고, 그것이 가진 잠재적 평등성과 협력자 됨을 인정하는지를 보여 준다. 오도노반은 '의료 기술이 이제 자유의 열망을 충족하고자 하는 의도로만 형성되고 발전'되는 상황 속에서[35] 배아와 태아 안의 인간 생명을 '우리의 동료가 될 수 있는 낳게된 이'로 다루는 것이 아니라 '또 다른 내가 될 독립성을 가지지 못할⋯ 우리 기술의 제작품'으로 다루게 되는 위험을 지적한다.[36] 오도노반은 이를 극복하기 위해서 어떻게 신앙 고백적 윤리가 이러한 위험을 극복하는지를 설명한다. 신의 선한 창조, 섭리, 인간 형제애의 초월적 근거, 세계의 근거로서의 말씀에 대한 신앙은 각각 기술 사용과 제작을 위한 전유에 한계를 설정하며, 그 배아 혹은 태아의 미래를 결정하는 책임에 스스로 제한을 가하며, 그가 잠재적 동료로서 가지는 평등성을 정초하며, 사적 선택을 넘어서 공적 윤리의 원리로 작동하는 시사점을 가지게 된다.[37] 아가르의 자유주의적 우생학이 향상에 있어서 결

---

35 Oliver O'Donovan, *Begotten or Made?* (Oxford: Oxford University Press, 1984), 6.
36 Ibid., 1.
37 첫째, 오도노반에게서 '신의 선한 창조로서 자연 질서에 대한 신앙'은 '기술 사용에 있어서 한계와 우리 제작의 적절함에 한계를 두는 것'을 수반한다. 둘째, '역사의 지배적 힘으로서 신의 섭리의 신앙'은 곧 배아와 태아에 대한 개입을 통해 줄 수 있는 '미래에 대한 책임에 대해서 제한'하는 것을 의미하며, 그를 '전체로 주조할 수 있는 제작품이라는 태도를 거부'하는 것 역시 함의한다. 셋째, '인간 형제됨의 초월적 근거에 대한 신앙'은 곧 부모로서의 개인과 배아 그리고 태아 모두 '성부 앞에서의 공동의 위치'에 따른 '동등한 협력자 됨'을 의미한다. 넷째, '태초부터 신과 함께 있었고 그 없이는 아무것도 창조되지 않은 말씀에 대한 신앙'은 곧 '어떻게 행동할지 분별하게 하는 이해가⋯ 단순히 사적 양심이나 혹은 대중적 동의가 아니라' 곧 모든 인류에게 청종을 요구하는 공적

국 부모의 선 개념에 따른 생식 권리의 객체로서만 배아와 태아를 접근한다면, 신학적 입장은 치유의 사안에 있어서 배아와 태아에 대한 기술적, 제작적 태도를 거부하고, 그 자발적 생의 경로에 대한 개입과 책임을 최소화하고, 그들의 평등성과 그러한 태도의 규범적 중요성을 강조한다. 치유적 유전 개입의 원칙이 가진 조심스러움과 진입의 분배 정의 그리고 자녀와의 평등성을 지향하는 신학적 흐름은 자유주의 우생학에 대한 이론적 수정, 즉 향상에서의 자녀 평등의 원리와 자녀도 역시 동의할 추정적 향상 개념과 보편적 진입을 위한 국가 개입을 강조하는 흐름과 합류하게 된다.

IV. 자녀 향상 이론과 자유주의 중립성 이론에서의 향상의 기획

전술한 것처럼 아가르가 제시하는 향상에 있어서 부모 각자가 가진 선 개념과 생식 권리에 따른 자녀에 대한 일방적 개입이 강조될 때, 그가 그 일방성을 극복하기 위해 도입한 허용할 만한 불평등으로서 정의와 시민적 상호 인정의 원칙도 결국은 취약해진다. 근본적으로 부모 개인의 선호에 잠재적 인격의 권리를 종속시키면, 정의의 문제는 불안정하게 된다. 무엇보다도 이러한 한 개인의 다른 개인에 대한 종속이 자유주의적인가라는 문제가 폭스와 데커에 의해서 제기되었

이고 공적으로 반포될 이해'라는 점을 시사한다. O'Donovan, *Begotten or Made?*, 12-13.

다. 폭스와 데커 같은 연구자들은 모종의 선의 개념에 따른 유전적 향상에 있어서 국가를 통해 규정되는 공공적인 선 개념을 바탕으로 한 실행의 의무와 허용의 문제를 다루며 논의를 전개한다. 폭스와 데커는 향상의 문제에 있어서 부모의 생식 권리와 이에 얽힌 선 개념에 따른 침해 혹은 저해 받는 자녀의 삶의 계획의 권리를 짚으며 자유주의 정부가 중립적인 선 개념을 따라서 자녀의 선한 삶의 권리를 증진하는 개입과 이에 대한 부모의 의무를 공동으로 강조한다. 하지만 부모의 특수한 선 개념을 바탕으로 한 개입의 문제를 허가 혹은 금지할 것인가를 두고 양자는 차이를 보인다.

폭스는 '자녀 향상의 자유주의 이론'(the Liberal Theory of Offspring Enhancement)을 제시하면서, 향상이라는 문제의 초점을 부모의 선 개념에 따른 선택과 생식 권리에 두는 것이 아닌 그 수혜자인 자녀들이 동의할 만한 향상에 두고, 그 점에서 자유주의 정부의 개입과 보조를 강조한다. 자녀들 스스로 가지는 자율성의 역량이 부족하거나 혹은 부모나 환경 같은 외적 조건이 그들의 자율성을 제한적으로 행사되게 할 때, 국가가 교육이나 의료 등의 영역에서 그들이 가설적으로 동의할 만한 방식의 선을 규정하고 제시하는 온건한 의미의 간섭주의를 주장한다. 자유주의 정부는 자녀들의 자율성의 실행 능력이 침해받을 때 이를 증진하며, 따라서 자유주의 정부는 누구나 선택할 만한 일반적인 선으로서 자기 삶의 가치와 계획의 실현에 도움이 되는 삶의 자원들을 그 침해에 맞서 강제적으로 보장하는 방식으로 이루어진다. 폭스의 입장은 다음과 같은 명제로 구성되어 있다. 1) 자녀들의 자율성은 그 나이에서의 한계와 여러 환경적 요인으로 인해 그 능력과 행사가 저해될 수 있다. 2) 자유주의 국가의 간섭주의는 자녀들이 그들의 삶에서 여하의 방식으로 선택할 자율성을 증진하는 조건이라고 가설적으로 동의하고 선택할 만한 일반적인 선을 마련해 주는 한에서 정당화된다. 3) 유전적 개입을 통한 향상이 일반적인 선이기에 이에 대한 자유주의 국가는 중립성을 지키며 편파성 없이 간섭할 수 있다.[38] 이렇듯 누구나 자신의 자율성과 기능을 증진하는 조건이라고 선택할 만한 일반적인 일차적 선들을 향상하는 것에 자유주의 국가가 간섭하는 것이 정당하기에, 잠재적 인격으로서 배아나 태아 상태에 있는 자녀들이 이후 그들의 각각 선택할 삶에 일반적으로 도움이 될 선들이 무엇인지 국가가 규정하며 실행하는 간섭 역시 정당하다. 이러한 프로그램은 곧 일반적으로 동의를 얻는 자율성의 증진 이외에는 특정한 선의 개념에 이끌리지 않기에 자유주의적 중립성에 어긋나지 않는다. "자연적인 일차적 선의 향상을 위한 국가 보조적 프로그램은 결국 자녀의 자율성 외에는 어떠한 선의 특정한 개념을 가지지 않는다."[39] 폭스의 간섭주의는 법적인 차원에서의 강제력의 행사라기보다는 국가적 보조로 이루어지는 권장 프로그램에 가깝다. 그는 먼저 그가 제시하는 모델이 '입법적 지침이라기보다는 규범적 지침에 적용되며' 그가 의도하는 의무적 혹은 강제적 개입의 의미가 '도덕적 의무이

---

38 "자율성의 실행 능력을 가능하게 하는 연령의 문턱 그리고 자율권의 쉬운 실행에 대한 정부 이외의 방해 요소는 곧 자유주의 국가가 자녀들을 위해서 일반적인 목적에 종사하는 삶의 자원들을 강제하는 것을 정당화하며, 이러한 삶의 자원들은 즉 롤스가 이야기한 사회적인 일차적 선과 같은 것과 유사한 것으로서 특정 사람들이 채택하거나 혹은 거절하는 그런 것이 아니라 사람들이 선택할 만한 여하의 종류이건 생의 계획에 유익을 주는 것이다. … 따라서 자기 삶에 대해서 거의 모르는 자녀들도 역시 그럼에도 가설적으로 어떠한 선들은 그들이 이후 택할 여하의 선들에 실제로 가치가 있다고 긍정할 수 있다." Fox, "The Illiberality of 'Liberal Eugenics'," 10.
39 Ibid., 24.

지만 법적 의무가 아니'라는 것을 명확히 한다.[40]

　　폭스는 이 점에서 대개 모든 이의 삶의 계획의 실행과 자율성을 증진하는 것에 일반적으로 유용하게 활용되는 자연적인 일차적 선들과 특정한 삶의 계획에는 유용하게 활용되나 다른 계획에는 그렇지 않은 자연적인 비일차적 선들을 구분한다. 자연적인 일차적 선들은 질병에 대한 저항력, 물리적 운동성과 조응, 시청각 인식, 단·장기 기억 언어적 추론, 일반 인식 능력 그리고 반응성, 충동 통제, 참신성 추구, 역경 회복력 등등 같은 행동적 특질들을 포괄한다.[41] 반면 자연적인 비일차적 선들은 신장이나 사회성 목소리 톤, 충실성과 관대함, 피부색이나 성적 선호 등을 포함한다.[42] 폭스는 상대적으로 두 종류의 선 사이의 중첩성을 부정하지는 않지만, 양자의 구분이 설득력 있음을 주장한다. 그리고 일차적인 선들의 유전적 향상에 있어서는 국가적 차원에서의 권장과 이에 상응하는 부모의 도덕적 의무가 강조되고, 비일차적인 선들에 있어서는 부모의 결정과 이에 상응하는 국가의 허용을 제시한다.[43]

　　폭스가 제시하는 자유주의 정부의 간섭주의는 곧 '자연적 일차적 선들의 향상에 있어서 출생 이전 생명체들에 대한 가설적 동의의 보편

---

40 Ibid., 15.

41 Ibid., 11-12.

42 Ibid., 11-12.

43 "1) 부모들은 도덕적으로 다른 가치 있는 능력들이나 성향들의 왜곡 혹은 손상 없이 자연적으로 일차적인 선들을 향상하는 안전하고 효율적인 육아 실천을 수행할 도덕적 의무를 가진다. 2) 부모들은 자신의 결정들이 그들의 자녀들이나 다른 이들에게 해악을 야기하지 않거나 혹은 중요한 공공적 선을 훼손하지 않는 한에서 그 자녀들에게 자연적인 비일차적 선들을 위한 향상을 제공할 수 있는지를 도덕적으로 결정하는 것이 허용된다." Ibid., 14.

적 귀속'에 근거한다.[44] 즉, 유전적 개입이 일반적인 차원의 삶의 계획에 유용한 자연적인 일차적 선들의 향상을 도모하는 경우, 잠재적 인격인 배아 혹은 태아로서 자녀가 이에 대해서 가설적인 차원에서 보편적으로 동의할 수 있을 것이라는 지점이 바로 정부가 실행하는 자녀의 침해에 대한 간섭적 개입을 정당화한다. 이러한 입장에서부터 곧 자유주의 국가, 시민으로서 부모 그리고 잠재적 시민으로서 자녀 사이의 관계를 각자의 권리의 문제와 선의 추구에 얽힌 자율성의 관점에서 논의를 확장해서 고찰해 볼 수 있다. 자유주의 정부는 자녀가 가지는 잠재적인 시민으로서 규범적인 위치와 그 권리를 존중하고, 이에 따라서 자녀들의 자율성이라는 권리를 전반적으로 증진할 수 있는 한도 안에서만 소용되는 자연적-일차적 선을 둘러싼 유전적 향상을 제시하고, 이를 부모들의 의무로서 요구한다. 동시에 자유주의 정부는 각자 시민이 부모로서 가지는 자기 자녀에 대한 생식권과 양육권을 존중하고, 이에 따라서 부모가 설정한 특정 삶의 계획과 선의 개념에 따라서 자녀 생식과 양육의 재량권을 허용하며, 이를 증진하는 자연적-비일차적인 선을 둘러싼 유전적 향상을 부모들에게 허용한다.

이런 점에서 데커는 '중립적 향상 이론'(the theory of neutral enhancement)을 제시하면서 유전적 향상에서 개인의 권리와 선의 추구의 문제에 있어서 자유주의 국가와 부모와 자녀 사이 관계의 대칭성을 명확하게 추구한다. 아가르의 자유주의적 우생학을 반대하고, 폭스의 자녀 향상 자유주의 이론에서 부모의 비일차적 선에 대한 향상의 권리 허용을 비판하며, 향상의 문제를 일차적 선에 대한 자유주의 정부가

---

44 Ibid., 14.

개입하는 중립적인 향상으로만 제한한다. 데커가 문제 삼는 것은 부모-자녀 사이의 관계이건 혹은 국가-자녀 사이의 관계이건, 결국 '후속 세대에 대한 권력을 행사하도록 허용받은 외적인 존재'의 문제이다.[45] 그는 폭스의 자연적-일차적 선과 자연적-비일차적 선의 구분을 수용하면서, 자유주의 우생학은 부모에게 일차적 선과 비일차적 선의 향상을 위임하고, 자녀 향상 이론은 국가에 일차적 선의 향상을 위임하고, 부모에게 의무로 요구하고 또한 비일차적 선의 향상을 부모에게 허용하지만, 두 경우 모두 부모의 비대칭적이고 일방적인 향상을 인정한다고 비판한다.[46] 그 대안으로 그가 제시하는 중립적 향상 이론은 국가나 부모나 유전적 간섭에 있어서 특정한 선의 개념 없이 오로지 자녀의 자율성을 증대시키는 일반적인 일차적 선의 향상만을 지향한다.[47] "자유주의자들은 그것이 국가이건 부모이건 다른 이들이 자녀의 유전적 특질을 선택하게 할 수 없다."[48] 이러한 예외의 지점은 바로 '특정한 선의 이론의 부과 없이 이루어지는 삶의 모든 계획에 유용한 유전적 특질들', 즉 자연적인 일차적 선들이며, 이러한 향상은 의무로서 요구된다.[49]

데커는 분명히 이 지점에서 시민으로서 부모가 가지는 자율의 권리와 선의 추구가 잠재적 시민으로서 자녀가 가지는 자율과 선의 추구를 침해하지 않고 존중하는 모델을 구조적으로 마련한다. 이러한 구조적 차원은 그가 자율성의 촉진 기획으로서 자연적-일차적 선에 따른 국

---

45 Dekker, "The Illiberality of Perfectionist Enhancement," 97.
46 Ibid., 93.
47 Ibid.
48 Ibid., 97.
49 Ibid.

가 주도적인 유전적 향상만을 인정하고, 자연적-비일차적 선에 있어서 부모와 국가의 향상을 모두 금지하는 것에서 잘 드러난다. 부모의 특정한 선의 개념에 따른 일방적인 유전적 향상의 기회를 원천적으로 차단함으로써 부모에 의해 자행될 자녀의 자율의 권리 침해와 그 삶의 계획의 왜곡 가능성을 제거한다. 물론 데커는 부모의 특정한 선의 왜곡만큼 자유주의 정부의 특정한 선의 왜곡을 경계하며 그 점에서 자연적-일차적 선의 향상을 통한 자율성의 확보에만 자유주의 정부의 선의 개념을 제한한다. 결국 유전적 향상의 문제에 있어서 오로지 가능한 대안은 자율성을 증진하는 자연적-일차적인 선의 문제라고 한다면, 향상의 문제에서는 자유주의 정부가 규정하는 정치적인 것과 자율성의 향상에 대한 세부 규정은 역시 일차적 선에 대한 정부의 규정을 가져오게 된다.

자녀가 가질 최악의 삶의 전망을 피하게 하는 한에서 정당화되는 부모의 선호에 따른 향상을 긍정하는 아가르와 달리, 특수한 선 개념에 따른 향상을 금지할 것인가에 대한 이견에도 불구하고 폭스와 데커 모두 부모-자녀 사이의 비대칭적 관계에 근거한 자율성의 침해를 극복하고 그 자율성의 일반 조건을 마련하는 정부의 개입을 강조한다. 폭스와 데커 모두에게서 자유주의 국가는 부모가 자녀가 가져야 할 자연적-일차적인 일반적 선들을 함양하지 못할 경우를 대비해서, 잠재적인 시민으로서 자녀에게 자신의 계획에 따라 살아갈 자율의 권리와 일반적 선 혹은 자연적-일차적 선을 확보할 권리를 보호한다. 하지만 폭스에 따르면 국가는 자연적-일차적 선의 보장 이외에 자연적-비일차적 선에 대한 부모의 개입에 대한 허용을 약속하면서, 여전히 특정한 개인이 다른 잠재적 개인에게 돌이킬 수 없는 영향력을 허가한다면, 데커에 따르면 자유주의 국가는 자연적-비일차적 선에 대한 부모의 일방적 개입을 원천적으로 차단해야 한다. 비록 자연적-일차적인 일반적 선에 따른 향상을 보장하면서 자유주의 정부 개입의 중립성을 확보하지만, 자연적-비일차적인 특수한 선에 따른 향상의 자유를 부모에게 허용하면 자유주의 정치체제의 다른 가치인 자녀의 삶의 계획의 자유와 평등성을 위배하게 된다. 전술한 가상의 사례로서, 청각 장애와 왜소증이 있는 레즈비언 커플이 그와 같은 특질을 보유한 자녀를 인공 수정으로 가지려고 할 때, 폭스의 이론에서는 다음과 같이 분석될 수 있다. 감각 기관의 작용에 관한 청각 기능의 문제는 자연적-일차적 선으로서 자녀의 자율성을 증진하는 일반적 선이기에, 국가는 만일 부모에 의한 침해의 가능성을 막고 개입하며 그 향상을 부모의 의무로서 규정한다. 하지만 신장의 문제에 해당하는 왜소증의 문제는 자연적-비일차적 선으로서 부모의 선호에 열려 있는 특수한 선이기에, 국가는 부모가 자녀를 향해 추구하는 왜소증을 조장하는 향상에 대해서는 허용해야 한다. 반면에 데커의 이론에서는 청각 기능의 문제에서는 폭스와 결론이 같지만, 왜소증의 문제에서는 그것이 자연적-비일차적 선이기에 부모 주도의 향상은 금지되어야 한다.

V. 자녀 향상과 자유주의 중립 이론에 대한 신학적 응답

폭스의 자녀 향상의 자유주의 이론과 데커의 중립적 향상 이론은 어떠한 신학적인 접근을 불러일으킬 수 있는가? 신학적 입장이 비록 향상과 치유의 애매함에도 불구하고 치유에 좀 더 강조점을 두고 또한 그 치유라는 선에 대한 진입을 분배함에서도 정의의 원칙을 고수한다고 할 때, 폭스와 데커 모두 동의하는 지점은 침해받는 자율성의 보장에 있어서 정부의 중립성에 기반한 역할과 그 한계의 문제이다. 자유주의 정치 원리에 따르면 부모의 선호에 따른 자녀의 삶의 계획의 권리의 침해는 정당화될 수 없으며, 아울러 자녀도 이후에 가설적으로 선택할 만한 일반적인 선으로서 자신의 자율성 자체를 혹은 자유를 증진하는 삶의 자원이자 조건은 국가에 의해서 규정되고 실행되어야 한다. 신학적인 입장이 향상과 치유의 애매함에도 불구하고 향상의 문제보다는 치유의 문제에 강조점을 두더라도 그 치유 역시 향상과 유사하게 자율성의 문제에 연관되며 또한 국가 개입의 문제에 해당한다. 신학적으로 질문해 볼 사안이라면, 1) 일반적인 선 개념에 따라서 개인의 자율적인 역량을 증진하는 치유가 신학적으로 긍정될 수 있는지, 2) 그리고 그것이 긍정될 수 있다면, 그러한 차원의 문제를 국가가 결정할 수 있는 것이 신학적으로 정당한지가 있다.

첫째, 개인의 자율성의 역량을 국가가 증진하고 그 침해의 가능성에 국가가 개입하는 것에 있어서 신학적으로 문제될 이유가 없다. 아우구스티누스가 제시하는 두 도성 이론의 관점에서 볼 때, 배아와 태아가 이후 잠재적 인격으로서 자신의 자율성을 발휘하는 문제는 지상의 도성의 사안이라면, 그가 이후 인격으로서 하나님을 향유하고 이웃을 사랑하는 문제는 천상의 도성의 사안으로서 그 자율성이 지상의 사안들을 거치면서 하나님 사랑과 이웃 사랑으로 변환되는 과정은 순례의 문제이다. 지상의 도성의 사안은 시간적이고 상대적인 삶에서 평화로운 삶을 위해서 필요한 것으로 '신체적 건강과 건전함, 사회' 그리고 '우리 감각에 적합하고 진입-가능한 모든 것을 의미하며 빛과 언어, 공기, 물 그리고 신체의 유지, 착용, 보호, 치유 그리고 장식' 등을 위한 것이다.[50] 어떤 면에서 한 개인이 그 자유와 자율성을 발휘하게 끔 일반적으로 도움이 되는 향상의 문제는 지상의 도성의 사안, 즉 시간적 차원에서의 삶의 평화로운 영위의 문제이다. 물론 천상의 도성의 사안은 지상의 평화 자체를 단지 사용할 뿐 영원한 평화를 지향하며 이를 향유하는 것에 있다. "그러한 필멸의 평화에 맞게 선을 옳게 사용하는 필멸자들은 더 부요하고 더 좋은 선들, 즉 불멸의 평화와 그에 적합한 영광과 명예를 곧 하나님과 하나님 안에서 이웃을 향유 하는 것에 적합한 영원한 삶에서 누릴 것이다."[51] 자유와 자율을 위한 삶의 자원들로서 기본적인 자연적인 선들을 사용할 수 있는 역량들은 그 자체로 그 의지와 인격 전체를 초월적인 선인 하나님 사랑과 이웃 사랑으로 향하게 하기 위한 조건들일 뿐이다. 따라서 배아나 태아가 향상의 과정에서 잠재적인 인격으로서 이후 자신의 자율성을 증진하는 선한 삶을 위한 자원을 갖추게 된다고 할 때, 이러한 자연적-일차적 선의 증진은 이후에 그가 인격으로서 초월적 선을 추구할 때 조건이 된다는 점에서 전혀 신학 윤리적으로 문제의 소지가 없다.

그렇다면 둘째로 물어볼 지점은 그러한 자연적-일차적 선들을 바탕으로 한 침해받는 자녀의 자율성의 권리를 규정하고 보장하는 주체가 자유주의 국가라는 점이 신학적으로 정당화될 수 있는가의 문제이다. 특히 존 밀뱅크(John Milbank)나 오도노반과 같은 아우구스티누스 계열의 신학자와 윤리학들이 자유주의적 정치 질서 자체에 대한 비판

---

50 Augustine, *The City of God against the Pagans* (Cambridge: Cambridge University Press, 1998), 940.
51 Ibid.

을 제기한다는 점에서 이 문제는 더욱 심각하다. 예를 들어 밀뱅크의 경우, 지상의 도성으로서 자유주의 정치체제가 갈등을 완화하며 유지하는 형식적 개방성과 동시에 그 임시적인 평화 역시 균열을 일으키는 서로 다른 욕망의 자의적 충돌과 폭력적인 실정성이 역시 함께 작동함을 제시한 후, 이를 평화의 도성으로 교회의 대안적 이야기와 존재론 그리고 윤리의 문제와 대조한다.[52] 또한 오도노반 역시 그의 초기 작품에서 이미 '자유주의적 혁명'이 다양한 '자유들의 유지와 연장에 관심하며', '현대 사회의 기술 변환'과 결합하여, 각자 인간이 가지는 자유의 관심에 따라서 낳게 된 존재가 아닌 제작된 존재로 생명을 통제하려 하는 방식으로 다루게 되었다고 본다.[53] 두 사상가를 관통하는 문제는 자유주의 체제가 가지는 표면적인 개방성과 관용 배후의 욕망 혹은 자유의 다양한 계기들의 충돌과 또한 지배에 대한 비판이며 동시에 교회가 문화적 차원에서 변혁을 초래할 수 있는 정치 신학적인 관심이다.

유전적 향상/치유에 개입할 수 있는 정치 신학적 문화 변혁의 문제는 종교가 가진 문화적 영향력을 수용하는 시민사회와 정부 사이의 상호 관계를 고려할 뿐 아니라 시민 의식의 변화를 통한 자본-기술-국가의 복합체로부터의 자유의 여지를 제시할 수 있다. 오도노반은 '우리 문화 안에서 대차대조표를 작성하는 시점에서', 즉 유전 개입에 대한 문화적 태도에 영향을 주는 요소들을 고려하는 시점에서 기독교인들이 신앙 고백을 바탕으로 생명을 향한 기술 활용과 제작적 태도,

---

52 John Milbank, *Theology and Social Theory: Beyond Secular Reason* (Malden, MA: John Wiley & Sons, 2008), xi.

53 O'Donovan, *Begotten and Made?*, 6-8.

과도한 개입과 책임성을 제한하고 생명의 평등성을 강조해야 함을 주장한다.[54]

이러한 점에서 볼 때 첫째, 유전 개입의 문제에 대한 문화 변혁적 정치 신학의 기획은 자유주의 정치체제가 가진 종교와 문화 그리고 시민사회와의 상호 관계를 고려하게 한다. 문화와 그 문화를 공유하는 시민사회 그리고 그것을 포괄하는 자유주의 국가라는 정치체제 속에서 교회는 문화를 형성하며 국가에 영향을 주는 정치 신학적인 기획에 매진한다. 오도노반은 자유주의 안에서 교회의 정치 신학적 역할을 다루면서 정부와 시민사회 사이의 상보적 관계를 상정하고, 시민사회에 공유되는 문화의 정치적 차원을 강조하며, 그 문화에 영향을 미치는 교회의 선포를 강조한다.[55] 오도노반에 따르면 결국 정치적 권위의 문제가 권력의 통일이고, 권위의 행사이고, 그것을 떠받치는 전통의 지속이라고 할 때, 이 세 가지는 결국 교회가 선포하는 그리스도의 권위 안으로 종속해야 한다.[56] 이러한 신학적인 입장은 분명히 배아나 태아 상태의 자녀의 자율성을 보장하는 유일한 주체로서 자유주의 정부를 제시하는 폭스와 데커의 논의가 가진 한계를 드러낸다. 폭스와 데커가 자연적-일차적 선이 무엇인지를 규정하고 강제적으로 개입하는 주체로서 자유주의 정부로 상정할 때, 이들은 그 배후에 교회의 문화적 영향력과 문화를 공유한 시민사회의 여론 형성과 민주적인 의사 결정 과정을 수반하는 정교한 도덕적-정치 신학적 차원을 고

---

54 Ibid., 13
55 Oliver O'Donovan, *The Desire of the Nations: Rediscovering the Roots of Political Theology* (Cambridge: Cambridge University Press, 1996), 230-233.
56 Ibid., 233-235.

려하지 않는다. 이 점에서 오도노반은 왜곡된 유전적 개입을 둘러싼 현대 자유주의 체제 속에서 개인의 생식 권리를 둘러싼 기술 활용의 문제를 다룰 때, 단순히 잠재적 인격이 가진 자율성의 수호자로서 자유주의 정부의 개념을 넘어서 필연적으로 교회와 문화, 시민사회와 정치적 권력과 권위로 이어지는 계열이 그리스도의 권위를 선포하는 역동적인 과정을 고려한다.

둘째, 문화 변혁적 정치 신학의 기획은 유전적 개입을 추동하는 자본과 기술 그리고 국가의 정책적 지원이라는 복합체와 이를 둘러싼 다양한 개인들의 욕망에 맞서서 생명의 주어짐의 가치와 평등성을 자신과 후손의 삶에 자발적으로 구현하는 가치 공동체를 제시할 수 있다. 자유주의 우생학의 강조점이 개인 선택에서 정부의 개입으로 이행되었지만, 여전히 정부의 개입이 자본의 이익과 맹목적 기술 발전 논리와 소수 전문가 지배에 취약하고 또한 시민들의 민주적 참여의 통로 역시 취약하며, 설령 그것이 주어진다고 하더라도 그들 역시 맹목적 향상에 대한 욕망에서부터 자유롭지 못하다. 이런 상황에서는, 비록 여러 향상/치료를 위한 유전적 개입이 진행되더라도 그 논의에서 생명의 존엄과 평등성의 가치를 역설할 수 있는 가치 공동체로서 유전 개입에 대한 교회의 정치 신학적 증언의 문제가 더더욱 필요하다.

VI. 나가는 말

우생학의 문제는 과거 권위주의 우생학의 굴레에서 벗어나 부모의 선택을 강조한 자유주의적 향상을 제시하며, 이후의 이론들은 자녀가 가설적으로 동의할 만한 일반적 선에 따른 향상의 공적 기획을 강조하고 동시에 부모의 선호를 반영하는 특수한 선에 따른 사적 향상을 허용하거나 혹은 금지하는 방향으로 나아간다. 아가르의 자유주의적 입장은 향상과 치유 사이의 애매성 속에서 향상을 더욱 강조하고, 자녀가 가질 최악의 상황을 향상하는 한에서 정당화되는 부모의 생식 권리의 우선성과 자녀가 감수해야 하는 자율성의 침해를 제시한다. 신학적 관점은 동일하게 치유와 향상의 애매함을 인정하지만 그럼에도 치유를 더욱 강조하며, 정의의 원칙에 따른 상호 인정과 협력을 긍정할 수 있지만 부모 선택의 우선권을 거부하고 자녀를 향한 기술 조작과 전적 통제의 태도에 대한 제한과 부모-자녀 사이의 평등성의 인정을 더욱 강조한다. 폭스와 데커 모두, 비록 부모의 특수한 선 개념에 따른 부모의 개입을 허용 혹은 금지하는가에 대한 차이에도 불구하고, 자유주의 국가가 일반적인 선 개념에 따른 자녀의 자율성을 증진하며 그 침해에 개입하는 가능성을 긍정한다. 국가 주도의 자녀 자율성 증진과 개입에 대한 신학 윤리적 입장 역시 정부에 의한 자율성의 증진을 종교적 초월과 구분되는 지상 정부의 사안으로 긍정할 것이지만, 자유주의 국가의 개입과 결정의 여부에서 종교와 문화, 시민사회, 정치 제도를 아우르는 정치 신학적 입장을 역시 함께 역설한다. 기독교 정치 신학은 유전적 개입에서 향상과 치료의 애매함에도 불구하고 치료적 원칙을 견지하고 자녀의 평등성을 고수하면서, 일반화된 보편적 원칙에 따른 자녀 자율성의 증진을 긍정하고, 자기 나름의 가치를 바탕으로 문화와 시민사회에 영향을 주며 자유주의 정부의 개입에 참여해야 한다.

우주 시대의 윤리적 이슈와 쟁점*

김정형 | 연세대학교

I. 들어가며

지난 2024년 5월 27일 「우주항공청의 설치 및 운영에 관한 특별법」(2024. 1. 26. 제정, 5. 27. 시행)에 따라 대한민국의 우주항공청이 공식적으로 출범했다. 우주항공청의 초대 청장으로 임명된 윤영빈은 우주항공 기술개발의 필요성을 다음과 같이 역설한다.

> 세계는 지금 우주항공이 지닌 무한한 가치에 주목하고 있으며, 이를 선점하기 위한 패권 경쟁은 갈수록 심화하고 있습니다. 우리나라가 미래에 새로운 경제적 가치를 창출하고 지속 가능한 성장을 이루기 위해서 우주

---

* 이 글은 2021년 대한민국 교육부와 한국연구재단의 지원을 받아 수행된 연구이다 (NRF-2021S1A5A8063473). 이 글은 최근 학술지에 게재된 논문을 수정한 것으로, 가독성 제고를 위해 각주를 최소화했다. 자세한 출처 표기를 포함한 최초 출판 원고는 김정형, "항공우주 기술과 우주 윤리," 「신학사상」 207집 (2024. 12.): 345-370을 참고하라.

항공 분야에서 투자와 개발은 선택이 아니라 필수입니다.[1]

말하자면 우주항공청 출범은 대한민국이 우주의 가치를 선점하기 위한 패권 경쟁에 뛰어들었다는 것을 의미한다. 주목할 점은 초대 우주항공청장이 강조하는 '무한한 가치'가 주로 '지속 가능한 성장'과 관련한 '경제적 가치'를 가리킨다는 사실이다. 윤영빈 청장은 이어서 우주항공청의 두 가지 핵심 과제를 다음과 같이 제시한다.

앞으로 우주항공청은 세계 최고 수준의 전문성을 바탕으로 우주항공 혁신 기술을 확보하고 우주항공산업을 진흥시키는 한편, 우주위험으로부터 국민을 보호하는 등 대한민국이 우주항공 강국으로 도약할 수 있도록 중추적 역할을 충실히 수행해 나가겠습니다.

여기서 우리는 우주항공 산업이 가져다줄 것으로 기대되는 경제적 가치에 더하여 우주항공 기술 확보를 통한 국가 안보에 관한 관심을 확인할 수 있다.

우주의 경제적, 군사적 가치에 주목하면서 우주항공 기술개발에 투자하는 것은 비단 우리나라의 일이 아닐 것이다. 이미 1950년대 말 미국과 소련 등 세계 강국이 우주 기술개발 경쟁에 뛰어든 것은 지구 밖 우주가 가진 경제적, 군사적 가치를 내다보았기 때문이다. 동시에 우주의 '무한한 가치'를 선점하기 위한 패권 경쟁이 인류 문명에 전례 없는 위기를 초래할 수 있다는 인식이 널리 확산하기 시작했다. 이러

---

1 우주항공청 홈페이지(https://kasa.go.kr/web/main.do)의 청장 소개.

한 맥락에서 우주 기술개발에 있어 단순히 경제적, 군사적 가치뿐 아니라 혹은 그보다 더 우선으로 인류의 공존과 평화를 위한 윤리적, 정책적 고려가 선행해야 한다는 인식이 자라났다. 이후 지난 반세기가 넘는 기간 동안 우주 기술의 괄목할 성장과 더불어 우주 윤리에 관한 다양한 논의가 유엔을 중심으로 발전했다.[2]

한편 앞서 간략히 소개한 우주항공청장의 인사말에서는 우주 윤리에 관한 문제의식을 아직 찾아볼 수 없다. 대한민국 항공우주 개발 역사 30년을 정리한 한국항공우주연구원의 보고서 역시 항공우주 개발의 기술적 차원과 경제적, 산업적 측면의 성과를 강조하는 데 그치고 우주 개발의 윤리적 문제에 관해서는 거의 언급하지 않는다. 우주항공청의 출범과 함께 우주 시대의 개막 및 우주 참여에 대한 국민적 관심이 높아가는 이때, 연구자는 우주 윤리에 대한 주의를 환기함으로써 국내 우주 담론의 건전한 확대에 공헌하고자 한다. 구체적으로는 우주 윤리라는 이름 아래 우주 시대에 제기될 수 있는 다양한 윤리적 이슈를 개괄적으로 소개한 다음, 이 이슈들에 접근하는 대표적인 관점들을 비판적으로 분석하려고 한다. 연구자는 이 연구가 국내 우주 인문학 분야 후속 연구의 마중물이 되고, 나아가 다양한 분야의 전문가들과 협업하는 과정을 거쳐 구체적인 정책 참여로 유의미한 결실을 보길 기대한다.

---

2 유엔우주사무국(United Nations Office for Outer Space Affairs) 홈페이지에 따르면, 유엔은 최근까지 우주 관련 이슈들에 관하여 142개의 결의문을 채택했다.

II. 우주 윤리의 정의와 의의

이 글에서 연구자는 우주 윤리를 지구 밖 우주에서 이루어지는 인간 활동 및 그 영향의 옳고 그름에 관한 규범을 다루는 응용 윤리의 한 분야로 정의한다.[3] 따라서 우주 윤리는 인간이 우주선을 타고 지구 밖에 나가서 수행하는 활동뿐 아니라 지구상의 인간 활동이 지구 밖 우주에 미치는 영향을 다룬다. 아래에서 상술하겠지만, 여기에는 인간이 지구 밖에서 만나는(혹은 만나게 될) 다양한 비인간 존재자의 도덕적 지위와 가치에 관한 논의가 포함된다.

주지하다시피 윤리는 인간 행위에서 있어 옳고 그름에 관한 규범을 다루는 인간 문화의 중요한 한 영역이다. 동서고금을 막론하고 개인 윤리와 사회윤리는 인류의 역사에서 매우 중요한 역할을 감당해 왔다. 최근에는 인간 활동이 미치는 영역에 대한 확장된 이해와 함께 생태와 사물의 영역까지 윤리적 관심이 증대하고 있다. 그럼에도 이러한 윤리 담론이 여전히 지구 위에서 이루어지는 인간 행위에 논의를 국한하고 있다는 사실을 고려한다면, 우주 윤리는 윤리 담론을 지구 밖으로 확장한다는 점에서 의의가 있다.

물론 지구 밖의 일까지 윤리 담론을 확장한다는 것은 인간 행위 혹은 그 결과가 지구 밖에서 가시적으로 펼쳐질 때 비로소 가능한 일이다. 지구 밖 우주가 인류의 직접적 영향권 안에 들어오게 된 최근에야

---

3 해외에서는 '우주 윤리'(space ethics), '천체 윤리'(astroethics), '천체 생명윤리'(astrobioethics), '우주 정책 윤리'(ethics of space policy), '우주 탐사 윤리'(ethics of space exploration) 등 다양한 명칭 아래 우주 윤리의 다양한 이슈에 관한 논의가 이루어지고 있다.

우주 윤리 논의가 시작된 것은 바로 이러한 이유 때문이다. 조금 더 구체적으로 말하면, 우주 윤리에 대한 논의는 20세기 후반 우주 기술 개발이 본격화하면서 개막한 우주 시대를 그 배경으로 한다. 이러한 맥락에서 인류 전체의 유익을 위한 우주 개발, 우주의 군사적 활용 제한 등에 관한 지침을 담은 유엔의 "1967년 결의문"은 우주 윤리 담론의 공식적 출발점이라 할 수 있다.[4] 이후 지난 60여 년 동안 영국, 소련, 미국 등 여러 국가의 정부가 우주 탐사 및 우주 개발을 주도해 오다가 21세기에 접어들어서는 스페이스 X 등 막강한 재원을 가진 민간 단체들이 우주 개발에 본격적으로 뛰어들었다. 그동안 한국인 이소연을 비롯해 지구 밖에 다녀온 우주인의 수도 많이 늘어나고 급속도로 증가하는 인공위성 숫자에 비례해서 지구 밖 우주에 미치는 인간의 영향이 놀라울 정도로 확대하고 있다. 이것은 우주 시대가 우리 앞으로 성큼 다가온 만큼 우주 윤리에서 우리가 다루어야 할 영역이 더 넓어지고 다양해지고 있다는 것을 의미한다.

이상의 배경에서 미국과 유럽을 중심으로 우주 윤리에 관한 다양한 논의가 전개되고 있으며, 이러한 윤리적 논의는 단순히 사변적 차원에 머무르지 않고 우주 탐사 및 우주 개발과 관련한 정책 결정 과정에 영향을 미치는 중요한 하나의 요소로 여겨지고 있다. 또한 우주 시대가 개막한 지 얼마 지나지 않았다는 사실과 우주 기술이 앞으로 어떻게 발전할지 예단할 수 없는 현재 상황을 고려한다면, 우주 윤리에 관

---

4 United Nations, "Outer Space Treaty: Treaty on Principles Governing the Activities of States in the Exploration and Use of Outer Space, including the Moon and Other Celestial Bodies," 1967. https://treaties.unoda.org/t/outer_space (2024. 8. 11. 접속).

한 논의는 이미 개발된 기술의 활용에 관한 사후적(reactive) 차원에 더하여 향후 우주 기술의 개발 및 활용 방향에 적극적으로 개입할 수 있는 선제적(proactive) 차원을 가진다. 이 점에서 우주 윤리는 철학과 종교 분야의 인문학자, 우주를 탐구하는 과학자, 우주 기술을 개발하는 공학자, 우주 정책을 입안하는 정책 결정자가 함께 참여하는 융합 연구를 통해서 가장 의미 있는 결실을 거둘 수 있다. 다만 이 글의 목적은 인문학적 관점에서 우주 윤리를 정의하고, 핵심 이슈들을 정리하고, 다양한 접근 방법을 비판적으로 분석함으로써 다양한 전공자가 참여하는 우주 윤리 융합 연구를 위한 토대를 놓는 일에 도움을 주는데 있다.

III. 우주 윤리의 현실적, 잠재적 이슈들

우주 윤리는 인간이 지구 밖에서 만나는 우주의 다양한 모습에 따라 다양한 이슈를 다룬다. 이에 따라 연구자는 이 단락에서 우주 윤리의 구체적인 이슈들을 크게 네 가지 범주로 구분해서 살펴보려고 한다. 여기서 네 범주는 1) 지구 대기권을 벗어나면서 가장 먼저 맞닥뜨리게 되는 지구 궤도의 우주 공간(outer space), 2) 달이나 화성 등 다른 천체(other earths), 3) 지구 밖 우주에 생존할 수도 있는 미생물(extraterrestrial microbial life: ETL, 외계 생명체), 4) 지구 밖에 거주하는 지적 생명체(extraterrestrial intelligent life: ETI, 외계 지적 생명체 혹은 소위 '외계인')와 각각 관련한다.

1. 지구 궤도

1957년 최초의 인공위성('스푸트니크호')이 지구 궤도에 안착한 이후 지구 밖 공간을 차지하기 위한 우주 경쟁이 치열해졌다. 우주 안보에 관심을 두고 지구 궤도를 떠도는 다양한 물체를 추적하는 전문 업체 룩업스페이스(Look Up Space)의 집계에 따르면, 임무가 종료되어 파기되거나 충돌 등으로 파손된 인공위성을 제외하고 2024년 6월 기준으로 고유 업무를 수행 중인 인공위성이 1만 개가 넘는다. 현재 지구 궤도권에 사람이 장기 거주할 수 있도록 만든 우주정거장 하나(ISS: International Space Station)가 임무를 수행 중이며, 우주정거장의 건설 및 유지를 위해 수송 등 다양한 임무를 수행하는 우주선이 지구와 우주정거장을 왕복하고 있다. 그뿐 아니라 지구 궤도를 벗어나 달이나 화성 혹은 태양계 가장자리를 탐사하는 우주선들도 있고, 깊은 우주를 관측하는 우주망원경('제임스웹 우주망원경')도 2022년 말 지구에서 발사되어 현재 우주에서 활동하고 있으며, 대륙간 탄도미사일(ICBM: Inter Continental Ballistic Missle) 역시 지구 대기권을 벗어나 우주 공간을 경유하는 기술을 활용한다. 말하자면 지구 궤도의 우주 공간은 이미 다양한 인간 활동으로 분주하다.

밤하늘을 자주 올려다보는 사람이라면 지구 밖에서 이렇듯 활발하게 펼쳐지는 인간 활동의 결과를 직접 느낄 수 있다. 한 연구에 따르면, 인공위성의 수가 많아지면서 지구 전역에 걸쳐 밤하늘의 밝기가 과거 대비 10퍼센트가량 밝아졌다. 그리고 이것은 국제천문연맹(International Astronomical Union)이 정한 천체망원경 건설 기준을 만족하는 지역을 지구상에서 찾기 어려워졌다는 것을 의미한다. 비단 대도시의 도심뿐 아니라 한적한 시골에서도 맨눈으로 밤하늘의 별들을 보기 어려워진 것은 급속도로 증가한 인공위성의 숫자와 무관하지 않다. 과거보다 밝아진 밤하늘이 지구상에서 이루어지는 천체 관측뿐 아니라 야행성 동물들의 생존에 미칠 부정적인 영향을 미루어 짐작하기는 어려운 일이 아니다. 이러한 상황은 지구 밖에서 펼쳐지는 인간 활동이 지구상의 모든 인간과 생물에게 직접적인 영향을 미치고 있음을 보여 주는 단적인 실례다.

무엇보다도 현재 지구 밖 우주 공간은 특정한 국가나 기업이나 개인의 소유가 아니다. 기술과 자본이 있다면 어느 나라든, 심지어 어느 개인이든 인공위성이나 우주선이나 탄도미사일을 쏘아 올릴 수 있기 때문이다. 따라서 누가 어떤 의도와 목적으로 우주 공간을 활용하고 있는지 정확하게 파악하기란 거의 불가능하다. 이것은 윤리적으로 심각한 함의를 가진다. 예를 들어 누군가 인공위성을 통해 중요한 군사 비밀 정보나 민감한 사생활 정보를 파악해서 악의적으로 활용할 수 있기 때문이다. 그뿐 아니라 인공위성이나 우주선이 지구를 떠났다가 돌아오는 일이 빈번해질수록 항공기 운항과 비교할 수 없을 정도로 탄소 배출량이 늘어나고 기후 위기가 심각해질 것이다. 이것은 우주 항공 기술의 여파가 직접 관련된 소수의 사람뿐 아니라 지구 기후 시스템의 영향을 받는 모든 인간과 동식물에 미치게 된다는 것을 의미한다. 또한 영화 〈승리호〉(2021, 조성희 감독)에서 극적으로 묘사되고 있듯이, 임무가 종료되거나 파손되어 우주 쓰레기가 된 인공위성 파편의 숫자가 기하급수적으로 증가하고 있다는 사실 또한 윤리적으로 심각하게 고려할 사안이다. 지구 궤도를 떠도는 우주 쓰레기는 언제라도 다른 인공위성이나 우주정거장과 충돌하거나 지표면에 떨어져 누군가의 생명을 위협하거나 혹은 바다에 떨어져 해양 생태계를 오염시킬 수 있다. 기술을 앞세워 지구 밖 우주를 선제적으로 점유한 일부 국가나 기업이 거기에서 획득한 정보를 임의로 활용하거나 우주 쓰레기를 우주에 방치하도록 내버려 두는 것은 윤리적인 관점에서 볼 때 바람직하지 않다.

2. 천체들

윤리적 관심을 요청하는 지구 밖 우주의 또 다른 영역으로 우리는 지구 외의 다른 천체들을 생각할 수 있다. 지구 궤도의 우주 공간과 달리 다른 천체의 지표면에는 아직 인간의 발길이 많이 닿지 않았다. 하지만 달과 화성을 중심으로 다른 천체의 지표면에서도 인간의 직간접적 활동이 조만간 급속히 증가할 것이라고 충분히 짐작할 수 있다. 단적인 예로 얼마 전 2024년 2월에는 상업용 민간 무인 탐사선('오디세우스')이 처음으로 달의 표면에 착륙했다. 이것은 1970년대 초까지 달 탐사 임무를 수행했던 아폴로 프로젝트가 종료된 이후 거의 50년 만에 달 표면에 인간의 손길이 닿았다는 사실뿐 아니라 민간이 주도하고 상업용 목적을 가진 탐사 임무였다는 사실 때문에 매우 중요한 의미를 갖는 사건이다. 유럽우주국에 따르면, 2030년까지 백 개가 넘는 달 탐사 프로젝트가 계획 중이며, 미국과 중국과 유럽을 중심으로 달 기지 건설 계획도 추진 중이다. 대한민국 역시 지난 2022년 최초의 달 탐사선('다누리호')을 우주로 내보내는 데 성공하면서 달의 가치를 선점하려는 열강의 경쟁에 뛰어들었다. 이처럼 치열한 우주 탐사 경쟁은 이미 1950년대 우주 시대 개막과 더불어 예견된 것이었지만, 최근 항공우주 기술의 급속한 발달과 보편적 확산에 따라 더욱 빠른 속도로 가열되고 있다.

　이러한 상황에서 우리는 조만간 천체 지표면에 도달하는 유·무인 우주선의 숫자가 늘어나고 천체 지표면에 인간이나 인공지능 로봇과 같이 인간이 만든 인공물이 머무는 시간과 공간도 증가할 것이라고 충분히 짐작할 수 있다. 나아가 인간 혹은 인공지능 로봇 등 인공물이 천체 지표면에 머무는 동안 단순히 탐사 활동만 하지 않고 자원 채굴이나 기지 건설 등의 특정한 목적을 위해 천체의 지형을 변형시키는 활동을 하는 경우도 충분히 내다볼 수 있다. 달의 표면 가운데 인류가 접근할 수 있는 공간이 협소하거나 지표면 아래 가치 있는 자원이 있다는 사실이 알려질 경우, 국가 간 혹은 국가와 민간 기업 간 경쟁과 갈등이 치열해질 수 있다. 영화 〈아바타〉(2009, 제임스 카메론 감독)에서 묘사되고 있는 것처럼, 천체에 '식민지'를 건설하는 과정에서 경제적 이윤 등을 위해 천체의 자원을 무분별하게 훼손하는 일도 벌어질 수 있고, 다양한 이해집단 사이의 분쟁이 야기될 수 있다. 조금 더 멀리 내다보면 화성과 같은 행성을 지구와 같이 인간이 살 수 있는 공간으로 만드는 테라포밍(terraforming) 프로젝트를 통해 오랜 기간에 걸쳐 자연적으로 형성된 천체의 지형이 영구적으로 변형되어 더 이상 복원이 불가능한 상황에 이를 수 있다. 혹자는 인간의 이익을 위해 수십억 년에 걸쳐 자연적으로 형성된 '순수한'(pristine) 자연의 모습을 변형시키는 것에 윤리적으로 문제를 제기할 수 있다.

3. 외계 미생물 생태계

우주 윤리의 세 번째 범주는 우주 탐사선이 우주 공간이나 다른 천체의 지표면에서 생명체의 흔적이나 살아있는 생명체를 발견할 때 생겨날 수 있는 윤리적 이슈들을 다룬다. 지구 밖에도 생명이 존재하는지 혹은 존재했는지에 관한 확실한 증거는 아직 없지만, 우주생물학 분야의 활발한 연구와 탐사 활동은 외계 생명체의 존재 가능성에 관한 과학자들과 정책 결정자들의 상당한 믿음을 연료로 하고 있다. 혹시라도 인류가 조만간 태양계 안에서 어떤 생명체를 발견한다면, 그 생명체는 아주 단순한 미생물 수준의 생명체일 가능성이 크다. 그럼에도, 아니 오히려 그와 같은 미생물 생태계가 인간의 미세한 개입에도 쉽게 손상될 수 있다는 가능성 때문에, 인류의 손길이 닿는 우주에 생명 혹은 생태계가 존재한다는 사실은 그 자체만으로 완전히 새로운 윤리적 문제들을 촉발할 것이다.

가장 먼저 떠오르는 화두는 아마도 지구 밖 (미생물) 생태계에 인간이 어떤 식으로든 개입함으로써(예를 들어 지구의 미생물이 우주선을 타고 옮겨감으로써) 생태계를 교란하거나 오염시키거나 소멸시킬 가능성(forward contamination)에 관한 것이다. 이와 관련해서 오늘날 지구상에서 논의되는 환경 윤리 담론이 우주 윤리의 발전을 위해서 소환될 가능성이 적지 않다. 인류의 유익을 강조하는 인간 중심적 윤리 관점에서 외계 생태계의 수단적 가치만 인정하는 사람도 있고, 희소한 가치를 가진 외계 생태계의 내재적 가치를 강조하면서 가능한 '자연 그대로' 보존해야 한다고 주장하는 사람도 있고, 자연과 문화의 이분법적 구분에 이의를 제기하면서 외계 생태계와 인류 문명의 건설적 공생 관계를 제안하는 사람도 있을 것이다. 혹은 긍정적이든 부정적이든 외계 생태계의 인위적인 변형이 우주의 역사에 관한 과학적 탐구를 왜곡할 것이라고 문제를 제기하는 사람도 있다.

외계 생명체와 관련해서 제기될 수 있는 윤리적인 문제는 비단 지구 밖 우주에 국한되지 않는다. 전혀 낯선 외계 생명체가 지구에 유입될 때, 코로나19라는 바이러스 변종이 수년간 전 세계의 질서를 뒤흔들어 놓은 것과 유사하게 지구 생태계 전체가 교란되거나 극심한 혼란을 경험할 가능성(backward contamination)을 배제할 수 없기 때문이다. 한편 외계 생명체와 관련한 윤리적 문제는 외계 생명체와 처음 접촉하는 순간 바로 새로운 국면에 접어들기 때문에, 외계 생명체와 접촉할 가능성을 염두에 두고서 윤리적으로 선제적인 조치를 강구하고 있어야 한다.

4. 외계 지적 생명체

마지막으로 우리는 외계 지적 생명체(이하 간단히 '외계인')와 관련한 윤리적 이슈들을 고려할 필요가 있다. 상대적으로 가까운 우주 공간에서 확인될 가능성이 있는 외계 생명체의 경우와 달리, 외계인의 존재가 조만간 확인된다고 하더라도, 가까운 미래에 인류가 지구에서 아주 멀리 떨어진 외계 행성(exoplanets)에 거주하는 외계인과 직접적으로 접촉할 가능성은 극히 낮다. 그런 점에서 외계인의 존재가 제기하는 윤리적 문제는 외계 생명체가 제기하는 윤리적 문제와 성격이 다를 것이다. 그럼에도 외계 지성 탐사(Search for Extraterrestrial Intelligence: SETI)와 같이 외계인을 찾는 인류의 활동이 윤리적인 문제에서 완전히 자유로운 것은 아니다. 이미 이와 관련해서 의미심장한 윤리적 논쟁이 현재 진행 중이다. 구체적으로는 외계인의 존재를 확인하기 위해 지구상에서 발신하는 메시지의 내용을 둘러싸고 외계인의 정체를 전혀 알지 못하는 상태에서 지구상의 정보를 어느 정도까지 노출해야 하는가 하는 문제가 있다. 당장에 닥칠 일은 아니지만 악의를 가진 외계인이 지구에서 보낸 정보를 악용해 지구를 공격하는 시나리오를 배제할 수 없기 때문이다.

한편 외계인을 외계, 곧 지구 밖의(extra-terrestrial) 모든 지적 생명체로 정의한다면, 외계인과 관련한 우주 윤리는 먼 외계 행성에서 독자적인 문명을 구축한 지성체, 곧 좁은 의미의 외계인뿐 아니라 지구 밖에서 단기적으로나 장기적으로 혹은 영구적으로 거주하는 우주인의 삶과 관련한 이슈들을 포함하게 될 것이다. 이미 우주선을 타고 지구 밖에 다녀온 우주인들이 많이 있고, 국제우주정거장에서 장기간 머무르는 우주인들이 있으며, 앞으로 우주 탐사가 활발해지고 우주 여행이 활성화되면 점점 더 많은 지구인이 지구 밖에서 활동하게 될 것이라고 예상할 수 있다. 나아가 국제우주정거장(ISS)과 같이 지구 궤도 위 우주 공간이나 달이나 화성과 같은 천체에 사람이 장기적으로 거주할 수 있는 기지들(stations)이 많이 건설된다면, 지구 밖 우주에서 인류의 문명이 활발하게 펼쳐지는 미래를 내다볼 수도 있다. 이미 우주정거장 등 우주에 장기간 거주하는 우주인의 건강 문제와 관련한 윤리적 논의가 진행 중이며, 머지않은 미래에 상용화될 가능성이 높은 우주 여행을 둘러싸고 안정성 문제와 사고 처리 문제 등이 본격적으로 제기될 것으로 예상된다. 또한 우주에 인류 문명이 형성되고 상당수의 지구인이 공동체나 사회를 이루어 우주에 장기간 거주하게 된다면, 우주에서 출생한 신생아의 권리나 범죄자 처리 등 지구상의 인류 문명이 마주하는 윤리적 문제와 비슷한 문제가 지구에서보다 더 복잡하고 어려운 모습으로 나타나게 될 것이다.

IV. 우주 윤리의 다양한 관점

지금까지 우리는 우주 윤리와 관련해서 우리가 앞으로 직면하게 될 다양한 이슈들을 크게 네 가지 범주로 나누어 살펴보았다. 하지만 이 이슈들은 지구상에서 우리가 흔히 경험하는 윤리적 상황과 너무 동떨어져 있어서, 우리가 우주 윤리의 문제를 구체적으로 어떻게 다루어야 하고 어떤 규범이나 관점을 취해야 하는가에 관해서는 여전히 상당한 모호함이 남을 수밖에 없다. 이 단락에서는 우주 윤리에 접근할 수 있는 몇 가지 대표적인 관점을 비판적으로 고찰하고자 한다.

1. 인간 중심 우주 윤리

가장 먼저 생각해 볼 수 있는 것은 철저한 인간 중심의 윤리적 성찰이다. 간단히 말해서 이것은 지구 밖에서 펼쳐지는 모든 활동에 대해서 그것이 인류에게 유익이 된다면 허용하거나 장려하고, 인류에게 해가 된다면 규제하거나 금지하는 견해를 가리킨다. 예를 들어 내비게이션 등 교통 통신 서비스를 위한 인공위성 활동, 인류 문명을 위한 달 표면의 자원 채굴, 혹여나 닥칠지 모르는 지구 멸망을 미리 준비하는 화성 지구화(terraforming) 프로젝트 등은 인류의 유익을 위한 활동이기에 윤리적으로 정당하다는 주장이 있을 수 있다.5 이에 맞서 인공위성의 무분별한 정보 수집 활동이 사생활을 침해할 수 있고, 우주 자원 활용을 통해 빈부 격차가 더욱 심화할 수 있고, 화성 지구화 프로젝트는 부유한 소수만을 위한다는 등의 반론이 제기될 수 있다. 또 어떤 사람은 우주 개발이 인류가 당면한 시급한 문제 해결을 위한 중요한 돌파구가 될 수 있다고 주장하는가 하면, 다른 사람은 우주 개발이 대다수 인류에게 미칠 부정적 해악을 강조하며 우주 개발에 보다 신중할 것을 주문하기도 한다. 인류의 유익을 기준으로 우주 윤리의 문제를 다루려는 이 같은 시도는 나름의 정당성이 있지만, 이러한 인간 중심의 윤리적 성찰은 우주 윤리에서 제기될 수 있는 모든 이슈를 정당하게 다루기에는 한계가 명확하다.

2. 생태 중심 우주 윤리

다음으로 우리는 생태 중심 혹은 생명 중심의 윤리적 성찰을 생각해 볼 수 있다. 예를 들어 우리는 우주 시대의 개막이 인류 문명뿐 아니라 지구 생태계 전반에 미치는 영향에 관심을 기울이면서 지구 밖 인간 활동 전반에 대한 소위 환경영향평가를 실시할 수 있다. 예를 들어 우주선이 지구를 떠났다가 지구로 돌아오는 과정에서 배출되는 탄소량을 측정한다거나, 심해에 떨어져 수거되지 않은 채 방치된 우주 쓰레기가 해양 생태에 미치는 영향이나, 외계 미생물 유입이 지구 생태

---

5 이와 관련하여 인류는 인류의 생존을 보존할 도덕적 의무가 있고, 우주 식민지 개척만이 인류의 멸망으로부터 인류를 보존할 유일한 방안이기 때문에, 우주 식민지 개척은 도덕적으로 정당하다는 주장에 관한 최근 논쟁은 흥미롭다.

계에 미칠 영향 등을 평가하면서 우주 윤리의 이슈들을 다룰 수 있을 것이다. 지구 생태계의 지속 가능성 혹은 생물종 다양성 보존 등을 잣대로 삼는 이러한 생태 중심의 윤리적 성찰은 앞서 언급한 철저한 인간중심주의 관점을 넘어서 조금 더 포괄적인 전망을 제공한다는 장점이 있지만, 여전히 윤리적 관심을 지구 안에 제한함으로써 지구 중심주의의 한계에 갇히기 십상이다.

한편 생태중심주의 관점은 다시 크게 두 가지 입장으로 구분할 수 있는데, 하나는 생태계나 생물 다양성 보전에 대하여 인류 문명의 지속 가능성을 위한 수단적 가치만을 인정하는 견해이고, 다른 하나는 인류 문명과 별개로 자생적으로 발생한 생명의 독립적인 가치 혹은 내재적 가치를 인정하는 견해이다. 후자의 입장은 아직 주된 관심사가 지구 안에 제한되어 있다고 하더라도, 우주 윤리에 접근하는 아래의 급진적 관점과 상당히 맞닿아 있다.

3. 우주의 가치와 도덕적 지위

마지막으로 우리는 지구 밖 우주가 인류 문명이나 생태계에 가져다줄 수 있는 긍정적 혹은 부정적 효과와 상관없이, 곧 지구상에서 펼쳐지는 인류와 생명의 역사와 독립적으로 지구 밖 우주의 고유한 가치를 긍정하고 존중하는 관점을 생각할 수 있다. 여기서 지구 밖 우주란 달, 행성, 항성 등의 다양한 천체들, 천체들 사이의 우주 공간, 지구 밖에서 발견될 수도 있는 미생물 생태계와 지적 문명 등을 모두 가리킨다. 이러한 우주의 고유한 가치를 긍정하고 그것의 도덕적 지위를 인정하게 된다면, 이것은 생태 중심의 기존 접근을 우주적 지평으로 확장한다는 중요한 의의가 있다.

　이해를 돕기 위해서, 우리는 '동물의 도덕적 지위'에 관한 최근 동물 윤리 논쟁에서 첫 번째 실마리를 발견할 수 있다. 여기서 동물의 도덕적 지위란 동물이 인간의 도덕적 고려(배려)의 대상이 되는가 하는 문제와 관련한다. 예를 들어 이런 맥락에서 쾌락과 고통을 느끼는 동물이 있다면, 그 동물의 쾌락을 증가시키고 고통을 감소시키기 위해 인간이 노력하는 것이 윤리적으로 마땅하다는 주장이 가능하다. 동물의 쾌락/고통 감수성이 동물의 도덕적 지위를 보장한다는 것이다. 나아가 환경 윤리는 유기체뿐 아니라 비유기체를 포함한 자연의 가치와 도덕적 지위 문제를 다룬다. 예를 들어 황야(wilderness)와 같이 인류 문명의 역사와 무관하게 수십억 년에 걸쳐 고유한 역사를 보존하고 있는 '순수한'(pristine) 자연을 인류가 무분별하게 훼손하거나 변형하는 일이 윤리적으로 바람직하지 않다는 주장의 이면에는 '자연의 도덕적 지위', 곧 도덕적 고려(배려) 대상으로서 자연에 대한 이해가 자리하고 있다. 비슷한 맥락에서 우리는 '우주의 도덕적 지위'를 고려할 수 있다.

　한편 자연의 도덕적 지위에 대한 긍정은 자연의 가치에 관한 판단과 깊이 연관되어 있다. 자원, 관광, 연구, 환경, 휴식, 영감의 원천으로서 자연이 인류에게 유익을 준다는 점에서 자연의 가치를 긍정하는 입장이 가능하다. 혹은 인간의 출현 이전에도, 인간 문명의 울타리 밖에서도 혹 인류가 멸종한 후에도 자연이 (인류의 역사나 운명과 무관하게) 독자적인 가치를 가지고 있으며, 따라서 인간은 황야와 같은 '순수한' 자연을 함부로 훼손하지 않고 존중하고 보존할 필요가 있다고 주장할 수도 있다. 전자는 자연의 '수단적 가치'(instrumental value)를 강조하고, 후자는 자연의 '내재적 가치'(intrinsic value)를 강조한다. 우리는 비슷한 논리를 우주 윤리에 차용할 수 있다.

요컨대 만약 자연의 도덕적 지위와 고유한 가치가 설득력을 갖게 된다면, 자연의 한 부분으로서 지구 밖 우주의 고유한 가치 및 도덕적 지위에 대한 결론 역시 그로부터 어렵지 않게 도출될 것이다. 지구 밖 우주 공간 및 천체들이 인류의 유익을 위해 그리고/또는 인류 문명과 별개로 고유한 가치를 가진다는 점을 인정한다면, 기존의 인간 중심의 관점이나 협소한 생태 중심의 관점에서는 제기되지 않을 여러 문제가 중요하게 부각될 것이다. 예를 들어 달이나 화성과 같은 천체의 표면을 과격하게 변형하는 일이나 혹여나 만나게 될 외계 미생물 생태계를 오염시키는 일 등은 지구 밖 우주의 고유한 가치를 침해하기 때문에 윤리적으로 용납할 수 없다는 주장이 가능해진다.

4. 소결론

지금까지 우주 윤리의 이슈들에 접근하는 대표적인 관점들을 살펴보았다. 여기에 한 가지를 덧붙이자면, 이상 언급한 다양한 관점이 상호 배타적이지 않다는 사실이다. 우리는 다양한 관점 중 하나만을 선택해서 고집할 필요가 없다. 오히려 다양한 관점을 때로는 상호 보완적으로, 때로는 상호 비판적으로 활용할 필요가 있다.

인간 중심의 관점은, 우주 윤리의 모든 이슈를 정당하게 다루지 못한다는 비판에도 불구하고, 우주 시대가 인류 문명과 인간 사회에 미치는 영향과 관련해서 다른 관점이 제공하지 못하는 고유한 논리를 발전시킬 수 있다. 지구 밖 우주의 고유한 가치를 강조하는 관점 역시 지구의 울타리 안에 갇힌 기존 윤리적 담론의 한계를 극복하는 데 상당히 공헌할 수 있지만, 인간의 우주 활동에 관한 구체적인 윤리적 지침을 제공하기에는 명확한 한계가 있다. 한편으로는 인간과 인간 사이는 물론이고 인간과 비인간 존재자 사이에 이해 충돌이 불가피하고, 다른 한편으로는 인간과 자연을 이분법적으로 구분하는 것이 불가능하다. 따라서 혹자는 지구 밖 우주의 고유한 가치를 긍정하는 것이 곧 우주 개발에 대한 무조건적 반대로 이어질 필요는 없다고 주장할 수 있다. 결국 도덕적 배려 대상에 해당하는 다양한 존재자의 고유한 가치 및 도덕적 지위에 대한 상대적 평가가 윤리적 논의의 중요한 화두가 된다.

V. 우주의 미래, 인간의 미래

바야흐로 우주 시대가 개막하고 대한민국 역시 우주 개발 경쟁에 본격적으로 뛰어들었다. 우주 시대를 바라보는 많은 사람의 관심은 아마도 우주 개발을 통해 '우리'가 얻게 되는 유익에 있을 것이다. 하지만 이 글에서 연구자가 개관했듯이 우주 시대 인류는 다양한 윤리적 문제를 마주하게 될 것이다. 따라서 우리는 당장 눈에 보이는 경제적 이익에만 초점을 맞추지 말고 항공우주 기술의 발전이 가져올 인류 문명의 거대한 변화를 포괄적으로 조망하는 안목을 길러야 한다. 나아가 인류의 우주 활동이 인류를 배출한 우주의 운명에도 변화를 가져올 수 있다는 사실을 자각하고, 인류의 미래뿐 아니라 우주의 바람직한 미래에 관해서 진지하게 숙고할 필요가 있다.

이것은 우주 윤리의 문제가 우주 속 인간의 위상 및 역할에 관한 철학적 성찰과 연결되어 있음을 말해 준다. 우주 시대의 개막은 우주 속 인간의 위상이 새로운 단계에 진입했음을 보여 준다. 이제 인간 활동은 지구 안에 제한되지 않으며 지구 밖에서도 다양한 모습으로 이루어지고 있다. 이런 상황에서 지구 밖에서 펼쳐질 인류 문명의 미래에 관해서 그리고 그를 통해 변화할 우주의 미래 모습에 관해서 상상의 나래를 펼치는 것은 우리 인간에게 자연스러운 일일 것이다. 예를 들어 현재 태양계 안에서 생명이 거주하는 곳은 지구밖에 없지만, 태양계에 속한 다른 행성들과 위성들 그리고 태양계 내 우주 곳곳에 생태계가 형성되고 인류가 거기에 거주하는 미래를 머릿속에 그려볼 수 있다. 이러한 상상이 단순히 소수의 공상으로만 그칠 것으로 생각하면 큰 착각이다. 이미 우리 주변에는 (물론 당장에는 힘들지만 먼 미래에) 생명으로 가득한 우주를 진지하게 꿈꾸며 그 꿈을 위해 지금 애쓰고 있는 사람들이 많이 있다. 오늘날 세계 많은 나라에서 이루어지고 있는 우주 개발 사업은 사실 그들의 꿈과 헌신에서 많은 자양분을 얻고 있다. 동시에 이러한 우주적 비전을 추구하는 우주 개발이 지구 생태계 및 지구에 머무는 대다수 인류에게 미칠 여파에 관한 문제의식도 생겨나고 있다. 예를 들어 화성을 지구처럼 만들기 위해서 지구의 유한한 자원을 지구 밖으로 유출하거나 우주선 운행 과정에서 막대한 양의 온실가스를 배출하거나 우주 쓰레기가 지표면에 낙하해 지구 환경이 급격하게 훼손된다면, 생명이 가득한 태양계 혹은 우주의 비전이 과연 누구를 위한 것인지, 지구의 구성원들에게 어떤 비용을 요구하는지 등에 관한 근본적인 물음이 제기되고 있다.

따라서 연구자가 볼 때, 앞서 언급한 우주 윤리의 다양한 이슈에 더하여 항공우주 기술의 발전을 추동하고 있는 배후의 동기로서 생명이 가득한 우주의 비전에 대하여, 나아가 우주의 역사 속 인간의 역할에 대하여 비판적으로 성찰하는 것이 우주 윤리의 중요한 한 부분이 되어야 할 것이다.

복지 기술의 윤리적 이슈와 복지 선교 실천윤리

이준우 | 강남대학교 사회복지학부 교수

I. 들어가는 말: 디지털화된 세상과 복지 기술의 대두

사회구조가 디지털 기술 기반 세계로 급격히 재편되고 있는 현실에서 과학 기술 융합에 기초한 혁신적인 사회복지 실천에 대한 서비스 이용자와 그 가족 및 관련 사회복지시설의 요구는 날로 증가하고 있다(김학실, 2021; 김효용, 2019a). 이미 COVID-19 이후 기존 대면 서비스 위주로 제공되던 사회복지서비스 일변도에서 창의적인 비대면 서비스가 시도되었으며, 서비스의 효율성과 효과성을 증진시킬 수 있는 복지와 과학 기술의 융합을 통한 사회복지 실천이 일상화되고 있다.

특히 노인, 장애인 복지 분야에서 과학 기술의 적용은 대부분의 대인 서비스 영역에 활용될 수 있으며, 이를 통해 다양한 욕구를 가진 노인과 장애인에게 효과적인 사회복지서비스를 제공할 수 있게 되었다(김효용, 2019b; 안정호 · 오성훈, 2022; 이상도 · 김보희, 2022; 임정원 · 최종혁 ·

182 | 2부 _ 첨단 기술의 윤리적 논의들

김수완, 2021). 여기에서 장애인과 노인 등 취약 계층의 건강 관리, 자립, 재활, 돌봄, 사회활동과 소통(관계망), 서비스 지원 및 제고, 기반 환경 조성을 위해 기술을 적용한 사회복지 및 다양한 사회서비스 제품 및 서비스를 복지 기술로 정의할 수 있다(안정호 · 오성훈, 2022; 이준우, 2021; 임정원 · 최종혁 · 김수완, 2021).

디지털화된 세상에서 서비스 이용자는 점차 고품질의 사회복지서비스를 요구하고 있다. 이에 복지 기술을 활용하려는 움직임이 점점 더 가속화되고 있다. 복지 기술을 이용하면 보다 정확하고 빠르게 이용자, 제공자, 보호자 간 소통이 가능하고 정확한 정보 분석에 기반한 맞춤형 서비스를 효율적으로 제공할 수 있기 때문이다(오미애 외, 2020). 무엇보다도 노인, 장애인을 대상으로 한 복지 수요가 늘어나면서 안정적인 재정 운영이 관건인데, 복지 기술의 활용은 복지와 경제 간 선순환 구조로의 전환에 기여할 수 있다(안상훈 · 김수완 · 박종연, 2017). 실제로 복지 기술을 활용하면 효율적 인력 및 조직 운영으로 비용을 절감할 수 있다. 예를 들어 자동화 기술을 도입하면 더 적은 인력으로 서비스를 제공할 수 있고 모바일 앱은 운영 비용을 낮출 수 있다(김학실, 2021; 안정호 · 오성훈, 2022).

이와 관련하여 저숙련, 저임금이 대부분인 사회서비스 분야에 연구 · 개발, 전문 · 기술, 제조, 교육, 홍보, 판매 등 폭넓고 고임금의 일자리가 유입되어 초고령사회에서도 경제와 산업이 활성화될 수 있는 선순환 구조의 동력이 될 수 있다(임홍탁 · 한정원, 2017; 최윤희 · 황원식, 2016). 거시적으로는 능동적인 복지 기술의 활용을 통해 경제 성장과 복지 확대라는 두 개의 성과를 모두 얻을 수 있다. 가령 스마트 헬스 케어 산업 성장과 이에 동반하는 고용 창출이 결과적으로 세금과 사회 보험

료의 수입을 증가시키고, 이는 동시에 스마트 헬스 케어를 통한 예방 및 관리와 의료 소비, 의료 지출을 절감시키게 된다. 그 결과, 복지 확대의 효과를 산출하고, 그에 따라 건강한 고령화 시대를 열어가게 된다. 당연히 국민의 삶의 질은 향상되고, 이는 다시 투자와 소비를 활성화시킨다. 궁극적으로는 경제 성장을 실현하게 된다(최윤희·황원식, 2016).

II. 사회복지 분야에서의 복지 기술 적용 사례와 경향

우리나라 사회복지 분야에서 복지 기술의 적용은 눈부신 발전과 확대로 지속되고 있다. 많은 성공적인 사례들이 있는데, 그 가운데서도 대표적인 주요 사례들을 제시하고, 그다음 복지 기술의 경향을 살펴본다.

1. 주요 사례들

— 행정안전부가 2023년부터 실시하고 있는 '읍면동 스마트 복지·복지 안전 서비스'는 '읍면동 안전관리 강화'와 '복지 사각지대 발굴·지원 강화'의 두 가지 목표 달성을 위해 정보통신 기술(IoT, AI 등)을 활용한다는 점이 특징이다.

— '장애인용 스마트홈 기반 리빙랩'은 장애인의 일상생활 보조 및 돌봄 부담 완화를 위한 돌봄 로봇 중개연구 및 서비스 모델 개발 사업의 목적으로 돌봄 로봇 4종(욕창 예방용 자세 변화, 이송 보조, 배설 보조, 식사

보조) 실증을 위해 구축되었다(보건복지부, 2020; 배영현, 2021). 이는 돌봄 로봇을 중심으로 장애인이 휠체어로 생활할 수 있는 여섯 개의 구역으로 분리된 공간과 사물인터넷(IoT) 기술, 양문식의 현관과 욕실문, 전동식 샤워 침대, 전동 세면대가 설치된 욕실, 붙박이 가구가 설치되어 공간의 효율성을 높인 안방, 접이식 테이블, 접이식 화장실 팔걸이와 전동 싱크대, 전동 세면대 등의 유니버설 디자인 설비 및 가구를 중심으로 실제 가정에서 돌봄 서비스를 경험할 수 있도록 구성되어 있다(보건복지부, 2020). 아울러 중증장애인 등 관련 돌봄을 받는 사람과 돌봄을 제공하는 사람 모두에게 필요한 로봇 형태의 이동식 리프트, 레일 형태의 천장 주행 형태의 리프트, 로봇 침대, 배설 보조 장치, 식사 보조 장치 등의 돌봄 로봇 장치를 직접 활용해 볼 수 있게 배치하였다. 특히 로봇 외에도 다양한 인공지능 스피커와 센서가 연계된 사물인터넷 기술에 의해 설비, 가전 및 장비 등이 제어되어 보다 편리한 생활이 가능한 공간으로 설계되었다.

— '발달장애인 가상현실(VR) 기반 교육훈련 프로그램'이 개발 실행되어 전국 발달장애인훈련센터 등에서 활용되고 있다(오미애 외, 2020). 발달장애인은 집중 시간이 비교적 짧은 편이며, 교재를 중심으로 하는 교육의 한계가 있다. 이에 직접적인 체험을 중시하는 실제 참여 형태의 교육이 필요하다. 이와 같은 특성으로 인해 집중 교육과 반복 학습의 지원이 필요한 발달장애인은 가상현실을 기반으로 한 훈련 프로그램을 활용하기 적합하다.

— 보완 대체 의사소통(AAC: Agmentative and Alternative Communication) 프로그램은 발달장애인의 의사소통을 돕는 보완 대체 의사소통 애플리케이션의 기술로 주로 사용되며, 의사소통 장애로 인하여 자신의 의견을 표현하는 일에 어려움을 겪는 사람들의 의사소통능력을 향상시키고 의사소통을 보조할 수 있는 수단으로 활용된다(오미애 외, 2020).

— '독거노인·장애인 응급안전안심서비스'가 이뤄지고 있다. 이는 독거노인과 장애인의 응급과 안전을 위해 ICT를 활용한 공공주도형 복지 기술 기반 사회서비스이다(김수완 외, 2021; 최종혁 외, 2021).

— 소셜 벤처기업 닷(Dot)은 시각장애인을 위한 길 안내용 '배리어 프리 키오스크'를 개발하였다. 해당 키오스크를 통해 시각장애인에게 디지털 촉각 디스플레이와 음성 안내가 지원되며, 사용자가 다가오면 센서가 움직임을 인식해 모니터의 높낮이가 조절된다. 이동 보조기기 및 솔루션 토탈 서비스 기업인 토도웍스는 수동 휠체어에 전동 키트를 부착함으로써 더 빠르고 편리하게 휠체어를 이동시킬 수 있도록 개발하였다.

— 이큐포올(EQ4ALL)은 한국어 문장을 수어로 번역하는 서비스를 개발하였다. 번역 서비스를 거친 수어 내용은 움직이는 아바타가 수어 동작으로 표현해 낸다. 이큐포올은 과학기술정보통신부와 한국정보화진흥원이 시행하는 '2019년 사회현안해결 지능정보화 사업'의 지원을 받아 에스알(SR)과 한국농아인협회 등과 협력하여 SRT 열차 및 고속철도 역사 내에 '청각 장애인을 위한 지능형 문자-영상 변환 안내

서비스'를 구축하였다.

― 삼성전자의 사내 벤처 육성 프로그램 'C랩' 과제로 채택되어 7년
동안의 연구를 통해 개발된 릴루미노는 저시력 장애인의 잔존 시력을
활용해 사물의 인식률을 높일 수 있는 스마트폰 영상처리 소프트웨어
인 '릴루미노 앱'과 안경 타입의 웨어러블 기기인 '릴루미노 글래스'로
구성되어 있다. 스마트폰에 앱을 설치하고 글래스와 USB 케이블을
연결하여 사용한다.

2. 경향

1) 복지 기술 기반 지역사회 공동체 조성과 안심 안전 돌봄 지향

복지 기술에 기초하는 지역사회 공동체를 조성하고, 안심 안전 돌
봄이 일상화되는 지역사회를 지향하는 장애인복지정책이 지향되고
있다. 여기에서 말하는 '복지 기술 기반 지역사회 공동체'란 '디지털 과
학 기술을 이용하여 사회보장을 비롯한 사회복지 영역에서 다양한 서
비스를 제공하고 장애인과 지역주민 등이 가지고 있는 문제의 해결에
도움을 줌으로써 이들의 삶의 질 향상에 기여하는 것을 목적으로 하는
지역사회'로 정의한다. 따라서 복지 기술 기반 '지역사회 공동체'는 과
학 기술 활용과 지역사회의 경쟁력 향상이라는 핵심 그리고 삶의 질
향상이라는 목적을 추구한다.
복지 기술 기반 '지역사회 공동체'를 가시화하기 위한 핵심은 복지
기술의 적용과 융합을 통한 장애 친화적인 지역사회 시스템을 조성해

야 한다는 것이다. 이러한 '장애 친화적인 복지 기술 적용 지역사회 시스템'은 '장애인 복지 기술 기반 안심 안전 돌봄 체계'라고 할 수 있다. 가령 '장애인 복지 기술 기반 안심 안전 돌봄 체계'에 의한 보호는 요보호를 요하는 중증 장애인을 대상으로 하는 24시간 일상생활 관리 및 GPS를 기반으로 하는 보호뿐만 아니라 이른바 '비대면 돌봄'도 구현할 수 있어야 한다. 즉, 일상생활 설계와 이를 통한 가정 내 24시간 활동 및 움직임 등의 확인, 활동 지원사와 함께하는 외출 시 위치 정보 및 귀가 확인, 미귀가의 경우 외출 전후 상황 정보 확인, 휴대전화 분실 시 위치 정보 확인, 이동 경로 추적 확인 등은 안전이나 응급 관리 수준의 보호에서 비대면 방식이 포함된 일상생활 관리로의 확장을 가능하게 해야 하는 것이다.

'장애인 복지 기술 기반 안심 안전 돌봄 체계'는 장애인이 이용하는 장애인복지관, 주간보호센터, 재활치료센터 등은 물론이고 장애인을 대상으로 하는 활동 지원 서비스, 돌봄 및 의료 서비스 등과도 활발한 연계가 가능하게끔 뒷받침한다. 그 결과 통합적이면서도 동시에 개별화된 보호를 효과적으로 가능하게 한다. 특히 서비스 계획과 실행 등에 대한 실시간 다수 당사자 간의 공유를 통한 디지털 기반의 '지역사회 사례관리 회의'를 비롯하여 가족 등에 의한 직접 보호 형태의 관리를 유기적으로 실행할 수 있는 연계도 가능하게 한다. 이렇게 '장애인 복지 기술 기반 안심 안전 돌봄 체계'는 장애인이 생활 장면에서 자유롭고 당당하게 살아가게끔 디지털 과학 기술이 펼쳐내는 복지 기술의 실제적 적용을 담보한다.

2) 장애인 관련 복지 기술 빅데이터 형성과 활용

복지 기술을 적용할 때, 장애인복지 분야의 활용도 높은 핵심 데이터를 확보·생산·전달하려는 접근이 활발하게 진행된다. 실제로 '이동, 접근, 보조공학 활용 등에 관한 광범위한 데이터'를 확보·생산·전달하는 일들이 일상화된다. 또한 '장애인 생산품 및 취업 관련 데이터'를 확보·생산·전달하는 일들도 빈번하게 이뤄진다. 나아가 '장애인 복지시설 이용 당사자 및 서비스, 종사자 관련 정보'들도 확보·생산·전달이 자연스럽게 일어난다. 결과적으로 어떤 형태로든 사회적인 서비스를 제공받게 되면 그와 관련된 모든 정보는 데이터화되고 공공과 그와 관련된 기관들에 저장되어 향후 이뤄지는 서비스에서 활용된다.

3) 장애인의 재난과 안전을 지원하는 복지 기술 적용의 확대

장애인의 재난과 안전을 지원하는 복지 기술 시스템 강화가 이뤄지고 있다. 행정안전부와 보건복지부는 장애인 재난·안전 지원 정책 기반 구축과 시청각 장애인을 위한 경보·피난·안전 설비 기준 강화 그리고 장애인 재난·안전 교육 및 대응 매뉴얼 개발·보급 사업을 활발하게 진행하고 있다. 그 결과 관공서 및 사회복지시설의 경우 장애인 재난·안전 지원시스템이 상당 부분 갖춰지게 되었다. 나아가 장애인이 생활하는 지역사회 곳곳에 복지 기술을 통해 작동하는 장애인 재난·안전 지원 시스템이 민관 협력 및 연계에 의해 갖춰지고 있다. 특히 장애인복지 실천 현장에 설치된 응급 안전 안심 서비스와 연계하여 인공지능 학습 모델 기반의 인공지능 알고리즘을 적용하는 복지 기술의 적용도 점차 가시화되고 있다. 아울러 가정 내에서 지체장애인, 뇌병변장애인과 이동과 활력에 어려움이 있는 경우 이들의 생활 패턴, 이상 징후, 응급 알림에 대한 지식 표현 및 추론 알고리즘을 적용하기 위해 설치된 '디지털 센서'를 활용하여 사용자의 동선·낙상신호 원천 데이터를 수집하고, 그 결과 일상생활 돌봄 플랫폼 기반으로 데이터를 '수집 저장·정제·분석·가공'하여 지식 표현 및 추론 알고리즘을 고도화해 가고 있다.

III. 복지 기술의 윤리적 이슈

이렇게 사회복지 분야에서의 복지 기술의 획기적인 개발과 효과적인 적용은 여러 면에서 장애인과 노인을 비롯한 사회 취약 계층의 삶의 질을 향상시키는 데 기여하고 있다. 그럼에도 최근 윤리적 이슈로 가장 크게 대두되는 사안들이 있다. 이 이슈들이 문제가 되는 것은 사회복지 분야에서 쉽게 해결하지 못하고 있다는 데 있다.

사실 사회복지는 사회적인 항상성(恒常性), 즉 사회 내부 환경을 안정적이고 상대적으로 일정하게 유지하려는 현상을 지속하게끔 돕는 사회 제도이기 때문이다. 사회는 항상적 현상이 유지되기 위해서 몇 가지 필수적인 제도적 기능을 수행해 왔다. 일차적으로 생산·분배·소비를 담당하는 경제 제도와 사회통제를 담당하는 정치 제도 그리고 사회화와 사회통합을 담당하는 가족 및 종교 제도가 있다. 이와 함께 필수적인 제도로서 상호 부조를 담당하고 각 사회 제도를 교차하며 통합하는 가교적인 사회복지 제도가 존속해 왔다(이준우, 2021). 따라서 이미 복지 기술이라는 국가적 화두 속에 기술개발의 복지적인 실현 또는 실험 현장이기도 한 사회복지 실천 현장에서의 개인정보 권리와 관련된 윤리적 이슈들은 어느 정도는 감안하거나 감내해야 할 사항일 수밖에 없다고 보는 것이다. 이에 대해 인간이 구성한 집단, 조직, 사회가 과학 기술이라는 매개체로써 만에 하나라도 구성원을 억압하고 불평등하게 처우하며 인권을 유린하는 방식으로 작동한다면, 그러한 구조를 직시하고 적극적으로 대응하여 보다 나은 구조를 조성하기 위해 평등한 권리보장과 정의로운 사회를 추구하는 사회복지 실천의 행위 양식을 규명하고 시대에 조응하여 변화할 것이 요구된다.

1. 관리와 통제의 도구화라는 의구심

디지털 과학 기술과 함께하는 한국의 사회복지 실천은 '복지 기술'을 관리와 통제의 도구로 사용할 가능성을 전면적으로 전환하여 '기술 불평등 완화와 사회 정의'의 가치를 실현하기 위해 애써야 할 시점이다. 신자유주의적 가치가 여전히 강력하게 한국 사회를 가득 채우고 있는 오늘날, 사회복지 실천이 복지 기술을 활용하여 서비스 이용자들이 현존하는 사회체제에 적응하도록 유도하는 '관리와 통제'의 사회 서비스로 비춰질 여지가 커지고 있다.

한국의 사회복지 전달 체계는 전자정보망을 통해 서비스 이용자들은 물론이고 거의 대다수 사회복지시설의 관리 운영 체제를 일사불란하게 장악한 형태로 이뤄져 있다. 정보 접근 권리가 부여된 공공의 힘에 의해 언제든 모든 사회복지 관련 정보와 자료들이 유출되거나 악용될 소지가 있다. 그렇게 되지 않아야 하고 그렇게 되지 않을 것이라고 예상하지만, 만에 하나 국가 권력의 왜곡된 의도가 개입하게 되면 언제든 과학 기술에 의해 형성된 전자정보망은 오도될 수 있다.

2. 복지 기술의 적용을 통해 '장애 또는 질환' 등을 사라지게 할 수 있다는 과신의 확장

복지 기술은 사회복지의 대상이 되는 사회적 취약 계층의 편리와 욕구를 충족시키는 데 큰 몫을 감당한다. 그럼에도 동시에 '정상성'으로 규정한 다수 사회 구성원과 같은 세계에 속하지 않는 존재와 그를 둘러싼 환경을 소수자와 소수집단으로 몰아가는 데에도 일조한다. 복지 기술을 적용하면서 그 기술의 혜택을 받는 사람들을 '낙인'한다.

대표적인 예로 장애와 질병에 대한 한국 사회의 내재된 혐오 인식은 장애인 또는 환자가 질병과 장애를 '극복'하고 살아가는 모습을 지속적으로 그려주면서, 한편으로는 '극복'이라는 희망의 기표를 선전한다. 또 다른 한편으로는 장애를 극복의 대상으로 낙인찍으면서, 장애인들이 사회적으로 고립되어 살아온 역사를 계속해서 반복하도록 만든다. 이러한 태도는 흔히 의료 기술과 소비를 통해 치료되었거나 신체적으로 이전보다 훨씬 나아진 장애인의 상태를 가시적으로 홍보하는 모습 속에서 드러난다. 장애나 질병을 곧 사라지거나 개선될 것으로 홍보하면서, 그동안 비록 장애와 질병을 안고 있지만 그 몸을 통해 존재하고 살아온 시간이 단번에 폄하되고 가치 절하된다. 최근에는 장애와 질환을 갖고 있는 사람들을 대상으로 복지 기술이 동반된 제도로서의 사회복지서비스를 통해 그들의 고통을 경감한다는 취지의 접근을 수행하면서, 동시에 이들을 서비스 대상자라는 이름으로 낙인찍는다. 더욱이 복지 기술을 통해 치료와 재활을 완벽하게 이뤄낼 수 있다는 신화적 망상이 장애인들과 중증 질환자들을 사회적 동정심의 시선에 가두고 시혜의 대상으로 간주하면서, 장애와 질환에 대한 사회적 차별을 더욱더 공고히 하는 이중적 모습을 포착하게 된다.

3. 사회복지 실천의 생태적 한계에 따른 개인정보 권리 침해 현상의 만연

신자유주의와 시장 중심의 경제를 이어 온 사회 환경 안에서 정부 주도적인 사회복지가 발전하여 사회복지기관 및 시설이 확산되고 운영되면서 사회복지 실천도 법 제정, 교육과 자격증의 확산으로 제도화되고, 사회복지서비스 이용자를 관리하는 사회복지 실천이 다시 관리된다. 관리와 통제는 신자유주의 시대 휴먼 서비스직들이 공통으로 당면하는 문제이고, 사회복지 실천은 여기에서 절대 자유로울 수 없다(박선영, 2016).

물론 사회복지 실천은 사회 취약 계층을 중심으로 심리 사회적 기능의 증진, 사회 적응과 기능의 향상, 사회경제적 압박의 완화와 임파워먼트 등(Payne, 2005)의 방식으로 불평등을 완화하고 사회경제적인 자원의 재분배에 참여하며 사회 정의를 구현하는 데 힘쓴다. 그러나 동시에 사회복지 실천은 소속한 사회의 논리에 복무해야 하는 경계선에 위치한다. 그 결과 사회복지 실천은 생래적 모순을 안고 있다. 즉, 사회복지 실천은 다수 사회구성원의 소수집단에 대한 포섭과 배제를 동시에 실행하는 정치권력의 핵심 매개체로 기능해 올 수밖에 없는 본래적인 한계를 갖고 있다. 사회복지 실천은 사회적인 약자들을 구심적으로는 포섭하면서 동시에 원심적으로는 밀어내어 취약한 사람들의 공간을 형성해 내는 역할을 해 왔다.

그런 면에서 사회복지 실천의 일환으로 진행되는 복지 기술의 적용은 사회적으로 취약한 사람들의 개인정보 보호 권리를 일정 부분 양해받아야 함을 당연히 전제한다. 국가적 차원에서 복지 기술에 기반한 다양한 사회서비스들을 제공받음과 동시에 개인적이고 내밀한 자신의 서비스 경험을 정보로 고스란히 국가에 헌납하게 된다. 그러다 보니 이들 사회 취약 계층의 서비스 이용 경험으로 국가 권력의 통제와 감시 능력이 어떻게 기능하고 이뤄지는지를 실험할 가능성도 간과할 수 없다. 그 결과, 디지털 감시와 단속 사회를 사전에 점검할 수 있는 대상이 될 수도 있다. 이미 복지 기술에 의한 사회복지 및 사회서비스를 제공받는 대상에 대한 빅데이터 수집과 저장 및 활용 등이 용이하게끔 제도화되고 있다. 그와 같은 개인정보 권리 침해 현상이 충분히 만연해질 수 있는 환경이 조성되는 것이다.

IV. 복지 선교 실천윤리

복지 선교는 오늘날 사회복지 제도의 한계를 넘어설 수 있는 새로운 '인간 복지 대안'으로 기능할 수 있다. 기존의 사회복지가 다중의 인식 및 행위 주체를 인정하고 계층이 기준이 아니라 동등한 구성원들의 관계, 상호 이해와 학습을 중시하여 경쟁이 아닌 경합하고 상보하며 변화 가능성을 촉진하고자 노력함에도, 실제 서비스 개입 실천 현실에서는 사회 취약 계층에 대해 '없는 사람들', '그들', '저들' 혹은 '대상자'로 명명하면서 다중의 잠재력을 무시하고, 오히려 계층 분리를 조장하고 저항과 적대감을 유발하는 접근도 횡행하고 있기 때문이다.

그런데 복지 선교는 일반 사회복지 실천과의 소통과 연계를 중시하고, 동시에 사회복지 실천 방법과 기술의 유사성을 갖고 있으면서도 생명 존중과 인간 사랑이라는 가치를 서비스 실행 과정과 내용 속에 투영하는 행위 자체가 곧 서비스 개입의 목표가 되는 독특한 성격을 견지한다.

1. 복지 선교의 개념

복지 선교는 성경적 기독교 사회복지 실천으로서 사람과 세상을 하나님의 형상으로 회복시키는 예수 사랑 회복 운동이다(이준우, 2024). 예수 사랑 회복 운동으로서 복지 선교는 하나님과 깊은 사랑의 관계 속에서, 하나님과 함께, 하나님이 기뻐하시는 의를 성취하여 뜻이 하늘에서 이뤄지듯 땅에서도 이루어지게 하는 사역이다. 이는 성육신하신 예수 그리스도를 모범으로 삼고 예수님처럼 살아가려는 기독교 영성에 기초한 실천 활동이다(이준우, 2024).

모든 국민의 인간다운 생활을 보장하기 위하여 생활 속의 곤란한 문제를 개인, 집단, 지역사회 수준에서 예방하고 보호하며 치료하고 회복하기 위한 민간 및 공적 개입 프로그램, 서비스, 제도 등의 총체적인 체계를 사회복지라고 정의할 때, 이러한 체계를 전문적인 방법으로 실천하는 통합적이며 종합적인 행위를 사회복지 실천이라고 할 수 있다. 이같이 제도화된 사회복지 실천을 기독교적인 관점으로 재구성하면, '사회복지 실천은 창조주의 창조 이념에 의해 지음 받은 인간에로의 회복 운동'이라는 개념으로 정리할 수 있다. 즉, 하나님의 형상으로서의 인간성을 회복할 수 있도록 인간 개인은 물론이고 이 세상의 질서와 구조를 포함한 사회적 환경도 인간성 회복을 뒷받침할 수 있도록 변화시켜야 한다(이준우, 2024). 이런 맥락에서 전문 사회복지 실천이 '기독교적 가치관의 틀'을 통과하여 '복지 선교'로 개념화되어 '복지 선교' 실천이 대안적 '선교와 목회'의 일환으로 대두된다(김창환·이준우, 2024).

그리스도인의 모든 사역의 기초는 그리스도의 사역이다. 하나님께서 자기의 일을 위해 아들을 보내셨듯이 그 아들도 자기의 일을 위해 우리를 보내신다. 예수는 자신의 사역을 통해서 교회가 해야 할 일을 모범으로 보이셨다. 예수의 사역을 들여다볼 때, 거기서 복음 사역과 복지 사역이 함께 동반되고 있는 것을 분명하게 발견하게 된다. 예수 그리스도는 천국 복음을 전파하시면서 '병든 자와 모든 약한 것'을 고치셨다. 예수의 사역 가운데 복음 사역과 복지 사역은 동시적이고, 가변적이었으며, 언제나 서비스 이용자 중심이었다. 동시적이었다는 것은 병을 고치면서 죄를 사하시고, 떡을 먹이시면서 하늘에서 내려오신 참 떡을 논하신 것처럼 복음 사역과 복지 사역이 동시에 진행되었다는 것을 의미한다. 가변적이었다는 것은 복음 사역에서 복지 사역으로, 복지 사역에서 복음 사역으로의 전환이 언제든지 가능했다는 말이다. 서비스 이용자 중심이었다는 말은 예수를 찾아온 사람의 필요(need)가 예수 그리스도 사역의 성격을 결정하였다는 것이다.

예수 앞에 병든 사람이 찾아왔을 때 그는 자기의 영혼 구원 사역을 멈추고 치료 사역을 하지 않을 수 없으셨다. 가난하고 소외되며 마음에 상처를 가진 사람들을 만났을 때는 친구가 되고 위로하는 심리 정서적인 지원을 하셨고, 배고픈 군중을 볼 때 그는 급식 사업을 시행하셨다. 여리고로 내려가다가 강도를 만난 사람 곁에 복음 전도자가 지나가게 되었다면 그는 잠시 복음 전도하는 역할을 포기하고 긴급 구조자로서의 역할을 해야 하는 것이다. 예수의 이 비유에서 죽어 가는 사람을 내버려 둔다는 것은 일종의 죄악에 해당하는 것처럼 보이기까지 한다. 예수의 이러한 태도는 세상을 사랑하시되 끝까지 사랑하신 아가페적인 사랑의 자연스러운 발현이었을 것이다.

예수의 복음 사역과 복지 사역을 뒷받침하는 복지 선교 사상은 크게 두 가지로 요약할 수 있다. 그 하나는 가난한 자, 병든 자들에 대한 치유다. 다른 하나는 가난하고 핍박받는 사회의 약자들에 대한 권익을 옹호하는 일이었다. 이러한 복지 선교 사상은 경제적으로 어려운 고아, 노인, 장애인에 대한 권리 옹호와 사회적 부조리를 고발한 구약시대 예언자들의 전통 노선과 율법을 존중하게 되어 예수는 당시 부유층, 권력층과 정면으로 충돌하는 결과를 가져왔다. 그러나 예수의 이러한 행동들은 그들과 충돌하기 위한 것이 아니라 궁극적으로 '하나님 나라의 완성'과 '참된 인간성 회복 운동'을 의미하였다.

특히 예수 그리스도의 가르침은 가난한 자와 사회적으로 버려진 자들에 대해 자비와 인권을 회복해야 한다고 역설했다. 즉, 포로된 사람이나 억압받는 사람에게 자유를, 빚진 사람에게는 빚으로부터, 노예는 속박으로부터 해방 받아야 한다고 역설했다(누가복음 4:18-19). 그리고 죄인들, 세리들과 함께 식탁에 앉음으로써 인간 평등의 모범을 보이고 실천하였다. 이러한 예수 그리스도의 행위는 당시 사회의 기득권자와 권력자들에게는 반사회적이고 반체제적이고 반종교적인 행위였으며, 하나님의 율법을 모독하는 행위로 보여 이들에게 반역자로

몰려 십자가에 못 박히게 되었다. 그러나 예수는 가난하고 억눌린 사회의 약자들에 대한 인간성 회복을 위한 모범으로 남으셨다.

그래서 성경에서 복지 선교는 인간의 기본적인 도덕적, 윤리적 품성을 표현하는 덕으로서 묘사되었다. 이것은 의무나 보상의 차원을 넘어서 사람으로서 당연히 지켜야 할 인격적 품성을 요구하는 것이다. 다시 말하면 복지 선교적인 행위를 하는 것은 인간으로서 당연하고 자연스러운 행위일 따름이라는 주장이다. 자신이 고난 당한 적이 있으니 고난 당한 사람들을 돌보는 것이 당연하고, 거저 받은 적이 있으니 거저 주어야 하며, 남에게 도움을 받고자 하면 당연히 남에게 도움을 줄 수도 있어야 한다는 당위론적인 접근이다. 여기서 중요한 것은 가난한 사람들을 만날 때 불쌍한 마음이 생기는 것이 인지상정이고, 이러한 자연스러운 인간의 성향을 실천하는 행동이 복지 선교인 것이다.

더욱이 성경은 복지 선교적인 행위의 근거로서 하나님의 성품을 제시한다. 하나님의 성품은 자비하고, 인자하며, 공의로우시고, 공평하시다. 복지 선교는 이러한 하나님의 성품에 근거한다. 하나님이 자비로우시기 때문에 전당 잡은 옷을 돌려주어야 하고, 빚은 탕감되어야 하며, 원수까지도 사랑해야 한다. 하나님은 공의로우시기 때문에 사회에서 억울한 일을 바로잡아야 하며, 올바른 사회구조가 정착되도록 노력하고 주장해야 한다. 하나님은 전지하시기 때문에 은밀하게 구제해야 하고 자랑하지 말아야 한다. 더 나아가 하나님은 전능하시기 때문에 우리의 구제와 선행을 보상하실 수도 있다. 이러한 교훈들은 모두 복지 선교가 신의 성품에 근거한 것이면서 동시에 신의 성품과 조화된 활동이라는 것을 의미한다.

기독교는 궁극적으로 부활과 하나님의 나라를 지향하는 종교다.

하나님의 나라는 하나님의 뜻이 하늘에서 이루어진 것 같이 땅에서도 완전히 이루어진 상태를 말한다. 그 나라의 완성은 미래적이지만, 그 나라를 향한 과정은 현재적이다. 그런 면에서 복지 선교는 하나님의 나라를 소망하는 사랑의 실천으로서의 봉사다. 복지 선교가 하나님의 나라를 전제로 하기 때문에 삶과 죽음을 초월한 사랑이 가능해지고 십자가의 죽음과 부활이 실제적인 복지 선교에 적용될 수 있다. 이러한 관점에 근거한 복지 선교는 단순한 구제나 국가적 차원의 사회복지에 대한 참여에 그치는 것이 아니라 모든 소외와 고립 그리고 분리의 문제가 극복된 새로운 공동체를 형성하는 보다 높은 차원의 사회적 과제를 추구하는 것이다.

이러한 관점에서 복지 선교는 심리적, 경제적, 신체적, 사회적, 정치적, 문화적, 더 나아가서 영적인 면까지 모든 억누르는 것으로부터 궁극적이고 종말론적인 해방을 추구하는 활동이라고 볼 수 있다. 일반 사회복지는 모든 시민의 기본적인 삶의 질과 안정적 생활을 목표로 하고, 사회복지 실천에서는 서비스 이용자의 사회적 적응을 그 목표로 한다면, 복지 선교의 중요한 목표는 예수 그리스도를 통한 참된 자유와 해방이라고 할 것이다.

2. 복지 선교의 이념

복지 선교는 일반 사회복지의 이념과는 달리 성경의 진리에 근거한 기독교인의 사회윤리관에 기초한다. 이는 구체적으로 예수의 정신과 생활로부터 규율되는 원리로서 복지 선교의 이념이 된다. 복지 선교는 하나님의 형상으로 지음 받은 인간 모두의 가치적 존재를 인정한다는 측면에서 초월적 절대자에 대한 신앙적 순종이다(요한복음 15:12). 이러한 윤리적으로 책임 있는 주체로서 각 사람을 사회적으로 불러 세우는 신앙 혹은 종교적인 윤리에 의해서만 진정한 복지 선교는 완성된다.

이러한 기독교적 사회윤리관은 성경 가운데 그 근거를 모두 발견할 수 있다. 먼저 인간 존엄성의 시원(始原)인 구약성경의 창세기에 의하면 인간은 하나님의 형상에 따라서 창조되었고, 그 인간은 하나님의 말씀에 순종하여 피조물을 다스리는 힘을 받고 있는 것이다. 이 사상은 자연히 인간을 피조물의 정점에 세운다(창세기 1:26-28). 기독교적 인간관의 대표적인 것은 "하나님이 세상을 이처럼 사랑하사 독생자를 주셨으니 이는 저를 믿는 자마다 멸망치 않고 영생을 얻게 하려 하심이라"고 하였다(요한복음 3:16-17). 이와 같이 인간은 하나님이 사랑하는 아들을 보내 세상을 구원하려는 사명감을 가지고 사랑하는 존재다. 이를 위해 예수가 진실로 그리스도로서 실행한 수많은 사랑의 실천, 그것은 결국 속죄의 십자가에까지 이른다(골로새서 1:20).

따라서 복지 선교는 이상과 같이 성경 가운데서 증언되고 있는 피조물인 인간이 현실의 세계와 내적인 관계 속에서 인간으로서 그 가치를 잃고 있는 상황을 인식하는 것이 출발점이 된다. 그래서 기독교의 창조 신앙에 기초한 인간 이해는 복지 선교의 전제적 인식을 이루는 것으로, 복지 선교에서 '복지'의 의미가 인간 회복이라는 것도 인간을 진실로 인격적인 존재로 하는 창조주 하나님에로의 신앙의 결과이다. 그러므로 복지 선교의 본질이 인간 윤리적이라면, 복지 선교는 그 자체로서 창조주의 구속사를 확인하고 따르는 행위여야 한다. 이는 다분히 모든 창조된 인간을 사랑하는 작업이다. 인간을 위하여 예수가 죽음을 이기고 부활한 것은 기독교인 스스로가 예수처럼 남을 위해 봉사적으로 살아야 함을 요청하는 것이다.

3. 복지 선교 실천의 윤리적 원칙

복지 선교 실천 현장에는 일반 사회복지 실천보다도 몰아적(沒我的)이고 이타적(利他的)인 직업윤리의 적용이 요구된다. 이는 복지 기술이 광범위하게 활용되는 오늘날 한국의 사회복지 실천 현장에 필요한 윤리적 원칙으로 제시되어야 한다. 이와 같은 윤리적 원칙은 복지 기술의 윤리적 이슈를 해결하는 첩경이 될 수 있다.

1) 자율성 존중의 원칙

복지 선교 사역자와 서비스 이용자의 관계는 기본적으로 평등한 관계가 아닐 것으로 생각될 수 있다. 때문에 서비스 이용자의 자율성은 쉽게 무시될 가능성이 있다. 창세기 1장에 나오는 선악과 사건은 절대자이신 하나님께서 피조물인 인간을 얼마나 자율적인 존재로 인정하셨는지를 보여 주는 대표적인 사건이다. 비록 인간에게 '치명적인' 결과(창세기 2:17)를 초래할 가능성이 있음에도 불구하고 하나님은 선악을 알게 하는 나무에 대한 인간의 자율적 접근을 강제로 막지 않으셨다. 인간의 자율성의 근원은 '스스로 계신 자'(출애굽기 3:14)이신 하나님의 형상을 따라 지음 받음에 기인하며 마땅히 존중되어야 한다.

이에 복지 기술을 동반한 다양한 사회서비스들을 제공받을 때도 서비스 이용자의 자율성이 보장되어야 하는 것이다. 자율성(autonomy)

은 자기규제(self-rule), 자기통제(self-governance)의 어원에서 기원한 것으로 모든 개인은 자신의 행동 과정을 선택할 자유가 있고, 그러한 방법 속에서 의사결정이 내려지며, 선택의 자유와 자신의 행동에 대한 책임을 진다는 것이다. 자율성의 개념은 행동의 자유와 선택의 자유, 두 가지를 중요시한다. 따라서 자율성의 개념은 한 개인의 선택이 타인의 권리를 침해하지 않는 이상, 비록 그것이 명백한 실수라고 여겨질 때도, 가능한 한 다른 사람의 자율적인 선택 권리를 존중해야 한다는 것이다.

이때 복지 선교 사역자들은 서비스 이용자에 대해 '보호자적 온정주의'로 기울게 되는 경향을 주의해야 한다. 복지 선교 사역자들은 필요하다면 서비스 이용자의 행복을 증진시키는 수단으로 그들에게 강요하는 대가를 치르더라도 그들의 행복을 증진시키고 고통을 방지하도록 요구할 것이다. 하지만 이러한 복지 선교 사역자의 서비스 이용자에 대한 '보호자적 온정주의' 태도는 이들의 문제에 대한 편견과 차별을 심화시키고 사회적 환경 속에서 서비스 이용자 스스로의 자율성 행사에 지장을 초래(교통, 건축, 경제활동 등)하기도 한다. 결과적으로 서비스 이용자에 대한 잘못된 사회 제도를 수정하는 데 큰 방해가 될 수도 있다. 서비스 이용자가 당사자로서 자신들의 권리를 이해하고 스스로 문제가 되는 사회적 장벽들을 제거해 나가려는 노력을 기울이기도 전에 이미 전문가 집단을 통해 문제들이 상당히 개선됨으로 인해 자기 옹호를 할 기회를 박탈당한 결과가 될 수도 있다는 것이다.

2) 악행 금지의 원칙

서비스 이용자에게 해로운 결과가 예상되는 실험이나 치료의 금지, 불필요한 생명유지장치의 철회와 같은 내용을 포함한다. 비 악행의 원칙 역시 인간이 우연에 의한 존재가 아니고 태초부터 각자의 부르심의 소명 안에서 하나님의 형상을 따라 지음 받은 존재라는 점에 근거를 두고 있다(창세기 1:26). 인간의 생명은 하나님께 속한 것이며(사무엘상 2:6), 인간의 육체는 하나님의 성령이 거하시는 성전이다(고린도전서 3:19). 다른 사람의 생명을 해하는 것은 십계명 중에서 여섯 번째 계명을 어기는 것이다(출애굽기 20:13).

이렇게 악행을 금지하는 원칙은 근본적으로 비해성(non-maleficence)을 준수하는 것으로 구체화된다. 비해성은 남을 해롭게 하지 않을 의무와 함께 해로운 환경을 미리 방지하거나 제거하는 것을 포함한다. 서비스 이용자들을 해롭게 하는 혹은 해롭게 할 가능성이 있는 행위들을 삼가고 금지해야 함을 말한다. 복지 선교 사역자는 인간 행동에 대한 지식과 이것을 인간의 목적을 촉진하기 위해 사용하도록 요구되기 때문에 서비스 이용자를 해롭지 않게 하는 것을 본질적인 사명으로 명심해야 한다. 따라서 복지 선교 사역자는 윤리적으로 일관성 있고 사려 깊은 태도로 서비스 이용자를 도울 의무가 있다. 복지 선교 사역자는 서비스 이용자를 의도적으로 해롭게 할 수 있는 지위에 있을 뿐만 아니라 유기, 태만, 소홀, 방치 등으로 인해 사회 취약 계층인 서비스 이용자들을 해롭게 할 수도 있다. 결국 복지 선교 사역자는 서비스 이용자들을 해롭게 하는 일들을 피하기 위해 최대한 노력을 하여야 하며, 그러한 상황들에 대해 민감성을 지니고 있어야 한다.

3) 선행의 원칙

다른 직업윤리에서는 선행은 반드시 행해야 하는 의무 사항은 아니다. 그런데 복지 선교 실천윤리에서 선행의 원칙이 강조되는 것은 복지 선교 사역자를 '돕는 전문가'(helping profession)로 보기 때문이다. "내 이웃이 누구오니이까?"라는 율법사의 물음에 대한 예수님의 답변이었던 선한 사마리아인 이야기(누가복음 10:30-37)는 선행의 원칙을 잘 함축하고 있는 사례이다. 어려움에 처한 이웃에게 '이르러'(come where the man was), '불쌍히 여겨'(took pity on), '돌보고'(saw), "이 사람을 돌보아주라 비용이 더 들면 돌아올 때 갚으리라(follow-up care)"고 당부하는 사마리아인의 모습은 복지 선교 사역자의 실천 행위가 어떠해야 함을 보여 준다. 신구약 성경 전체를 통하여 일관되게 나타나는 율법의 핵심은 '내 이웃을 내 몸과 같이 사랑하는 것'(레위기 19:18; 마가복음 12:31-33)이었고, 말씀 그대로 예수님은 고아와 과부, 세리와 창기, 각종 병든 자들의 친구이며 복지 선교 사역자로서의 삶을 사셨다.

복지 기술이 적용되는 사회복지 실천 현장에서 이와 같은 선행의 원칙은 수혜성을 추구하는 구체적인 행위들로 나타난다. 수혜성(beneficence)은 타인을 위해, 중요하고 법적인 이익을 촉진하기 위해 돕는 것, 즉 남을 돕는 의무를 의미한다. 복지 선교에 있어서 수혜성의 원칙은 서비스 이용자들을 원조하는 의무를 통해 당사자의 합법적 이익과 중요성을 조장하고 촉진하는 것이다. 서비스 이용자들의 이익을 위해 행동할 의무는 복지 선교 사역자로서의 윤리적 측면의 핵심이 된다.

그런데 수혜적 행동에 관련된 몇 가지 문제는 서비스 이용자를 해

롭게 하지 않을 의무 및 자치성을 존중할 의무와 같이 다른 윤리 원칙
들에 의해 규정된 의무와 서로 상충하거나 갈등을 초래할 수 있다. 수
혜성은 복지 선교 사역자가 서비스 이용자들을 위해 선한 일을 하는
것으로서 궁극적으로 그들의 복지를 촉진하는 행동을 말한다. 복지
선교 사역자는 수혜성을 추구함으로써 서비스 이용자들의 복지와 행
복한 생활에 기여할 수 있다. 다양한 삶의 어려움을 짊어진 채 살아가
는 사회 취약 계층의 서비스 이용자들을 이롭게 하거나 도움이 되게
한다는 것은 복지 선교 실천에 있어서 본질적이다.

4) 정의의 원칙

이는 수요와 분배, 사회보장 급여와 관련된 분배 문제 등이 주로
다루는 부분이다. 자연히 공정성 확보의 원칙으로 볼 수 있다. 공정성
(justice)은 분배 정의(distribution justice), 공정(fairness), 도덕적 권리
(morally right), 평등(equal)과 같은 단어들이 중심이 되며, 분배적 공
정성은 자원과 서비스와 관련하여 누가 무엇을 가지느냐 하는 배분
혹은 할당과 관련된 공평성을 이야기한다. 분배의 정의는 사회 취약
계층의 서비스 이용자 생활의 질적 향상, 사회적 비용, 상대적 비용의
측정과 같은 세 가지 요인을 바탕으로 제한된 특정 서비스, 사회적 자
원과 의무를 균등하고 올바르게 배분하는 문제와 관련이 있다. 사회
는 흔히 관련 집단에 대해 공정한 결정을 해야 하는 의무가 있기 때문
에 공정성은 항상 법률과 관련한다. 공식적인 공정성의 의미를 지니
는 정당성은 적절한 차별성에 기초하여 공정한 사람은 공정하게 대우
하고, 비공정한 사람은 비공정하게 대우하여야 한다는 아리스토텔레

스의 주장으로부터 시작한다. 그러나 만약 그 불공정한 것이 부적절하다면, 그 사람은 공정하게 다루어져야 한다. 이렇게 공정성은 모든 사람은 동일한 권리를 갖고 있다는 전제에 기초하고 있다. 만약 사람들이 동등하게 취급되지 않는다면 각기 다른 조치를 요구하는 그 차이점들에 대한 이유가 무엇인지 논란이 있을 수 있다. 이 경우 두 가지 준거가 있다. 첫째, 욕구에 대한 공평성이며, 둘째, 노력과 기여에 대한 공평성을 고려할 수 있다.

복지 선교는 이와 같은 공정성 지향으로 나타나는 일반 사회복지 실천에서의 정의의 원칙을 포함하면서 동시에 보다 광범위한 측면을 포괄한다. 즉, 복지 선교에서 정의의 원칙은 인간을 그 지위나 재산의 많고 적음에 따라서 차별하지 말 것과 평등하게 다룰 것까지 주장한다. 그러나 획일적인 평등은 지적 장애인, 어린 아동과 같이 스스로의 권익을 주장하지 못하는 계층에게는 오히려 불평등이 될 수 있다. 상호의존성과 온정적인 접근을 공정성의 원칙 가운데 포함하여 고려한다. 왜냐하면 소외계층의 권익을 부모의 마음으로 대변해 주어야 할 필요가 있기 때문이다. 그래서 상호의존성과 온정주의를 정의의 원칙에 보완적으로 적용한다.

이는 평등이 오히려 손해일 수 있는 인권이 유린되고 말살되려는 상황에서 하나님의 정의를 깨우치고 회개를 촉구함으로써 인권을 되살리려 하였던 구약의 선지자들이나(미가서 3:1, 8, 9; 아모스 5:7, 15, 24), 범죄 현장에서 붙잡힌 창기에 대한 군중들의 분노 가운데에서 창기의 친구를 자처하신 예수님(요한복음 8:1-11), 늘 이방인과 어린아이의 편에 서셨던 예수님의 태도(마태복음 18:1-5; 19:13-14)는 약한 자의 편에서 정의를 실천하시는 하나님의 마음을 보여 준다. 또한 추수할 때 나

그네와 과부를 위하여 이삭줍기를 금하셨던 구약의 율법(레위기 19:9)은 오늘날 사회보장제도의 기본이 되는 성경적 온정주의라고 할 수 있다.

5) 유용성의 원칙

이는 '최소한의 투자로 최대의 유용성'을 창출하자는 것이다. 모세의 재판권에 대한 부담을 덜어 주기 위하여 장인 이드로를 통하여 천부장·백부장 제도(출애굽기 18:13-27)를 명하셨고, 보리떡 다섯 개와 물고기 두 마리로 오천 명을 먹이신 디베랴 바닷가의 기적(마태복음 14:13-21; 요한복음 6:1-15)은 성경의 효율성의 원리를 보여 주는 사건이라 할 수 있을 것이다. 복지 기술을 통해 전달되는 사회복지서비스는 최대한 서비스 이용자들에게 유용하도록 애쓰는 것으로 유용성의 원칙이 반영된다.

6) 정직함과 비밀 보장의 원칙

정직함은 복지 선교를 수행하는 사역자가 반드시 갖고 있어야 할 윤리적 원칙이다. 사도 바울은 이 부분에서 많은 가르침을 제공해 준다. 바울은 사람들을 속이지 않았고, 아첨하지 않았으며, 불순한 동기를 가지고 일하지 않았다(데살로니가전서 2:5-7). 그는 그리스도의 사랑을 보여 주기 위해 노력하였다. 사도란 그 자신을 사심 없이 주고, 다른 사람들이 성화된 삶을 살도록 격려하고 위로하며 재촉하는 일을 위임받은 사람이다. 그는 바로 이 사도로서의 사명을 정직하게 감당하려고 애썼다(데살로니가전서 2:3, 8, 10-12). 이렇게 정직함의 원칙을 준수하는 복지 선교 사역자는 동시에 서비스 이용자에 대한 비밀 보장의 원칙도 지켜야 한다. 서비스 이용자가 겪게 될지도 모를 희생적인 피해와 사고를 막기 위한 '합리적인 보호'가 비밀 보장을 통해서 이루어진다.

이상의 몇 가지 윤리적 원칙들은 복지 기술에 의해 제공되는 다양한 사회복지서비스들을 복지 선교적인 관점에서 면밀하게 윤리적 검토를 할 수 있도록 돕는다.

V. 대안적 사회복지로서의 복지 선교 실천

복지 선교 실천의 윤리적 접근은 기술 만능주의와 신자유주의, 첨예한 자본주의라는 거대한 구조적 질서 속에 기능하는 한국 사회의 현실과 이에 편승하여 복지 기술을 도구화하여 사회복지 실천을 수행하려는 경향을 비판적으로 인식하고 실천의 틀을 전환할 수 있는 '자유와 해방'을 모색하는 작업으로 큰 의의가 있다. 앞서 제시하였던 복지 선교 실천의 개념과 이념, 윤리적 원칙들을 토대로 현행 우리나라 사회복지의 대안적인 실천 방안이 무엇인지 복지 선교의 적용 가능성을 모색한다.

첫째, 하나님의 정의와 하나님의 형상으로의 인간성 회복의 가치를 반영하는 복지 선교 실천이 복지 기술을 사용하는 사회복지서비스 현장에 새로운 흐름으로 나타나야 한다. 복지 선교는 사역자들이 주도하는 것이 아니라 사역자와 서비스 이용자가 함께 실천할 것을 주장한다. 그들이 함께하는 활동은 하나님 나라를 실현하려는 강력한 의

지가 토대가 되며, 결과적으로 하나님의 정의와 참된 인간성의 회복이 이뤄지게 해야 한다. 이때 일반 사회복지에서 말하는 사회 정의와 인권 존중의 가치도 자연스럽게 실현된다.

둘째, 복지 선교는 국가 권력이 사회 취약 계층의 정보 권리를 침해하거나 그들의 개인정보를 오용하지 않도록 비판적 성찰의 순환성을 견지해야 한다. 비판적 성찰의 순환성은 잘못된 정치권력에 대한 감시와 비판의 기능을 수행하는 것으로 가시화된다. 이를 뒷받침하기 위해 복지 선교는 끊임없이 아가페적인 하나님의 사랑을 표현하는 사회적 실천 담론을 형성해 내고 이를 사회 전반에 유통시켜야 한다. 이는 사회복지 실천 현장 내부에서도 통용되어야 한다. 사회복지시설 내의 리더십의 일방적 권력 행사의 위험을 인식시켜 사회복지 실천가들 간의 평등한 관계를 유지할 것을 주문하는 실천의 전문적인 윤리를 복지 선교의 행위 속에 내포해야 한다. 나아가 사회복지 실천가와 서비스 이용자 간의 권력관계에도 주목해야 한다. 사회복지사와 서비스 이용자 간의 상호 역동적인 실천 관계에서 바라볼 수 있는 미시적인 차원에서 권력관계의 문제가 발생하지 않도록 복지 선교의 실천적 행위가 사회복지 실천 현장에 도전적으로 다가올 수 있어야 할 것이다.

셋째, 복지 선교는 복지 기술이 적용되는 다양한 분야에서 반성적 점검으로 나타나야 한다. 일반 사회복지 실천가들은 사회문제를 해결하는 개입 과정에서 난관을 만나게 되는 경우가 빈번하다. 복잡다단한 현실에 대응하는 총체적 개입을 효과적으로 실행하고 실천의 난관인 관료주의와 절차 중심의 관리 운영 방식 등을 극복하는 방안이 제시될 필요가 있다. 이에 반성적 점검을 제안할 수 있는 것이다. 복지 선교적인 관점에서의 반성적 점검은 하나님의 나라를 실현하려는 방향에서 성경적 관점으로 개인의 내부 요소인 심리, 가치, 신념, 감정 등을 향한 자기 성찰은 물론이고 거시적인 사회, 문화, 제도와 정책 등의 거시적 맥락에 견주어 사회적 이슈를 진단하는 성찰의 범위까지 모두 포함한다. 이때 기도는 강력한 힘이 된다. 기도는 하나님 또는 초월적 존재와의 의사소통이다. 기도는 매우 개인적인 영역이면서 동시에 문화와 종교적 신념 그리고 사회계층, 다양성과 실천적 태도를 나타내는 보편적 도구이기 때문이다.

ChatGPT와 연구윤리*

손화철 | 한동대학교 교양학부

I. 들어가는 말

2022년 11월 일반에 공개된 대규모 언어 모델을 기반으로 한 생성형 인공지능 ChatGPT 3.5와 2023년 3월 공개된 ChatGPT4.0은 짧은 시간 동안 전 세계에 큰 파장을 일으켰다. 특히 지식 생산의 주체인 각 분야의 연구자들에게는 상당한 충격과 혼란 그리고 여러 가지 생각거리를 안겨주었다. 본 연구는 ChatGPT가 대표하는 생성형 인공지능을 연구의 도구로 사용할 때 고려해야 할 연구윤리적 쟁점들이 무엇인지를 차례로 알아보고, 새로운 시대에 바람직하고도 설득력 있는 연구윤리 지침의 가능성을 모색한다.

갑자기 등장한 신기술을 오랫동안 받아들여진 연구윤리의 기준과

---

* 이 장은 2023년 한국지식경영학회의 학술지 「지식경영연구」 24권 3호에 같은 제목으로 발표했던 논문을 약간 수정하여 그대로 옮긴 것이다. 이 글은 ChatGPT에 집중하고 있으나, 내용상 생성형 AI 일반에 대한 것으로 읽어도 무방하다.

연결할 때 다른 연구를 참고하고 분석하는 전형적인 학술 연구의 틀은 별로 유용하지 않다. 관련된 자료도 많지 않을뿐더러 그 자료 중 학술적 영역에 속하지 않는 것들도 많다. 따라서 본 연구에서는 이 새로운 기술이 제기하는 문제들을 잘게 나누어 분석하고 기존의 연구윤리에서 중요하게 다루어 온 주제에 대입해 보는 방식을 취할 것이다. 그 과정에서 ChatGPT가 연구윤리의 원칙뿐 아니라 그것들이 전제하는 연구라는 행위에 대한 기본적인 이해까지 건드리고 있음이 드러날 것이다.

먼저 II에서는 ChatGPT의 사용과 관련해서 여러 주체가 내놓은 가이드라인을 살펴보는 것으로 시작한다. 이들 가이드라인이 전반적으로 어떤 입장과 방식을 취하고 있는지 또 어떤 의미와 한계를 가지는지를 큰 틀에서 점검할 것이다. 이를 통해 지금까지의 관련 논의가 ChatGPT를 사용하는 방법에 치중되고 연구윤리를 적발의 차원에서 이해하는 접근과 연결되어 있음을 확인할 수 있다. 그러나 허용과 불허, 적발과 처벌의 관점에서 접근하는 것은 연구윤리의 원래 취지와 맞지 않을뿐더러, 지금처럼 새로운 방법론이나 기술이 등장했을 때 관련 논의를 표피적 수준에 머물게 하는 부작용을 낳는다. 이 글에서는 연구윤리에서 중요한 주제로 삼는 기본 요소들을 ChatGPT와 연결시켜 논의하되, 왜 그 항목들이 연구윤리에서 지양해야 할 것으로 받아들여지는지에 대한 논거를 중심으로 진행하려 한다.

이에 따라 3절부터 6절까지는 표절과 인용, 위조와 변조, 올바른 저자 표시, 연구자 공동체와 연구자의 사회적 책임 등 연구윤리에서 핵심이 되는 주제들을 차례로 나열하고 ChatGPT와의 연관성을 분석한다. 이를 통해 연구윤리의 원칙에 대한 근본적인 이해를 명확히 하면

ChatGPT의 새로운 가능성을 어떻게 이용해야 할 것인지에 대한 지침을 어느 정도 도출할 수 있음을 보이게 될 것이다. 7장에서는 기존의 연구윤리가 전제하던 연구의 정의가 ChatGPT를 비롯한 인공지능기술의 도래로 큰 도전을 받고 있음을 지적할 것이다. 요컨대 ChatGPT의 도전은 단순히 이 기술을 사용할 것인지 여부나 어떻게 사용할 것인지에 대한 것이 아니라 연구 자체를 어떻게 이해해야 할지의 문제이다. 이는 향후 연구자 집단의 토론과 합의를 요구하는 중요한 주제가 아닐 수 없다.

II. ChatGPT 관련 가이드라인

대규모 언어 모델인 ChatGPT는 자연스러운 인간의 언어를 제시하는 기능을 중심으로 개발되었기 때문에 이메일 작성이나 문서 요약 등 다양한 서류 작업에서 인상적인 결과를 내놓고 있다. 그래서 이미 많은 직장인이 ChatGPT를 업무에 이용하고 있는 것으로 알려져 있다. 이 과정에서 정보 유출과 같이 일부 문제가 되는 경우가 있지만, 일정한 도움이 된다고 판단하는 이들이 많은 듯하다(미래전략센터, 2023).

각급 학교의 경우에는 유용성 여부만으로 판단할 수 없는 부분이 있다. 지식을 배우고 역량을 키우는 과정에서 ChatGPT를 사용하는 것이 과연 유익하고 적절한지에 대한 판단이 직장에서와 같을 수 없기 때문이다. 특별히 학생들이 과제물을 작성하고 제출하는 과정에서 ChatGPT를 사용하는 경우에 대한 문제 제기가 이 기술의 서비스 출시 초기부터 제기되었다. 고려대학교(2023)에서는 ChatGPT 출시 4

개월 만에 "ChatGPT 등 AI 기본 활용 가이드라인"을 발표하여 이 기술의 사용과 관련한 우려 사항을 나열하고 사용 가이드라인을 제시했다. 이 가이드라인에 따르면 수업에서 ChatGPT를 허용할 것인지 여부는 교수가 결정하되, 교수는 이 기술의 한계를 학생들에게 명확히 전달하고 윤리 교육을 실시해야 한다. 또 ChatGPT를 활용하는 방식으로 과제를 줄 것을 제안하기도 하였다. 성균관대(2023), 중앙대(2023), 전북대(2023), 세종대(2023) 등이 비슷한 가이드라인을 제시하였는데, 모두 ChatGPT의 사용을 원천적으로 금하는 것 대신 허용하되 조심해서 사용하는 방안을 택했다.

하지만 지식을 습득하는 단계의 학생이 ChatGPT를 사용하는 것과 지식을 생산하는 교수와 연구자가 이를 사용하는 것은 전혀 다른 차원의 논의를 필요로 한다. 학생 교육과 관련해서는 상대적으로 여러 제안이 있었지만(UNESCO, 2023), 연구자가 ChatGPT를 어떻게 사용해야 할지에 대한 논의는 아직 제한적이다. *Nature*지와 *Science*지와 같은 해외 유명 학술지들이 일정한 가이드라인을 제시하기는 했으나, ChatGPT를 저자로 인정할 수 없으며 연구자 스스로의 노력에 의한 연구 성과만을 인정할 수 있다는 최소한의 원론적인 입장을 제시하고 있다(윤영혜, 2023; Cacciamani et. al., 2023). 2024년 11월 현재, 국내 학회 중에 이와 관련한 자체 지침을 마련한 사례는 거의 없는 것으로 보인다. 이는 ChatGPT를 사용하는 다양한 방법에 따라 또 학문 분야에 따라 다양한 활용 사례가 있기에, 사안 자체가 복잡하고 이 기술에 대한 여러 가지 입장이 갈리기 때문일 것이다.

*ACS Nano*라는 학술지(2023)는 편집자 논평을 통해 연구에서 ChatGPT를 활용할 수 있는 경우와 활용해서는 안 되는 경우를 비교

적 상세하게 제안하기도 했다. 이들에 따르면 ChatGPT는 자신의 아이디어를 효과적으로 표현하기 위한 단초나 생각하지 못한 비유를 만들어 내는 것, 독자에 맞게 제목이나 초록을 고치는 것, 문장을 다듬거나 읽기 좋게 고치는 것, 파이썬이나 다른 컴퓨터 언어로 코드를 짜는 것 등에서 유용하게 사용될 수 있다. 그러나 이 기술을 사용하는 것으로 야기될 수 있는 문제들도 함께 나열한다. 전반적으로 보아 너무 사용하기가 쉽기 때문에 창의력이 요구되는 연구 활동을 오히려 저해하고 연구자가 자기도 모르게 평이하거나 제대로 소화되지 않은 내용을 그대로 발표하기 쉽다는 것이다. 따라서 이들은 연구자들이 ChatGPT를 매우 조심해서 사용해야 하며, 사용할 경우에도 그 내역을 자세히 공개하고 제시된 문장이나 아이디어를 검토 없이 그대로 쓰는 일은 절대로 피해야 한다고 권고한다. 그러면서 이들은 "궁극적으로 과학 논문은 인간이 만든 데이터와 인간의 해석에 의존하기 때문에 과학적 이야기는 인공지능 기반의 언어봇으로는 흉내 내기 힘든 창의성과 노하우를 요구한다"고 주장한다.

ACS Nano 편집위원회가 제시한 논변은 학계의 관련 논의와 우려를 잘 정리하고 있으나, 자신들의 권고 사항을 연구윤리와 명확하게 연결 짓지는 않고 있다. 즉, 그 권고 사항들이 어떻게 정당화되는지, 그런 권고가 전제하는 학문에 대한 근본 정의가 무엇인지를 명시적으로 밝히기보다는 암묵지로 받아들이고 있는 것이다. 그 결과 전반적인 논의는 어떤 경우에 이 기술을 사용하고, 사용하지 말아야 하는지의 문제에 더 집중되는 경향이 있다.

이 글의 나머지 부분에서는 이런 지침과 주장이 전제하는 정당화 논변을 좀 더 자세히 밝히되, 연구윤리의 주요 주제가 ChatGPT와 어떻게 연결되는지를 하나씩 따져보는 방식을 취하려 한다. 이 같은 검토는 자연스럽게 ChatGPT가 도전하는 학문과 연구방법론의 근본 물음으로 우리를 이끈다.

III. 인용과 표절

ChatGPT와 연구윤리를 함께 생각할 때 가장 자주 언급되는 것은 인용과 표절 문제이다. 연구 논문을 작성하면서 다른 연구를 참고했을 때는 반드시 인용을 해야 하고, 인용을 하지 않고 다른 이의 연구 내용을 자신의 논문에 사용하면 표절이 된다. 그런데 ChatGPT에 물음을 입력하여 나온 결과를 연구 논문에 사용하는 것은 과연 표절인가? 이때 "이 부분은 ChatGPT가 도출한 답변임"이라고 인용할 경우 정당한 연구의 일부로 받아들일 것인가? 나아가 특정 주제를 ChatGPT에 입력하고 그 주제에 대해 생각할 수 있는 새로운 아이디어를 제시하라고 한 뒤 나온 결과를 바탕으로 논문을 작성한다면 정당한 연구라고 할 수 있을 것인가?

이 물음들에 대해 전공 분야와 상황에 따라 다양한 의견과 근거가 제시될 수 있고, 이미 여러 가지 대안이 제출되어 있기도 하다. 좀 더 넓은 맥락에서는 ChatGPT가 지금까지 우리가 이해해 온 연구의 개념을 어떻게 바꾸고 있는지를 보여 주는 좋은 계기가 되기도 한다. 따라서 이 물음들을 차분히 살피면, ChatGPT의 도전이 무엇이며 그에 대처하는 여러 방식이 어떤 함의를 가지는지 알 수 있다. 먼저 일반적 혹은 전통적 의미에서의 인용과 표절에 대해 살펴보고 각각의 개념이

ChatGPT가 사용되는 맥락에서 어떻게 이해될 수 있는지 고찰하도록 한다.

1. 전통적인 의미의 인용과 표절

연구란 무엇인가? 연구에서 인용이 필요한 이유나 표절이 비난받는 이유는 무엇인가?

학술 연구의 목적은 여러 가지가 있지만, 학문 세계가 공통으로 추구하는 것은 연구의 독창성이다. 학계가 학술 연구의 독창성을 인정하는 가장 대표적인 방식은 학술지에 논문 게재를 허가하는 것이다. 다시 말해 학술 연구는 학술지 논문 게재 심사에서 그 독창성 혹은 새로운 아이디어의 제출 여부를 기준으로 평가와 인정을 받고, 그 인정을 두고 경쟁이 이루어진다. 표절과 인용은 이러한 기준과 그에 대한 합의를 전제하기 때문에 중요한 문제가 된다.

표절이 비판받는 이유는 자신의 아이디어가 아닌 것을 자신의 것으로 취하는 일이기 때문이다. 그 아이디어가 이미 누군가 발표한 것으로 새로운 것이 아님을 학문 공동체가 알았다면, 그의 연구는 인정받지 못했을 것이다. 비현실적이고 극단적이지만, 두 사람이 시차를 두고 동일한 내용의 아이디어를 연구 결과로 제출한 경우를 상정해 보자. 이 경우 첫 번째 연구자는 업적을 인정받을 수 있지만, 두 번째 연구자는 심사 과정에서 독창성을 인정받지 못한다. 이미 동일한 아이디어가 발표된 것이니 새롭지 않기 때문이다. 이는 두 번째 연구자가 논문을 작성하는 과정에서 첫 번째 연구자의 연구 내용을 파악하지 못한 경우에도 마찬가지다. 그가 첫 번째 연구의 존재를 몰라 인용하지 못한 것은 불성실함으로 지적받을 수 있고, 나아가 경우에 따라서는 표절의 오해를 받을 수도 있다.

다른 사람의 아이디어를 사용하더라도 그 사실을 인용하면 아무 문제가 없다. 그러나 단순히 표절의 비난을 피하기 위해 인용을 하는 것은 아니다. 인용은 그 나름대로의 역할과 목적을 가진다. 인용이 학문 세계에서 중요한 이유는 다음의 몇 가지로 생각할 수 있다.[1]

첫째, 인용은 독창성을 가지고 경쟁하는 학문 세계에서 다른 학자의 성취를 축하하거나 그로부터 받은 도움에 감사하는 의미를 가진다. 어떤 논문이 피인용이 많이 되었다는 것은 그 논문을 참고하고 도움을 받은 사람이 많다는 의미다. 인용을 통해 연구자는 해당 부분의 아이디어가 자신의 것이 아니며, 자신이 그것으로부터 도움을 받았다는 사실을 인정한다. 이때 남들에게 인용된 연구를 수행한 학자에게 이는 큰 자랑거리가 된다. 때로는 한 연구자의 논문을 인용하면서 그에 대한 반박 논변을 제시하는 다른 학자의 논문이 나오기도 하는데, 이처럼 자기주장에 대한 반박 논변이 제출되는 경우에도 피인용은 자랑스러운 일이다. 다른 연구자가 본인의 연구를 위해 다룰 만한 중요한 주제와 내용이 인용된 논문에 제시되었다는 증거이기 때문이다.

인용은 또한 다른 학자들에게 자신의 연구 과정과 자료를 공유하는 의미를 가진다. 학문 사회의 경쟁은 모든 자료와 출처를 공유하고 나누는, 열린 방식으로 이루어진다. 인용과 참고문헌은 해당 논문과 같

---

1 "왜 인용을 하는가?"는 중요하고 본질적인 물음이다. 그러나 연구윤리를 다루는 국내의 많은 문헌이 이 물음을 제기하고 답하는 경우는 사실상 없다. 여기서 제시하는 세 가지는 논자 자신이 정리하고 연구윤리 교육에서 사용하는 내용이다. 이와 유사한 내용을 MIT 도서관 자료에서 찾을 수 있다. https://libguides.mit.edu/citing.

은 분야를 연구하고 싶은 학자들에게 길잡이가 되고, 이를 통해 독자는 논문 저자가 특정한 결론에 이르는 과정을 좀 더 구체적이고 자세하게 알게 된다. 또 그 과정에서 참고한 자료들을 검토함으로써 독자의 이해가 깊어질 수 있다.

인용의 세 번째 역할은 연구자가 스스로를 일종의 검증대에 올려놓는 것이다. 논문의 독자는 인용과 참고문헌을 통해 연구자가 무엇을 공부했고, 어떤 방식으로 기존 연구를 분석·해석하여 자신의 논변을 구성해 갔는지 세세하게 할 수 있다. 따라서 독자는 연구 과정에 있을 수도 있는 오류를 지적할 기회를 가지게 되고, 연구는 항상 검증 대상의 상태에 머무르게 된다. 따라서 자세한 인용과 참고문헌은 인용된 문건의 저자에게는 자랑이 되고, 독자에게는 도움이 되지만, 해당 문헌을 인용한 연구자 자신에게는 긴장을 유발하는 요소가 되기도 한다.

2. ChatGPT 활용과 인용의 문제

학술 연구에서 ChatGPT를 활용하는 방식은 다양하다. 따라서 ChatGPT를 활용할지 여부를 일률적으로 규정하는 것은 효율적이지도 현실적이지도 않다. 이 절에서는 앞서 언급한 연구의 목적과 인용의 역할에 대한 이해를 바탕으로 ChatGPT 활용 시 인용을 할 것인지의 문제를 먼저 다루도록 한다.

ChatGPT를 활용한 모든 경우에 그 사실을 명시해야 할 합리적인 이유는 없다. ChatGPT가 계산기나 사전 같은 단순 도구로 사용될 수 있기 때문이다. 예를 들어 자신이 읽은 논문에서 특정 부분을 인용하기 위해 그 부분을 번역하거나 논문 전체를 다른 언어로 번역하려 할 때 ChatGPT를 활용하고 수정 작업을 통해 완성하는 경우를 생각해 보자. 이는 대규모 언어 모델인 ChatGPT를 가장 무해하게 사용할 수 있는 방법으로, 수학 계산을 위해 계산기를 쓰는 것과 별 차이가 없다.

그러나 ChatGPT는 단순 도구뿐 아니라 더 고차원적인 연구 활동을 수행하는 데에도 도움이 된다. 논문의 주제와 관련하여 논의할 만한 내용을 제시하라거나 어떤 문제를 해결할 아이디어를 내라고 요구하면 ChatGPT는 다양한 제안을 내놓을 수 있다. 그중 몇몇은 전혀 무의미하거나 오류에 기반할 수 있지만, 경우에 따라서는 핵심이 될 만한 아이디어가 제시되어, 이를 발전시키면 훌륭한 논문이 될 수도 있다. 또 ChatGPT를 이용해서 논문에서 제시한 주장을 뒷받침하기 위한 가상의 사례를 만들 수도 있다. 연구자는 미처 생각하지 못한 훌륭한 가상 사례가 제시되었다면, 이를 사용할 때는 ChatGPT의 활용 여부를 밝히는 것이 더 적절한 것으로 보인다. 이들은 학문 세계가 큰 의미를 부여하는 연구자의 독창성과 직결되기 때문이다.

물론 이렇게 경우에 따라 ChatGPT 활용 여부를 밝히거나 밝히지 않는 방법도 있지만, 아직 ChatGPT의 활용 방법과 기능 그리고 그 가능성이 충분히 확인되지 않은 초기 단계임을 고려해서 이 기술을 활용한 모든 경우에 그 사실을 명시하기로 연구자 사회가 합의하는 방안도 생각해 볼 수 있다. 다양한 수준의 사용이 가능한 상황에서 어떤 경우에 활용 사실을 명시할 것인지에 대한 자세한 지침을 만드는 것은 매우 복잡한 과정이 될 것이므로, 이는 기술의 성숙도와 사용법의 다양화를 일정 기간 지켜본 후에 정리하는 것이 더 합리적일지도 모른다.

그런데 ChatGPT 활용을 밝히는 것은 앞서 언급한 인용의 첫 번째 목적, 즉 연구자의 독창성을 판단할 수 있는 근거를 제시하는 것과 연결되어 있을 뿐, 두 번째와 세 번째 목적과 관련해서는 별다른 도움이 되지 않는다. ChatGPT는 고정된 출처가 아니고 그때그때 다른 결과물을 산출하기 때문에 다른 연구자가 동일한 물음을 입력해도 연구자가 논문에 명시한 것과 같은 답이 나오지 않을 수 있다. 따라서 인용을 하더라도 다른 연구자에게 아무런 도움이 되지 않는다. 또 인용된 문헌의 저자가 있는 경우에는 연구자의 해석이 원저작의 본래 의도나 의미를 반영하는지 다툴 수 있지만, ChatGPT의 진의가 무엇인지를 다투는 것은 무의미하다. 따라서 ChatGPT의 답변을 인용한 경우에 그 답변이 타당하지 여부에 대한 제한적인 논의만이 가능해진다.

위에서 전개한 짧은 논의의 결론은 일차적으로 연구 과정에서 ChatGPT를 활용한 경우에는 사용 사실과 사용 방법 그리고 그 결과를 가능한 세세하게 밝히는 것이 바람직하다는 것이다. 그런데 이를 통해 얻게 되는 유익은 연구자가 제시한 아이디어가 자신이 산출한 것인지, 그렇지 않은 것인지 여부를 명확히 하는 것에 그친다. 인용과 참고문헌을 밝히는 것을 통해 일어나는 학문 사회의 협력과 검증이 ChatGPT 활용의 경우에는 해당되지 않는다.

3. ChatGPT 활용과 표절의 문제

방금 논자는 ChatGPT를 사용하여 연구의 아이디어를 얻는 등 유의미한 도움을 받은 경우 그 사실을 명확히 밝히는 것이 바람직하다고 주장했다. 이는 위에서 언급한 관련 가이드라인도 대부분 동의하는 바다. 그런데 그런 인용을 하지 않은 경우를 어떻게 볼 것인가?

일반적인 경우에 다른 사람의 저작이나 논문 등 연구 내용을 자신의 연구에 사용하고 나서 그 출처를 제대로 인용하지 않으면 표절로 간주된다. 그런데 ChatGPT를 활용하여 생산한 내용을 사용하고 그것을 위에서 제안한 대로 상세하게 밝히지 않은 경우, 이를 표절이라 할 것인지는 그리 명확하지 않다. 이처럼 인용과 표절이 정확히 대칭을 이루지 않는 것이 ChatGPT 활용이 초래하는 새로운 상황이다. 출처의 저자를 특정할 수도 없고, 대부분의 경우 같은 물음을 입력해도 동일한 대답이 나오지도 않아 재생할 수 없기 때문이다. 본인이 생산하지 않은 내용을 사용하고 그것을 밝히지 않은 연구자로서 바람직하지 않다는 비난을 할 수는 있겠으나, 대표적인 연구 부정행위인 표절이라 하기에는 애매한 점이 많다.

　이에 대해서는 적어도 두 가지의 고려 사항을 점검해야 한다. 하나는 ChatGPT를 통해 생산한 내용이 대규모 언어 모델의 기능에 따라 단어의 우연한 조합인지, 아니면 ChatGPT가 학습한 수많은 콘텐츠 중 관련 내용이 섞여서 만들어진 내용인지에 대한 판단이다. 이 둘을 구별하기도 쉽지 않지만, 당연히 후자의 경우에 표절과 같은 심각한 문제라고 보아야 할 개연성이 크다. ChatGPT는 사용자의 물음에 따라 생산하는 내용이 학습한 여러 자료 중 어떤 것들의 조합으로 이루어진 것인지를 보고하지 못한다. Bard는 출처를 제시한다고 알려져 있지만, 특정한 문서의 내용을 그대로 제시하는 것이 아닌 다양한 문서에서 문장이나 내용이 섞일 경우 그것을 일일이 제시하지는 않는다. 이런 식으로 다양한 출처에서 나온 내용이 합쳐진 것을 사용하고 인용을 하지 않을 경우 전통적인 의미에서 표절이라 할 수는 없을지도 모른다. 그러나 여전히 그 내용을 그대로 사용하는 것은 생산된 내용에 포함된 여러 원저작의 기여가 인정되지 않는다는 점에서 문제가 있다.

이와 관련해서 앞서 언급한 *ACS Nano*(2023)의 편집자 논평은 다음과 같이 경고하고 있다.

ChatGPT가 내놓은 텍스트를 똑같이 베껴서 사용하면 안 된다. 그것은 자신의 언어가 아니기 때문이다. ChatGPT가 다른 출처에 있는 텍스트를 다시 쓴 것일 경우 이는 의도하지 않은 표절이 될 수 있다.

그런데 이 권고는 그 텍스트를 약간 고쳐서 사용해야 한다는 것 같은 잘못된 인상을 준다. 그러나 여기서 문제는 텍스트를 그대로 쓰느냐 여부가 아니라 인용 여부인데, ChatGPT 사용을 인용할 수는 있지만, 그 경우에도 원출처는 알 수가 없다. 연구윤리의 원칙에 따른 올바른 인용은 사실상 불가능해진 것이다.

IV. 위조, 변조, 올바른 저자 표기

현재 통용되는 연구윤리에서 '연구 부정'으로 규정하는 네 가지 항목은 위조, 변조, 표절, 부적절한 저자 표기이다. ChatGPT에서 가장 문제가 되는 것은 3절에서 다룬 표절과 주로 연결되어 있다. 반면 ChatGPT의 사용을 위조나 변조와 연결시키는 것은 다소 부자연스럽다. 위조나 변조는 주로 실험 상황에서 연구 결과의 타당성을 강조하기 위해 하지 않은 실험의 결과를 만들거나 수행한 실험의 결과를 조작하는 것을 말하는데, ChatGPT를 이용한다면 아예 실험하지 않은 것이어서 기존의 잣대를 적용하는 것이 애매한 부분이 있다.

군이 연결하자면 언어모델인 ChatGPT가 사람의 말과 비슷하게 정보를 이어 붙여서 실제로 존재하지 않거나 왜곡된 사실을 결과로 내놓는 경우, 즉 할루시네이션 효과를 생각해 볼 수 있겠다. 만약 연구자가 ChatGPT를 사용하여 참고문헌 조사나 관련 실험 연구 검색을 한 후 ChatGPT가 내놓은 결과를 확인하지 않고 그대로 논문에 실었는데, 나중에 그 조사와 검색 결과가 사실이 아니라 ChatGPT가 할루시네이션 효과로 만들어 낸 것이 밝혀지면 위조라 볼 수 있겠다. 위조나 변조의 이름을 붙이지 않더라도 이런 식으로 ChatGPT를 이용하는 것은 연구 부정의 소지가 크다.

올바른 저자 표기의 문제는 조금 경우가 다르다. 앞서 언급한 것처럼 이미 ChatGPT를 저자로 삼아 논문을 발표한 경우가 없지 않지만, 대부분의 학회나 학술지는 이를 금한다. 그러나 ChatGPT를 저자로 삼지 말라는 것이 그 사용 사실에 대해서도 함구하라는 것은 당연히 아니다. 앞서 주장한 것처럼 ChatGPT를 활용했다면 그 사실과 방법을 상세하게 서술하는 것이 바람직하다. 여기서 저자 표기와 관련하여 별도로 제기되는 문제는 ChatGPT의 학습에 섞여 들어간 다른 연구자의 통찰이 ChatGPT가 제시한 대답에 들어가 있을 경우다. 이때는 자기도 모르게 다른 사람이 쓴 글이나 연구 결과를 자신의 것으로 취하고 그 원저작자의 이름을 쓸 수 없는 경우이므로, 부지 중 표절을 했다고 할 수도 있고, 경우에 따라서는 올바른 저자 표기를 하지 못했다고 할 수도 있다.

독일의 작가 및 공연자 노조가 생성형 인공지능이 저작권을 침해하는 것에 대해 더 엄격한 규제가 필요함을 촉구하면서 EU에 보낸 공개서한은 이 문제가 기술적으로 매우 복잡하다는 사실을 잘 보여 준다.

보호된 자료를 허락받지 않고 학습에 사용하는 행위, 그 처리 과정의 불
투명성 그리고 그 원출처가 생성형 인공지능이 생산한 내용으로 대체되
어 버리는 것이 예측 가능하다는 점 등은 책무성, 법적 책임, 보수 문제
등과 관련된 근본적인 물음을 제기한다. 돌이킬 수 없는 피해가 발생하
기 전에 이 문제가 해결되어야 한다(Chee, 2023).

여기서 '출처가 생산한 내용으로 대체되는 것'에 주목할 필요가 있
다. 원출처에 기대어 ChatGPT가 생산한 결과가 공식적으로 인정되어
다음번 인공지능 학습 데이터에 포함되면, 설사 출처가 표시된다 하더
라도 원출처가 아닌 가공된 두 번째 출처가 제시될 가능성이 있다는
것이다. 그러면 원저작자를 보호하기 위한 장치들이 무용하게 된다.

이런 문제를 통해 우리는 이제 표절이냐, 아니냐를 넘어서는 차원
으로 들어가게 된다. 기존의 연구윤리에서는 제대로 인용을 하면 표
절 문제에서 완전히 벗어날 수 있는데, ChatGPT를 활용하는 경우에
는 인용을 해도 온전한 저자 표기는 할 수 없기 때문이다. ChatGPT
활용 여부를 밝히지 않아도 표절이라 하기가 애매한 경우가 있고, 활
용 여부를 밝히는 인용은 해도 여전히 원저자를 인정하는 올바른 저자
표기가 불가능하니 당혹스러운 상황이다.

이처럼 ChatGPT의 활용 방식이나 정도에 따라 기존 연구윤리에
서 연구 부정행위로 보는 표절, 위조, 변조, 부당한 저자 표기 등의 기준
에 모두 저촉되는 경우가 발생할 수 있다. 물론 이것이 새로운 상황에
과거의 기준을 적용하기 때문에 생기는 문제라고 보는 입장도 있다. 이

제는 저작권과 표절 등의 개념과 기준 자체를 바꿀 필요가 있다는 것이다. 그러나 이런 접근은 학문 활동이 무엇인가에 대한 의미를 지금까지와는 다른 방식으로 설정하는 근본적인 문제와 연결되어 있다.

V. 연구자 공동체

연구자 공동체 역시 기존의 연구윤리에서 강조하는 항목 중 하나다. 오늘날 대부분의 연구가 실험실이나 연구실에서 공동으로 이루어지기 때문에 연구자 공동체가 건설적으로 조직·운영되는 것이 중요하다. 특정 연구 실험실에서 원활한 의사소통이 이루어지지 않고 연구 이외의 다른 목적이나 이해관계가 영향을 미치는 경우 또 부적절한 권력관계가 형성되는 경우, 해당 연구실에서 수행하는 연구에 악영향을 미칠 수 있기 때문이다. 그래서 일반적인 연구윤리 교육에서는 개별 실험실이나 연구실을 염두에 두고 바람직한 연구자 공동체의 중요성을 강조하거나 그런 공동체를 이루기 위한 방안들을 제안한다.

ChatGPT와 인공지능의 활용이 개별 연구자 공동체에 미칠 영향은 생각하기가 쉽지 않다. 그러나 연구자 공동체를 좀 더 넓게 파악하여 학문 세계 전체 혹은 개별 학문 분야의 공동체로 본다면, 이들 기술을 과도하게 사용하는 것의 문제점이 드러난다.

이미 살펴본 바와 같이 배움의 단계에 있는 학생들과 비교할 때, 충분한 전문 지식과 경험을 가진 기존 연구자는 위에서 제안한 방식으로 ChatGPT를 이용하여 좀 더 효율적인 연구 활동을 할 수 있다. 그에게 이것이 가능한 이유는 ChatGPT가 제시할 수도 있는 여러 가지

오류와 한계를 찾아낼 능력을 갖추고 있기 때문이다. 이미 전문가의 능력을 가진 번역자가 ChatGPT나 다른 인공지능 번역 프로그램을 통해 더 빠른 속도로 번역 작업을 할 수 있는 것에 비유할 수 있다.

문제는 교육의 시작 단계부터 ChatGPT를 사용할 수 있는 환경에서 자라는 학문 후속 세대는 기존 연구자가 갖추고 있는 지식과 능력을 갖추기 힘들 것이라는 점이다. ChatGPT의 도움을 받으면서 그 한계를 명확하게 파악하고 효율적으로 사용하는 방법을 배우는 것은 번역 프로그램을 계속 사용하면서 영어 실력이 늘기를 바라는 것과 비슷하다. 불가능하지는 않을지 모르나, 상당히 복잡한 교육 방법론이 동원되어야 할 것으로 보인다.[2]

ChatGPT가 창의성 함양에 도움이 되는지 여부는 또 다른 차원의 우려다. ChatGPT가 불러올 미래에 대해 기대하는 이들이나 우려하는 이들이나 공통적으로 인정하는 바는 ChatGPT가 창의성을 훼손할 가능성이 더 크다는 것이다. 주어진 물음에 빠른 속도로 답과 대안을 제시하는 ChatGPT가 사용자의 창의적 아이디어를 불러일으킬 가능성이 없는 것은 아니지만, 스스로 창의적인 생각을 해내는 능력을 함양하기는 힘들어 보인다.

위에서 살펴본 것처럼 대학들이 학생들의 ChatGPT 사용에 대해 조심스러운 입장을 취하는 것은 이런 위기의식에서 비롯되었다. 그런

데 기존의 연구자들이 한편으로는 ChatGPT를 사용했다는 사실을 밝히면서 연구 결과를 생산하고, 다른 한편으로 학문 후속 세대에는 그 사용을 제한하면서 교육을 진행하는 것이 그리 현실적으로 보이지 않는다. 혹 가능하다 하더라도 어느 시점에 학문 후속 세대에게 그 사용을 허용할 것인지도 분명하지 않다. 나아가 이런 환경에서 미래의 연구는 어떤 방법론을 취해야 할 것이며, 어떤 목표를 상정해야 할 것인가 하는 물음에 대한 책임 있는 대답을 내놓을 수 있어야 학문 후속 세대를 위한 적절한 교육과 연구 지원을 제공할 수 있다. 그 대안을 제대로 찾을 때까지 연구자 공동체의 지속 가능성과 진정한 상생을 위해서 ChatGPT의 효율성을 지나치게 추구하는 것은 자제함이 마땅하다.

VI. 연구자의 사회적 책임

연구자의 사회적 책임은, 학술 연구의 결과와 그 결과가 미치는 사회적 영향이 일치할 때 연구자가 져야 하는 책임을 의미한다. 이는 학술 연구는 진리를 탐구하는 중립적인 활동이기 때문에 그 사회적 파장까지 염려하는 것은 오히려 학문의 발전에 위해가 된다는 입장과 구별되는 접근이다. 현대 사회에서 학문은 더 이상 현실과 동떨어진 학자들만의 고담준론이 아니고 학문 활동에 대해 사회가 기대하는 바도 과거와 다르기 때문에, 연구자가 자신의 연구가 가지는 사회적 함의를 무시하는 것은 적절하지 않다. 이는 사회적 파장을 고려하여 객관적 진리의 탐구를 왜곡하라는 것이 아니라 학술 연구가 사회적으로 지대한 영향력을 가지는 만큼의 책임감을 수반해야 한다는 점이 강조된다.

같은 논리로, 연구자는 자기 분야의 전문가로서 관련된 사안에 대해 사회에 객관적인 조언을 할 책임을 진다. 고도로 발전한 각종 기술과 제도로 복잡하게 얽혀 있는 현대 사회에서 이 책임이 가지는 의미는 크다. 예를 들어 이 논문에서 다루고 있는 ChatGPT를 비롯한 인공지능 분야만 해도 매우 복잡하고 어려운 분야로, 일반 대중은 그 파장을 쉽사리 예측하기 어렵고 잘못된 정보에 휘둘리기 쉽다. 연구자는 자신의 연구를 충실히 하는 것으로 만족할 것이 아니라 그 결과가 사회에서 올바로 사용되거나 적어도 악용되지 않도록 하는 데에도 신경을 써야 할 책임이 있다.

이런 일반적인 경우 외에도 연구의 결과가 아닌 결과를 도출하기 위한 방법 혹은 도구의 차원에서의 사회적 책임이 있다. 아무리 좋은 연구 결과가 기대된다 하더라도 피실험자가 위험을 감수하거나 위해를 감당해야 하는 경우라면 해당 연구를 수행해서는 안 된다. 인간 대상 실험을 할 때 기관윤리위원회(Institutional Review Board), 동물 실험을 할 때 동물실험윤리위원회의 검증을 거쳐야 하는 이유가 여기에 있다. 이들 위원회에서는 연구계획서를 검토하여 해당 연구가 사람이나 동물에게 불필요한 고통이나 위험을 끼치는지를 가리고, 필요할 경우 연구 설계를 변경하거나 보호 장치를 둘 것을 권고한다. 이는 연구 결과의 필요성만큼 그 과정도 사회적으로 받아들일 수 있는 기준을 충족해야 한다는 것을 보여 준다.

ChatGPT의 경우 사회적 책임은 몇 가지 다른 차원에서 요구된다. 우선 ChatGPT와 관련 분야의 연구자, 서비스 개발자는 ChatGPT가 사회적 유익에 보탬이 되는 방식으로 이 기술을 개발할 필요가 있다. 그렇다면 ChatGPT를 직접 만드는 것이 아니라 만들어진 ChatGPT를 활용한 연구를 하는 연구자에게도 일정한 사회적 책임을 요구할 것인가? 이는 자기 연구의 결과가 아닌 연구 방법 혹은 도구가 연구자의 사회적 책임과 연결되는 것이기 때문에 다소 예외적인 경우이다. 그러나 이 기술의 여파가 매우 크기 때문에 적어도 연구자는 ChatGPT라는 도구를 사용함으로써 생길 수 있는 사회적 영향이 무엇인지에 대해서 관심을 가지면서, 만약 부정적인 영향을 미친다고 하면 그 상황을 바꿀 수 있는 방안을 찾아야 한다.

주지하다시피 현 단계에서 ChatGPT는 여러 가지 사회적 파장을 노정한다. 그 하나는 막대한 에너지 소비이다. ChatGPT가 작동하기 위한 학습에는 엄청난 에너지가 소비되고(Saul & Bass, 2023), 학습 이후 사용 과정에서도 많은 에너지가 들어간다. 물론 다양한 학술 활동이 에너지 소비를 수반하기 때문에 이 경우가 특별하다고 할 수는 없지만, 오늘날 기후 위기를 맞이하고 있는 상황에서 ChatGPT와 인공지능의 사용이 가지는 함의를 기억할 필요가 있다.

다른 하나는 ChatGPT와 인공지능을 구축하기 위해 이루어지고 있는 저개발 국가에서의 착취적 노동이다. 몇몇 탐사 기사를 통해 밝혀진 바에 따르면(Hao & Hernández, 2022; Perrigo, 2023), ChatGPT가 부적절한 사용 결과를 도출하지 않게 하기 위해 학습 데이터에서 문제의 소지가 있는 내용을 검토해서 제거하는 작업이 주로 저개발 국가의 노동자들에 의해 이루어지고 있다. 온라인으로 일거리를 받고 보수를 받는 과정에서 노동자의 권익에 침해를 받는 경우가 많을 뿐 아니라 지나치게 선정적이거나 폭력적인 콘텐츠를 직접 보거나 읽어야 하는 고통을 감내하기도 한다. 이 경우 심리상담 지원 등 노동자를 보호하기 위한 조치가 제대로 마련되지 않아 피해를 호소하는 경우도 있다.

ChatGPT가 학습을 위해 사용하는 데이터가 개인정보를 침해할 가능성에 대한 우려도 있다. 이탈리아는 2023년 3월 말 서구 국가 중에서는 처음으로 ChatGPT 접속을 금지시켰다. 이탈리아 정부는 4월 말 OpenAI 측이 개인정보 사용에 대한 투명성을 높이고 사용자의 입력 데이터를 학습에 사용하는 것에 대한 동의 여부를 표시할 수 있게 하는 등의 조치를 취한 뒤에야 자국 내에서의 ChatGPT 사용을 허가했다(Deutsche Welle, 2023).

좀 더 광범위하게는 ChatGPT가 초래하는 양극화 문제를 지적할 수 있다. ChatGPT를 비롯한 생성형 인공지능이 제공하는 정보에 기대는 것은 결국 대기업의 서비스를 이용하는 것이 된다. 여기에 인공지능이 이른바 '블랙박스'처럼 작동한다는 사실을 더하여 생각하면, ChatGPT의 활용은 지적 활동의 독립성을 현저히 낮추는 결과로 이어진다. 나아가 ChatGPT에는 계속해서 데이터가 쌓이고 그것을 분석하는 능력은 운영 회사에 의존하기 때문에, 학문 세계에서의 역학이 기업에 심하게 쏠리게 될 공산이 크다.

ChatGPT가 아무리 좋은 성능을 자랑한다 해도 그 서비스가 제공되는 과정에 부도덕한 일이 있거나 그 사용의 결과로 부정적인 효과가 발생한다면, 그 기술을 사용하는 것 자체의 정당성이 훼손될 수밖에 없다. 따라서 연구자들은 ChatGPT를 사용하는 과정에서 주의를 기울이는 것 이외에도 이 기술이 좀 더 바람직한 방식으로 개발·운용되게 하는 방안에 신경을 써야 한다.

VII. 나가는 말: '연구'에 대한 근본적 반성

지금까지 ChatGPT와 연구윤리를 연결하되, 기존의 연구윤리가 전제로 하는 연구에 대한 전통적인 정의를 기준으로 삼았다. 그에 따르면 학술 연구는 새롭고 독창적인 이론과 주장을 제시하는 것을 목표로 하고, 연구의 주체인 개인과 집단이 명확하게 밝혀져 그에 따른 찬사를 받는다. 학술 연구의 성과가 경제적인 이익으로 이어지는 것은 부차적이고, 그보다는 연구 과정과 결과의 타당성과 투명성이 더 중요한 것으로 간주된다. 이익에 대한 관심이 적은 반면 손해에 대한 관심은 커서, 연구의 과정에서 다른 사람에게 손해를 입히는 것을 사회적 책임의 이름으로 경계한다.

이미 살펴본 것처럼 이런 전통적인 입장에서 보면 ChatGPT의 사용은 대체로 부정적인 평가를 받을 수밖에 없다. 그러나 이런 견해가 반드시 옳거나 계속해서 유지되어야 하는 것은 아니다. 오늘날 우리 사회는 연구의 정의와 의의를 조금 더 실용적으로 보는 경향을 띠고 있고, 그에 따라 연구윤리에서도 미세한 변화가 감지된다. 기존의 학문 활동에서는 독창적 아이디어의 기원에 초점을 맞추었다면, 지금 학계의 흐름은 독창적 아이디어의 사용 결과에 대한 관심이 더 커지는 상황이다. 이에 따라 그 결과로 인해 생기는 이익을 누가 가질 것인지의 문제에 초미의 관심이 쏠리고, 그런 맥락에서 연구윤리의 원칙들이 사용된다.

예를 들어 학술 연구의 가치를 개인의 독창성보다 인류의 집단 지성의 산물이라는 점에 방점을 두어 인정한다면, 인용이나 표절, 올바른 저자 표기에 그렇게 집착할 필요가 없을 것이다. 또 연구의 결과가 유익한가에 초점을 맞추고 좋은 결과를 빨리 도출하는 것에 더 비중을 둔다면, 학문적 지식을 차근차근 습득하고 동료 평가(peer review)의 과정을 거쳐 학자로 자라나는 기존 학계의 관행은 그다지 중요하지 않은 것이 된다. 누구든지 다양한 수단과 방법을 사용하여 결과적으로 유익한 대안을 제시하는 것이 인정받게 되면 학위과정이나 연구방법론 같은 형식적 틀을 굳이 강조할 필요도 없어질 것이다. 연구윤리가 연구자의 도덕적 책무에 대한 논의가 아닌 허용과 불허, 적발과 처벌 중심의 논의로 흘러가는 이유도 여기에 있다.

문제는 이 다양한 입장에 대한 분석과 논의가 일정한 논리적 근거나 정합적인 순서를 따라 이루어지지 않고 ChatGPT가 초래한 충격에 반응하는 방식으로만 이루어진다는 점이다. 그러나 파장이 큰 ChatGPT와 생성형 인공지능 같은 첨단 기술이 연구에 미치는 영향에 대한 논의는 좀 더 길고 깊은 차원에서 이루어져야 한다. 지난 한 세기 동안의 기술 발전이 많은 이들의 연구에 기대어 있다는 점을 감안할 때, 새로운 기술의 시대에 연구 활동을 어떻게 정의하고, 그 가치를 어떻게 평가하고 보상해야 할지는 매우 중요한 문제다. 무엇보다 인류에게 유익을 끼친 연구의 지속 가능성을 어떻게 담보할 것인지에 대한 고민이 필요하다. 이 글에서 ChatGPT와 연구윤리를 연결하여 이 기술의 함의를 파악하려 한 것은 그런 고민을 촉발하는 계기를 마련하기 위한 노력으로, 향후 다양한 각도의 검토를 통해 보완되어야 할 것이다.

TECHNOLOGY ETHICS

3부 | 종교와
기술윤리의 만남

기독교 신학의 관점에서 본
과학과 기술과 윤리에 대한 논의

맹용길 | 장로회신학대학교 전 학장

I. 들어가는 말

최근 우리나라에서 과학과 기술에 대해 많은 논의가 있는 것을 보면서, 상당히 긴 세월 동안 신학 분야에 종사해 온 필자에게는 분명한 신학의 입장을 가지고 과학과 기술 그리고 거기서 일어나는 윤리의 문제를 논의하고 싶은 마음이 일어났다. 물론 이것은 개인적인 입장이며, 누구를 설득하거나 권고하기 위하여 생각하는 것은 아니고, 육신의 생이 끝나가는 나이이기 때문에 입장을 정리해 보는 것이 좋겠다는 생각에서 논하는 것이다.

한국에서는 기독교의 범위를 분명하게 좁혀서 하나의 종교로 분류하고 있다. 즉, 기독교라는 명칭을 천도교, 불교, 유교, 천주교 등과 같이 종교의 구분과 함께 기독교를 하나의 종교로 분류하는 데 따른 것이다. 물론 개인적으로는 천주교와 기독교가 어떻게 다르냐고 묻는다면 더 논의해야 하겠지만, 주어진 여건 안에서 필자는 기독교 교인으로 생각하는 것이 좋겠다고 판단하고 논의하려 한다. 먼저 필자의 기독교 신학의 입장이 무엇인지를 밝히고, 이어서 그것을 기반으로 하여 과학과 기술과 윤리에 대해 논의한다.

II. 기독교 신학

필자의 기독교 신학은 필자가 가진 성경에 근거를 둔다. 즉, 성경을 신뢰하고(faithful), 그것을 기반으로 하여(foundational), 삶에서 열매를 맺어보고자(fruitful) 한다. 이것은 하나님 아버지, 그의 아들 예수 그리스도, 하나님과 예수의 영이신 성령의 구조로 이해한 내용이다. 이러한 구조에서 삼위일체 하나님을 믿으며, 가장 기본이 되는 사도신경과 십계명과 주기도를 요약한 내용으로 받아들이고 논의의 기반으로 삼는다. 물론 성경이 이 전체 내용을 포함하지만, 요약한 내용을 묻는다면 이 세 내용을 제시하고 싶다. 왜냐하면 사도신경에서 삼위일체 하나님 아버지 되심을 배우고, 그 하나님이 아버지로서 우리에게 주신 사랑의 계명인 십계명을 삶의 본보기 기준으로 삼으며, 실제 삶에서 사랑의 주기도를 실천하려고 하기 때문이다.

많은 다른 종교도 신학이라는 말을 사용하기 때문에 특정한 범위를 정하기 위하여 기독교 신학이라고 한정하였다. 그러면 필자가 지향하는 신학이란 무엇인가? 이 신학은 하나님을 배우는 것이다. 굳이 확인하려고 한다면 이 "하나님은 누구인가?"라는 질문에 대답해야 한다.

개인적으로는 베드로처럼 '예수 그리스도를 믿고 아는 하나님'(요한복음 6:69)을 믿는다. 이 하나님은 세 가지로 요약한다. 즉, 믿고 아는 하나님은 삼중지식으로 나타난다. 창조주 하나님, 구속주 하나님, 인도하시는 하나님이다(triplex cognitio Dei creatoris, redemptoris, et pastoris). 이 하나님은 사랑한다(아하브)라는 동사에서 보여 준다. '아하브'라는 동사를 산드라 테플린스키(Sandra Teplinsky)의 가르침에 따라 성경에서 보면, '아'는 힘(strength), 희생(sacrifice), 종의 리더십(servant leadership)을 의미하고, '하'는 아버지가 두 팔을 벌리고 용납하는(opening) 것을 의미하고, '브'(home and family)는 가족, 식구, 집 등을 의미한다. 좀 더 들어가 보면 힘은 전능하신 하나님의 권능을 나타내고, 아버지로서 인류를 사랑하시고 희생하시는 하나님 아들의 보내심과 그의 삶을 나타내며, 종의 리더십은 그의 영이신 성령을 통해 인간을 부족함이나 모자람이 없도록 인도하여 인간이 살아가는 것을 의미한다고 하겠다. 더 나아가 하나님은 언제나 탕자를 맞이하는 넓은 아버지를 생각하게 하며, 동시에 항상 기다리면서 탕자를 다시 아들로 그리고 식구로 받아들이는 사랑을 보게 한다. 이것은 아버지에 대한 믿음과 아버지의 사랑과 인도하심을 알게 한다. 이렇게 해서 성경에서 '사랑한다'라는 낱말은 하나님이 실제로 삼위일체 되심을 알게 한다. 물론 이것은 신약성경에서 하나님은 영이시고(요한복음 4:24; 16:7 이하) 말씀으로서 아들과 동일한 본질이심을(요한복음 1:1, 14) 보여 준다.

예수님은 하나님의 아들로서 우리의 하나님이고, 아버지로서 우리의 아버지이심을 다시 확인하셨다(요한복음 1:1, 20:17). 그는 하나님의 아들로서 제자들에게 평강(샬롬)을 빌고(요한복음 20:19, 21, 26), 이어서 성령을 받으라고 숨을 내쉬었고(요한복음 20:22), 죄 사할 것을 허락하셨다(요한복음 20:23). 이것은 우리의 신앙고백인 사도신경과 그의 가르친 기도에서 나타난다. 이렇게 해서 우리는 성령을 믿을 때 성령이 인도하시는 4대 과제를 받는다. 즉, 교회/거룩한 공회를 믿으며, 죄를 용서할 것을 이행하며 치유와 회복을 하고, 부활을 믿고, 영생을 믿는다는 사도신경의 고백을 통해 따르는 새로운 삶을 살아야 한다. 이런 의미에서 보면 주의 기도는 새로운 삶의 틀을 만들어 준다.

예수님은 사랑의 계명을 통해 구약성경과 신약성경을 분명하게 연결한다. 즉, 구약성경과 신약성경은 두 개의 다른 성경이 아니고, 한 하나님의 말씀으로서 하나님의 한 성경임을 보여 준다. 그리고 예수님은 우리에게 성경을 "당신의 말씀은 진리니이다"(요한복음 17:17)라고 가르쳐 주신다. 구약성경과 신약성경이 하나로 연계되는 면은 착한 사마리아 사람의 비유에서 확실하게 볼 수 있다(누가복음 10:25-37). 그리고 그 내용의 마지막에 이웃을 알려 주시고 이웃 사랑을 가르쳐 주신다. 이것은 구약성경에서 사랑의 계명을 통해, 즉 십계명을 통해 보여 준 하나님이 인간을 사랑하시고 우리가 하나님을 사랑할 것과 이웃을 사랑하는 계명을 확실하게 가르쳐 주신다. 그래서 하나님은 하나님을 사랑하고 하나님의 계명을 지키는 자들에게 천 대에 이르도록 복을 주실 것을 약속하셨고, 예수님은 자기가 구원을 얻는 길이라고 말씀하셨다. 하나님의 사랑하심의 모습은 탕자의 비유에서도 나타난다(누가복음 15:11 이하).

예수님은 하나님의 아들로서 세상에 오셔서 사랑을 친히 삶으로 보여 주셨고 우리에게 분명하게 "나를 따르라"고 말씀하셨다. 예수님은 하나님으로서 사람이 되셔서 우리 가운데 거하시고(요한복음 1:14), 그를 영접하고 믿는 자들에게 하나님의 자녀가 되는 권세를 주셨다(요한

복음 1:12). 또한 삶의 본을 보이시고(요한복음 13:1 이후), "나를 따르라"고 말씀하셨다. 그리고 새 계명을 주셨다. 새 계명은 "서로 사랑하라"였다(요한복음 13:34). 이 계명은 이웃 사랑을 강조하는 제자들의 삶에서도 나타난다(야고보서 2:8; 베드로후서 1:7; 갈라디아서 5:14 등). 무엇보다 우리의 주님이신 예수님은 기도를 가르쳐 주심으로 기도의 본을 주시고 삶의 틀을 보여 주셨다.

하늘에 계신 우리 아버지, 하나님의 이름이 거룩히 여김을 받으시오며 하나님의 나라가 임하시오며, 하나님의 뜻이 하늘에서와 같이 땅에서도 이루어지게 하시옵소서. 오늘(날) 하루에 필요한 양식을 오늘 우리에게 주시옵소서. 우리가 우리에게 죄 지은 사람을 용서한 것 같이, 우리의 죄를 우리에게 용서하여 주시옵소서. 우리를 유혹에 빠지지 않게 하시옵소서. 그리고 우리를 악에서 구원하여 주시옵소서. 그 까닭은 나라와 권능과 영광이 영원히 아버지께 속하였기 때문입니다. 아멘.

이제 우리는 신학에서 우리와 질적으로 다른 하나님을 창조주 하나님으로 믿으면서 동시에 우리에게 접근해 오시는 아버지 하나님을 믿는다. 이 아버지 하나님은 주기도에서 확실하게 보여 준다. 이 하나님이 우리의 하나님이다. 주기도는 하나님의 은혜로우심과 자유로우심과 신실하심과 정의로우심을 보여 주는 삶의 내용이다. 하나님은 다른 어떤 존재의 강제나 권유에 의해서가 아니라 오직 하나님의 본래의 은혜로우심 가운데, 절대적인 자유로움 가운데, 약속을 지키시는 신실하심 가운데 아들을 보내셔서 우리가 지은 죄를 용서하시는 사랑과 정의를 실천하신 하나님이심을 보여 준다. 이 내용을 3M이라는 윤리의 한 부분에서 설명하려고 한다.

첫째로 Momentum으로 표현하였다. 이 말은 운동량 또는 기세(氣勢)를 의미한다. 이것은 사랑한다는 말 가운데서 배운 것이다. 즉, 힘을 의미한다. 둘째로 그 운동량을 움직이는 Motivation으로 표현하였다. 이 말은 동기부여라는 뜻으로 사용하였다. 예수님이 삶을 통해 희생의 본을 보여 주신 내용을 의미한다. 셋째로 그 운동량에 동기를 부여하여 실제 삶으로 이어지는 Movement로 표현하였다. 즉, 행동/행위를 의미한다. 여기서도 예수님이 제자들에게 그리고 오늘날 우리에게 보여 주신 내용, 즉 예수님의 치유와 원상 복귀/회복에 이어서 "나를 따르라"는 사랑의 명령을 본다. 필자의 윤리학에서는 본래의 것(organic/original), 즉 본래 하나님이 우리에게 주신 삶을 살도록 사랑을 기반으로 명령하신(command) 내용, 다른 말로 표현하면 하나님이 좋다고 말씀하신 자연으로 돌아가는 삶을 보았고, 이어서 이 명령에 새롭게, 즉 하나님의 사랑에 맞추는/따르는 순종하는 삶(balanced, guided)을 고찰해 보았다. 그리고 여기에는 반드시 인간의 감사와 예배(말씀, 기도, 찬양, 성찬, 헌물)가 따라야 한다. 여기서 필자는 예수님으로부터 치유하다(heal), 본래의 삶의 모습을 회복하려고 하다(restore) 그리고 "나를 따르라"(follow)라고 명령하신 삶을 살아야 한다는 것을 본다. 예수님은 이것을 이루기 위한 삶의 덕목을 보여 주셨다. 예수님은 베드로를 통해 믿음으로 시작하여 사랑으로 마감하는 것을 보여 주셨고(벧후 1:5-7), 바울을 통해 사랑으로 시작하여 절제로 마감하는 것을 보여 주셨고(갈 5:22-23), 예수님 자신은 "서로 사랑하라"는 새 계명으로 마감하셨다. 바울은 이것을 청결한 마음에서 나오는 사랑, 선한 양심에서 나오는 사랑, 거짓이 없는 믿음에서 나오는 사랑(아가페, 아하바)으로 디모데를 삶의 목적으로 가르치고 있다(디모데전서 1:5). 이것은 믿음을 사랑으로 온전하게 하는 것을 의미한다(야고보서 2:22). 예수님은 더욱 확실하게 원수까지도 사랑하고 함께 사는 삶을 온전함(텔레이오스)으로 표현하고 있다(마태복음 5:48).

끝으로 사랑을 실천하도록 인도하시는 예수님의 말씀을 보기로 한다. 예수님은 성령을 보내시고 증언하게 하시며(요한복음 15:26; 16:7), 그 성령이 우리를 인도하실 것을 말씀하셨다(요한복음 16:13). 여기서 핵심 용어는 '인도하심'이다. 필자는 이 인도하심을 여호와 하나님에게서 핵심적 말씀으로 수용하였고(시편 23편), 지금 성령의 인도하심을 핵심적 말씀으로 수용하였고, 이것을 통합적으로 이해하는 말씀으로 목회(요한복음 10장)를 이해하였다. 이제 우리는 성령이 인도하시는 목회의 시대에 살고 있다(cognitio Dei pastoris). 하나님은 목자이시다. 그는 우리를 인도하시는 분이시다. 그는 부족함이 없게 하시는 분이시다. 그는 우리를 푸른 초장에 누이시고 쉴만한 물가로 인도하시는 분이다. 그는 우리 영혼을 소생시키시고 자기 이름을 위하여 의의 길로 인도하시는 분이다.

예수님은 부활하신 후 제자이면서 자기를 세 번이나 모른다고 말한 베드로에게 사랑(아하브, 아가페)을 핵심으로 하는 목회를 하게 하셨다. 이 사랑에 대해 세 번 질문하시고, 결국 베드로의 사랑을 확인하시고, 예수님의 양들을 먹이고 보호하고 돌보고 인도하실 것을 말씀하셨다(요한복음 21:15-17). 이것이 예수님의 목회 방법이다. 예수님은 베드로를 치유하시고, 회복하시고, 따르도록 하셨다. 이것은 사랑의 명령이었다. 부탁이나 베드로의 의견을 들으시는 것이 아니고 목회를 명령하셨다. 중간에 공허한 길을 가는 것을 용납하시지 않았다. 이것은 예수님이 베드로를 처음 부르실 때 "나를 따르라"(마태복음 4:19)라고 명령하신 것을 다시 확인하시는 말씀이었다. 예수님은 베드로에게 사람을 낚는 어부가 되어 예수님의 양들을 먹이고 돌보는 목회를 하게 하신 것이다.

예수님은 양을 먹이고 돌보는 것을 이미 말씀하셨다. 예수님은 목자의 비유로 말씀하셨다(요한복음 10장). 이러한 목자는 '선한 목자'로 표현되고 있다. 이러한 목자는 문을 통해 양의 우리에 들어가 이름을 불러내는 목자다. 이러한 목자는 양들의 앞에서 당당하게 걸어가는 목자다. 그리고 그 목자는 양의 문이라고 예수님은 말씀하셨다. 이 목자에게 속한 양은 구원을 얻고, 들어가고 나오면서 꼴을 먹을 수 있다. 이 양들은 배고프지도 않고 목마르지도 않다. 예수님은 이런 양을 먹이고 돌보는 목자를 선한 목자라고 말씀하셨다. 선한 목자는 양을 위하여 생명을 버리는 분이다. 여기서 핵심 표현은 명령어 "나를 따르라"이며 또 '인도한다'라는 말이다. 그리고 여기서 '선하다'는 말은 사랑을 동반한 표현이다(시편 23:6). 이런 목자는 사랑과 정의를 동시에 만족시키는 행위를 한다(마태복음 20:1-16).

요약하면 필자의 신학은 삼위일체 하나님이 창조주이시고, 구속주이시고, 목자가 되시는 아버지로서 하나님이시다. 이러한 하나님을 배우는 작업이 신학이다. 이 하나님은 항상 사랑(아하바/아가페)이라는 가치를 기반으로 하여 인간을 대하셨다. 이러한 신학을 기반으로 오늘날 우리에게 닥치는 과학과 기술과 윤리에 대해 논의하고자 한다.

1. 과학

과학은 고려대학교 전자국어사전에서 다음과 같이 정의되었다: "과학은 사물의 현상에 관한 보편적 원리 및 법칙을 알아내고 해명하는 것을 목적으로 하는 지식 체계나 학문." 과학 전문가들에게 '과학'은 자연과학을 의미하는 것 같다. 그래서 과학자들은 이렇게 말한다: "자연과학에 대해 '신비로운' 자연 현상을 이해하는 시도로서 본질적으로 정신문화의 성격을 지녔다고 할 수 있습니다."[1] 또 "자연과학의 대상으로서 자연을… 물질, 우주, 생명으로 나눠보겠습니다."[2] 여기서 물질과 우주는 분리할 수 없고, 생명도 물질세계의 일부라고 보면서 분리하여 생각할 수 없는 것으로 여긴다. 여기에 따르는 생각들을 생략하고 과학이 주는 의미를 과학자 최무영이『최무영 교수의 물리학 강의』에서 밝히는 내용으로 소개하겠다.

첫째로 최무영은 과학적 사고방식을 든다. 즉, 과학적 사고란 비판적이고 합리적인 사고를 말하며, 과학적 사고방식을 과학 정신이라고 말한다. 그리고 이러한 지식은 기술로 응용한 것으로 이해한다. 이것을 물질문명으로 생각한다. 둘째로 과학을 통해서 삶의 새로운 의미를 추구할 수 있다. 자연과학은 자연현상, 즉 우리 자신을 포함해서 우주 전체를 탐구하는 학문으로 규정한다. 여기서 자연과학은 우리 자신을 물질로 이해하면서 우주 전체를 근원적으로 이해하려고 시도한다. 여기서 새로운 과학적 세계관으로 생각할 수 있게 된다. 셋째로

---

1 최무영,『최무영 교수의 물리학 강의』(책갈피, 2008), 19.
2 위의 책, 22-23.

과학의 현실적 의미를 든다. 현대 사회에서 과학은 중요한 영향을 끼치고 있음을 본다. 자연과학은 현대 사회를 사는 우리가 갖추어야 할 소양이라고까지 말하고 있다. 넷째로 과학의 의미는 문화의 중요한 근간이다. 문화유산의 공통점은 인간의 활동을 통해 얻어진 산물이라고 하면서, 인간이 과학 활동의 탐구의 대상이라는 것이다. 과학 활동은 자연을 이해하고 해석하고 설명하려는 것인데, 인간도 자연에 포함되니 당연히 과학 활동의 대상이라는 것이다. 인간은 과학 활동의 주체이면서 동시에 과학이 과학 활동의 문화유산을 연구 대상으로 삼는다. 즉, 인간의 활동이 문화유산에 포함되기에 연구 대상이 된다는 것이다.[3] 필자는 이러한 내용을 철저하게 인간의 이성을 근거로 한 이론을 전개한 것으로 이해하였다. 이것은 이미 독일의 철학자 칸트(1724~1804)에게서 논의한 것과 맥이 통하는 말이다. 즉, 칸트의 순수이성 비판과 종교를 오직 이성의 한계 내에 가두어 두려는 시도에서 볼 수 있다.

과학의 한 분야인 물리학에서 과학적 지식은 두 가지로 구분하고 있다. 하나는 특정지식이고, 다른 하나는 보편지식이다.[4] 최무영에 의하면 특정지식은 일반적으로 과학적 사실을 말한다. 예를 들면 해가 동쪽에서 떠서 서쪽으로 진다는 명제는 과학적 사실이고, 이것을 특정지식이라고 말한다. 이러한 과학적 사실은 감각기관을 통해서 정보를 얻는다. 다른 한편 보편지식은 이론이라고 한다. 즉, 보편지식은 여러 가지 과학적 사실, 다시 말하면 단편적인 특정지식을 묶어서 하나

---

3 위의 책, 23 이하.
4 위의 책, 45.

의 체계로 이해하려고 한다. 최무영은 중력법칙을 보편지식의 예로 제시한다. 즉, 지구가 해 주위를 돈다, 달이 지구 주위를 돈다, 밀물과 썰물이 생긴다 등이다.[5]

　첫째로 물리학자 최무영의 논리에서 우주의 시작부터 살펴보려고 한다. 그는 우주의 탄생이 태초에 '대폭발'로 되었다고 본다.[6] 이것은 관찰을 통해 얻은 결론임을 알 수 있다. 즉, 귀납적 방법, 다시 말하면 과학의 이론을 통해 얻은 결과이다. 이 대폭발이 우주의 탄생이며 지금부터 137억 년 전의 사건이다. 그러므로 우주의 나이는 137억 년이라고 추정한다. 필자가 신학자로서 하는 질문은 "아무것도 없는 데서 폭발이 어떻게 일어나는가"이다. 왜냐하면 아무것도 없는 데서는 아무것도 만들 수 없고 일어나지도 않는다고 생각하기 때문이다. 합리적인 사고를 하는 이성으로 보면 아무것도 없는 데서는 아무것도 일어나지 않는다. 이것은 칸트에게서 배운 사고이다. 그렇다면 진화는 폭발 이후의 전개 과정이기 때문에 진화와 우주의 탄생은 관계가 없는 이론이다. 이것이 우주의 시작에 관한 진화론의 허점이라고 생각한다. 바로 여기서 최무영은 "초월적 힘이나 하느님을 투영하여 해결하려 한다"고 말하기도 한다.[7] 그래서 그는 성경의 창조론을 신화라고 말한다.[8] 또한 기독교를 신화를 믿는 종교로 말하기도 한다. 그는 맥스웰의 공식 적용과 많은 관찰을 통해 기독교의 성경 내용을 신화로 말하나, 창조 이론에 나타난 창조의 기록을 자세히 읽지 않은 것으로

---

5 위의 책, 46.
6 위의 책, 406.
7 위의 책, 426.
8 위의 책, 427.

보인다. 즉, 과학의 관찰은 창조 이후의 사건들이며, 성경의 하루, 이틀과 같은 개념을 오해하는 것 같다. 오늘날의 시간 개념은 창조 기록 제4일부터 시작된다(창세기 1:18-19). 그래서 여기서의 날은 하나님의 날로 이해하여야 한다.

　둘째로 최무영의 논리에서 우주가 확대하고/불어나고 있다는 점을 살펴보려고 한다. 그는 우주가 계속 불어나고 있고, 따라서 다행히 엔트로피가 매우 낮은 상태를 초기 조건으로 선택했고, 일반상대론의 마당방정식에 따라 계속 불어나고 있다고 말한다.[9] 이러한 상태가 계속 유지되는 것이 자연히 또는 우연히 이루어지고 있다고 생각할 수 있을까? 나 개인으로는 부족하기 때문인지 아니면 성경을 믿기 때문인지 도저히 '우연히'나 '자연히' 진행되고 있다고 생각되지 않는다. 자연의 진화로만 생각하기는 어렵다. 이것은 과학적 관찰이 여기까지만 가능하기 때문에 일어난 사실이다. 왜 현대 물리학이 생겨났는가? 고전 물리학이 기계론적 세계관을 가지고 하나님의 섭리를 기계론에 맞추어 이해하던 것이 상대론과 양자 이론으로 성립된 현대 물리학으로 인하여 이해하게 된 때부터 과학적 이론의 패러다임이 바뀌면서 새롭게 이해하고 더욱 복잡한 이해를 하지 않았는가? 결국 양자 이론은 불확정성으로 인하여 확률적 이해를 하게 되었으며, 상대론의 발견은 있는 현재의 사실을 과학의 틀로 정리한 것이 아닌가? 과학의 귀납적 방법은 여기까지가 아닌가? 과학은 결국 딱 이렇게 되어야 했던 우주라는 '인류 원리'[10]를 말할 수밖에 없는 상태에 이르지 않았는가? 『물

---

9 위의 책, 423.
10 Joanne Baker/김명남 역, *50 Physics Ideas You Really Need to Know* (북로드, 2013).

리와 함께 하는 50일』에서도 언급하고 있지만, 혼돈과 질서, 엔트로피와 정보, 열역학 제2 법칙, 복잡계와 생명 현상에 대한 논의는 모두 인간의 관찰과 능력의 한계 내에서 정리한 이론들이라고 생각한다. 이 관찰이나 이론들은 인간을 넘어서서는 말하지 못한다. 이미 성경은 혼돈과 질서를 말하고 있으며(창세기 1:2), 질서는 코스모스로 표현하고 있다(신약성경).

셋째로 최무영의 과학 이론에서 인간의 탄생과 우주의 종말을 생각해 보려고 한다. 그는 인간의 출현을 '먼지로부터'로 보고 있다.[11] 필자는 신학을 하는 사람으로서 사람이 먼지로부터 태어난 것으로 이해한 과학자의 이론에 깊은 관심을 갖는다. 더욱이 인간/사람이 먼지로 태어나서 먼지로 돌아간다는 과학의 이론은 기독교 신학에서는 많은 관심을 가질 것으로 본다. 그리고 인간은 여러 가지 어려운 점과 치열하게 싸우면서 살아가며, 자연과 상호작용을 통해 엔트로피를 낮추고 먼지로 돌아가는 현상은 성경을 읽어도 그렇게 힘들지 않게 이해할 수 있다. 다만 한 과학자가 이러한 기록을 하나의 신화로 여기는 것은 필자가 의견을 달리할 수 있을 내용이다. 우주의 종말론에 대해서 최무영에 따르면 태초에 우주가 대폭발로 시작되었고,[12] 우주의 종말을 언급한 것은 기독교 신학의 관심을 일으키기에 충분했고,[13] 지구의 종말을 불지옥으로 보는 것도 기독교 신학이 관심을 갖는 부분이다.[14] 이것은 자연의 관찰을 통해 얻은 결론이며, 창조주 하나님의 섭리와

---

11 최무영, 『최무영 교수의 물리학 강의』, 400.
12 위의 책, 406.
13 위의 책, 422.
14 위의 책, 392.

는 다른 견해이다.

물리학자 최무영은 자연과학을 물리과학과 생물과학/생명과학으로 나눈다. 물리학의 핵심 의미는 보편지식 체계, 곧 이론을 탐구한다는 점이고, 생명 현상에 대한 연구는 생명에 대해서 논의한다.[15] 필자는 기독교 신학의 입장에서 생명에 대한 논의에 많은 관심을 가지고 있으나, 여기서는 인간의 출현에 관한 내용을 다루는 것으로 그치기로 한다.

2. 기술

최무영은 과학과 기술을 구분하여 이론을 전개한다. 즉, 그는 과학기술이라는 표현보다는 과학은 기술과 다르다고 선언한다.[16]

> 과학은 본래 의미에서 정신문화 성격이 강하고, 기술은 정신문화보다 물질문명의 성격이 강하다고 강조했습니다. 물론 과학과 기술은 서로 관계가 있습니다. 과학이 기술의 바탕이 되었지요. 특히 현대 기술은 과학을 대규모로 이용하고 있고, 둘 사이에 밀접한 관련이 있습니다. 그러나 본질은 완전히 다릅니다.[17]

지금 시대의 흐름을 보면 흔히 과학기술이라는 말을 사용하는데, 최무영은 과학이 기술과 똑같은 것처럼 보인다고 말한다. 영어로는

---

15 위의 책, 474 이하.
16 위의 책, 487.
17 위의 책, 488.

science and technology, 즉 과학과 기술이라고 쓰는데, 한국어는 과학기술이라고 한다는 것이다. 필자는 동대문역사문화역을 지날 때마다 느낀다. 여기서 분명히 영어로는 history and culture인데, 한국어로는 역사문화라고 말하고 있다. 이러한 경우 역사의 문화인지, 아니면 역사와 문화가 같은 것인지 확실한 의미를 파악하지 못한다. 최무영은 물리학자로서 기술과 과학을 분명하게 구분한다.[18] 그렇지만 그는 과학과 기술을 공생관계라고 말한다.[19]

최무영에 의하면 기술 발전에 관해 두 가지 이론이 있다. 하나는 사회결정론이고, 다른 하나는 기술결정론이다. 사회결정론은 기술의 발전을 사회의 수요에 따라 발전해 왔다는 것이고, 기술결정론은 사회와 상관없이 기술이 발달한다는 견해이다. 현대는 기술결정론이 더 강한 것 같다고 그는 말한다. 예를 들면 휴대전화나 컴퓨터의 발전이 기술결정론에 따라 발전하여 왔다는 것이다.[20] 오늘의 기술의 발전은 인간의 편리와 속도에 따라 변화하고 있으며, 어떤 경우에는 새로운 기술을 도입하여 사람들의 관심을 끌게 하는 독자적 기술이 발전하는 경우가 많이 있음을 볼 수 있다. 어떤 이론에 근거를 두든지 기술은 현재 인간이 상상을 초월할 정도로 변하고 있다. 기독교 신학의 입장에서 개인적으로 느낀 것은, 예를 들어 AI 기술이 AGI(범용 AI)로까지 발전하게 하려고 노력하나 결국은 언어의 통일로 가는 것으로 보이며, 양자역학은 속도 면에서 컴퓨터로 연결된다는 것이다. 여기에 기술 AI가 합세하는 것으로 보인다. 그러므로 언어 통일과 속도는 결국 성경

---

18 위의 책, 489.
19 위의 책, 490.
20 위의 책, 491.

에서 말하는 바벨탑을 다시 쌓으며 인간의 능력을 극대화하려는 작업으로 보인다.

지금까지 현대 물리학을 통해 상대성이론과 양자역학을 통한 자연에 대한 이해와 설명은 놀라움 그 자체이나, 특히 기독교는 하나님의 전능/권능을 경외하면서 결국 하나님께 돌아가고 있다는 느낌을 받는다. 그런 가운데 현실적으로 과학을 통하여 발전한 기술에서 보면, 이미 과학과 기술이 우리의 생활 속에 깊이 들어와 있음을 본다. 예를 들어 의료 분야에서 AI의 도움으로 인한 환자 치료 방법이 크게 개선·발전되었다는 소식을 들었다. 의료진들의 환자 중심 치료는 놀라움을 금치 못한다. 환자들에게 편하고, 안전하고, 빠르고, 효율적이면서, 더욱 정확하게 치료한다는 소식은 놀라움을 넘어섰다. 필요한 부분을 AI의 도움을 받아 신속하게 처리할 수 있고, 종합 검진 시스템을 통해 효율적 치료를 할 수 있고, 예방 중심 관리를 AI의 도움을 받는다고 하니 기술의 이점을 인간이 수용해야 할 부분임을 인식하게 된다. 신학적인 측면에서 이러한 맥락적 상황을 듣게 되니, 기술을 거부하기보다는 오히려 하나님의 은사로서 인간의 효율적이며 최적의 관리를 통해 수용되었으면 좋겠다는 생각을 한다. 더욱이 AI가 인간의 지능을 넘어설 수 있는 초지능의 수준에 이르더라도, AI와 함께 인간의 형태나 특징을 지닌 로봇이 만들어져 인간의 영역에서 일을 하게 되더라도 최적화되어 간접 체험을 하는 AI가 되어 인간을 이롭게 한다면 인간은 기술을 거부할 필요가 없다고 생각한다. 바로 기독교 신학이, 좀더 구체적으로 말하면 기독교 신학의 한 분야인 기독교윤리학이 이러한 사람/인간들을 만들고/육성하고, 이러한 환경/맥락을 만드는/형성하는 일에 동참하여 도와야 하고 또 도울 수 있다고 생각한다. 여기서도 "새로운 기술은 새로운 책임이 따른다"는 윤리적 말이 지금 우리에게 강하게 들린다. 필자는 여기서 과학과 기술에 관해 윤리적 측면을 신학의 입장에서 좀 더 살펴보려고 한다. 특히 과학의 한 분야이고 기술의 한 분야인 인공지능(AI)의 예를 생각해 본다.

3. 윤리

기술 인공지능이 발달하면서 인간에게 큰 도움을 줄 수 있지만, 다른 한편으로 인간을 매우 위험에 빠뜨릴 수 있으며, 무기를 만들어 크게 위협하는 수단으로 전락할 수도 있음을 알게 된다. 따라서 인공지능이 인간에게 도움이 되는 '좋은 방향으로' 갈 수 있고, 많은 사람이 신뢰할 수 있는 수준으로 방향을 설정할 수 있도록 법과 규정을 만드는 것이 필요함을 느껴, 인공지능에 대한 윤리규정을 고려하게 된다. 즉, 구체적으로 규정하여 인류에게 실질적으로 도움이 되는 수준으로 가자는 것이다.

먼저 인공지능 연구자들이 윤리 의식을 갖게 한다. 즉, 인공지능 연구자들이 사람의 권리, 다시 말하면 인권을 지키는 의식, 사회에 대한 책임 의식, 실제로 현장에서 그러한 행동을 할 수 있게 하는 방향을 선택하게 한다. 결코 인간을 나쁜 방향으로 사용하지 않고, 사회를 더욱 풍요하게 하는 책임을 가지고 노력하며 행동하도록 한다. 인공지능 연구자들은 예측 가능한 연구가 가능할 수 있도록 노력하고, 혹시라도 사회가 위험에 빠지지 않도록 노력하며, 예방적 측면에 더욱 관심을 기울이는 것을 도와야 할 것이다. 빠른 연구, 상상할 수 없는 연구 결과를 예측하면서, 연구자 자신들의 안전만 아니라 사회 전체의 안전도 고려하는 연구가 되도록 노력해야 한다. 연구자들은 다른 선진 윤리 원칙들을 참고할 필요가 있다. 그래서 우리는 여기서 한 예로 유럽 연합의 인공지능 윤리 원칙을 참고로 제시한다.

유럽 연합 실행위원회는 2016년에 52명의 전문가가 모여 신뢰할 수 있는 인공지능 프로그램을 만들기 위하여 다음과 같은 일곱 가지 윤리 원칙을 의결하여 발표하였다고 한다. 그 내용은 다음과 같다.

— 인간 주체성 보장. 인공지능기술 개발에 있어서 인간이 주체가 된다.
— 기술적 안정성. 인공지능기술을 안정적으로 개발해야 한다.
— 개인정보 보호. 개인정보가 철저히 보호되어야 한다.
— 투명성. 투명하게 개발되고 관리되어야 한다.
— 비차별과 공정성. 차별이 없고 공정해야 한다.
— 사회와 환경의 행복. 인간과 사회의 행복이 우선이다.
— 책무. 인공지능 개발과 관련된 엄격한 책무가 규정되어야 한다.[21]

다른 한편으로 2017년 2월 미국의 인공지능 연구자들과 유명 인사들이 아실로마(Asilomar)에 모여 아실로마 인공지능 원칙(Asilomar AI Principles)을 발표했다고 한다. 그 내용은 인간에게 유익한 지능을 만들어야 한다는 연구 목적을 비롯하여 5가지, 연구 과정에서 안전과 보안 확보를 위한 내용을 포함한 윤리와 가치 13가지, 장기적인 문제 5가지 등 모두 23가지이다. 필자가 여기서 특별히 주목한 것은 인공지능의 중요성과 공공성에 관한 부분이다.[22] 기독교의 입장에서 인권과

---

21 김대수, 『처음 만나는 인공지능』, 2판 (생능출판사), 193.

사회적 책임과 실천 행위에 많은 관심을 가졌으며, 이러한 윤리의 내용에 깊은 관심을 갖는다.[23] 그리고 이러한 윤리 지침들을 현실에서 잘 지키기를 바라고 있다. 또 우리가 많이 사용하고 있는 구글의 '우리의 원칙' 일곱 가지도 매우 중요하다고 생각한다.[24]

　로마 교황청은 기술 발전의 세 가지 조건과 윤리를 제시한다. 여기서 교황청이 언급하는 핵심을 보면, 모든 인간의 존엄성과 권리 그리고 자유와 평등을 중시하고 UN의 세계 인권 선언을 중요하게 여긴다.[25] 이어서 로마 교황청은 투명성, 포용성, 책임성, 공정성, 신뢰성, 보안 및 개인정보 보호 등 여섯 가지 윤리 원칙도 제시한다.[26] 박태웅은 2020년까지 가장 공통적인 핵심 주제를 여덟 가지로 요약하였다: "프라이버시, 책임성, 안전과 보안, 투명성과 설명 가능성, 고정성과 차별 금지, 인간의 기술 통제, 직업적 책임, 인간 가치 증진."[27] 이런 문제는, 우리가 윤리적인 문제로서 진지하게 받아들인다면, 기독교윤리학적 입장에서 그 문제들을 이해하고 문제들에 대한 해답을 주기 위해 협력해야 한다고 생각한다. 위 여덟 가지는 현재 계속해서 공통적으로 나타나는 문제들이어서 반드시 내용을 정리하고 대답을 주어야 하기 때문에, 필자는 그 대답에 도움을 주려고 노력한다. 필자는 신학을 연구하는 한 한국인으로서 과학에 속하는 인공지능의 발달과 윤리에 대해

---

22 위의 책, 195-196.
23 맹용길, "21세기 준비를 위한 구상: 인권, 사회적 책임, 행동," 「장신논단」 9집 (1993): 395-422.
24 김대수, 앞의 책, 196-197.
25 박태웅, 『AI 강의 2025』, (한빛비즈㈜, 2024), 288.
26 위의 책, 290.
27 위의 책, 275.

더 깊은 관심을 갖고 공부하고 있다. 우리나라에서 2019년 3월에 한 국인공지능윤리협회가 설립되었는데, 이 협회가 추구하고자 하는 목 표가 우리의 관심을 끈다. 그 내용을 여기에 옮기기로 한다.

윤리적, 이성적 제도적 합의를 도출하여 인공지능이 인류에게 절대 해가 되지 않고 전 세계 산업 각 분야에서 인류의 행복과 발전에 기여할 수 있 도록 지원한다. 인공지능의 부작용과 위험성을 정의하고, 그것을 제거하 여 안전한 인공지능의 구현 방안을 연구하며, 그 방안을 모든 인공지능 제품과 서비스에 적용되도록 지원한다. 인공지능의 윤리와 안전에 대해 연구하고, 선한 인공지능만이 인류에게 활용될 수 있도록 노력한다.[28]

인공지능에 관심을 갖는 사람들은 많고, 연구기관들도 윤리 문제 는 심각하게 생각한다. 이들은 윤리적인 문제들에 대한 대책을 스스 로 강구하고, 그러한 지침도 마련하는 것을 볼 수 있다. 비윤리적인 점들을 분명하게 노출하기도 하고, 이 윤리 문제 때문에 회사를 그만 두고 강하게 항의하기도 한다. 또 AI의 위험성 부분을 지적하는 경우 도 있다. AI가 잘못 학습하거나 차별하는 결과를 가져오게 하는 경우 도 있음을 지적한다. 이것은 과학과 기술을 오용하는 경우를 막으려 는 노력이다. 그러나 필자는 여기서 문제 해결에 협력하려는 것이며, 무엇보다 먼저 문제들을 드러내어 공론화해서 AI 기술을 사용하는 현 장의 소리와 그것을 입안하고 운영하려는 기관들, 전문가들과 협력하 여 문제를 해결하도록 도우려는 마음이다. 이 문제들을 해결하기 위

---

28 위의 책, 197.

해서는 어느 한 사람의 의견이나 이론을 주장해서는 안 되며, 비전문가들이 상식적으로나 추상적으로 생각한 것을 제안하기보다는 좀 더 구체적으로 실효성 있는 해결책을 모색해야 한다.

대체로 인공지능의 윤리에 관한 방향은 거의 같은 방향으로 가고 있음을 본다. 필자의 입장에서는 인권 확보와 사회적 책임과 실천 의지 및 행위가 확보되는 방향으로 가고 구체적으로 정해지기를 바라고 있다. 이것은 21세기의 기독교윤리학의 가치로서 모두가 그것을 지키기를 바라고 있다. 그런 의미에서 인공지능 연구가 인권 보호와 그것을 위한 사회적 책임과 행위가 이뤄지기를 바란다. 우리는 초연결 시대에 살고 있다. 그리고 동시통역과 언어 장벽을 해결하는 노력도 필요하다. 이러한 필요에 대한 해결 방안이 인공지능 연구에서 많이 진척되고 있음을 본다. 그러나 인공지능 연구를 통해, 해킹과 같은 행위를 통해 인류에게 엄청난 피해를 주는 것은 절대 금해야 하며, 인명을 가볍게 여기는 전쟁에 인공지능이 악용되지 않기를 바란다. 따라서 인공지능의 발달 현실에 주목하며, 그것이 인류에게 희망을 주기를 기도한다.

인공지능이 급속도로 발전하여 GPT(generative pretrained trans-former)를 넘어서 AGI, 즉 범용 AI/일반 AI로 도래할 때, 우리의 생활에는 많은 변화가 일어날 것으로 예측된다. 동시에 윤리적 측면에서 심각한 문제들이 야기될 것으로 보인다. 더욱이 인간으로 하여금 관심을 갖게 하는 것은 AGI 체계가 편향성을 영구화할 가능성, 공평하지 못한 결과를 삶에서 나타나게 할 가능성을 보게 하는 부분이다. 또 앞에서 제기된 프라이버시 문제, 안전 문제, 통제 및 관리 문제, 인간의 보편적 가치 문제에 반하는 결과, 기술의 오용 문제 등 우리의 삶에 대해 지대하게, 다양한 우려를 하게 하는 윤리적 문제의 가능성을 본다. 이것들 역시 인간이 관심을 갖고 잘 대응할 것을 요청한다. 지나친 기술에 의존하여 인간의 삶을 혼란에 몰아넣지 않도록 주관하는 것이 인간의 책무다. 그래서 인간이 앞으로 인간의 편리를 위한 기술을 확실하게, 인간을 위하여 '선하게' 사용될 수 있게 하는 책임적 노력을 할 것을 제안한다. 이제는 우리의 삶에서 AI를 거부하기 어려울 것으로 보인다. 그러므로 우리는 삶에서 하나의 Partner, 즉 반려자로 여기고 넓은 맥락에서 다양하게 접근한 내용들을 수용한 범위에서 활용하며, 우리의 삶과 사회를 위해 신호등이 될 수 있는 안전판/법과 규정을 만들도록 노력해야 할 것이다. 가능하면 실효성이 있는 법(法)을 만드는 것이 위험성을 감소시킬 것이다.

III. 맺는말

필자는 하나의 기독교 신학의 입장을 선택하여 과학과 기술과 윤리를 다양하게 논의하였다. 과학에 대해서 잘 모르지만, 신학교에서 가르칠 때 이언 바버(Ian Barbour)를 조금 읽었고, 다른 참고 자료를 읽었으며, 그 후에는 맥그래스(McGrath)를 읽었다. 최근에는 인터넷에서 많은 정보를 얻었고, 특히 최무영 교수의 물리학 강의를 읽었으며, 조안 베이커(Joanne Baker)의 50가지 문제를 읽었다. 이처럼 과학과 기술에 대해 많은 관심을 가지고 있지만, 제한된 정보와 지식을 습득할 뿐이다. 그렇지만 세계미래학회(World Future Society) 회원으로서 얼마 동안 미국에 다니면서 과학과 기술에 대한 이해를 조금 넓히기는 했다. 다행히 최근에 박태웅의 『AI 강의 2025』를 읽었고, 추가로 수집된 자료들을 읽었다. 이러한 짧은 지식으로 과학과 기술에 대해 논의하고 평가하고 거기에서 일어나는 윤리적 문제들을 논하기에는 많이 부족하지만, 성경을 읽고 믿고 배운 과정에서 몇 가지를 신학적으로 생각하였다. 특히 창조론과 인간의 죄성(罪性)에 대해 깊은 관심을 가진 필자는 과학이 인간의 창조와 인간의 죄성을 깊이 고려하지 않고 하나님의 창조를, 한 예이기는 하지만, 신화라고 말하는 것에 대해 분명히 반대한다. 그리고 아무것도 없는 데서 대폭발로 인하여 우주가 시작되었다는 과학의 이론은 이해하기 힘들다. 왜냐하면 아무것도 없는 데서는 아무것도 만들 수 없다고 확신하기 때문이다. 진화론을 조금 공부하고 GAIA 이론도 읽어보았으나, '맨 처음'에 대한 이론은 만족할 수 없었다. 그러나 창조 사건들 이후 진화에 대한 진화론의 생각은 동의하는 바가 제한적으로 있으며, 결국 인간을 위협하지 않는 범위에서 제한하려고 노력하면서 기술 발전을 용인해야겠다는 생각도 한다. 특히 인공지능이 이미 우리 생활 속에 들어와 작용하기 때문에 파트너 수준에서 삶에 적용하며 윤리적 문제를 해결하려고 한다.

지금은 AI 시대에 들어섰다고 말하는 사람들이 많다. 필자도 이미 AI가 빠른 속도로 우리 생활 속에서 작동하고 있음을 느낀다. AI가 노벨상에도 빠르게 진입했음을 알 수 있다. "SEF 2024"(software edu fest)를 시청하면서, 우리나라는 우선 예산부터 빈약하고 교육 방향도 본질적으로 왜곡된 부분이 있는 것 같다는 말을 들었다. 가장 충격적인 말은 AI 사용 능력자(AI literacy)였다. 여기서 알게 된 것은 AI에 관한 교육이 먼저 필요한데, 우리나라에서는 활용 교육이 먼저이기 때문에 따라가는 입장이라는 것이다. AI에 관한 교육은 엄청난 비용이

들고 금방 실감이 나지 않는 것 같아, 바로 활용하여 효과를 보려는 것을 우선하는 교육을 하는 것이 아닌가라는 느낌을 받았다. AGI(Artificial General Intelligence), 즉 인공 일반지능/범용 인공지능 또는 인간과 유사한 범위의 지능의 인공지능을 목표로 한다면, 결국 AI의 연구와 발전은 인간의 문제로 이해된다. 이것은 과학과 기술의 문제이다. 그렇다면 여기에 신학과 기독교윤리학이 반드시 관심을 가질 필요가 있다고 생각한다. 앞으로 AI는 활용을 위해 싸고 작고 빠르게 발전할 것을 요구하는 것을 보고 예측하면서, 동시에 윤리적 문제에도 관심을 갖고 국가적으로 적극적인 협력이 필요할 것으로 보인다. 신학은 이러한 AI와 같은 기술의 발전을 주시하면서, 인간을 해치지 않는 방안들을 분명하게 제시할 수 있어야 한다. 결국 AI 문제는 인간의 의지와 판단력을 가지고 인류가 함께 살아가야 한다는 사랑(아하바/아가페)을 기초로 한 공동체 의식을 발휘하여 함께 삶을 지탱·지속 가능하게 만들어 가야 한다는 점은 분명해 보인다. 이것은 곧 기독교 신학이 윤리적 문제를 통해 인간의 과학과 기술의 한계를 명확히 하고, 인류가 앞으로 나가야 할 길을 제시하는 방향이라고 생각한다.

기술 시대 행복에 관한 윤리적 논의와 영적 행복*

이은경 | 감리교신학대학교 학술연구교수

I. 들어가는 말

오늘날 시대는 라곰(Lagom), 오캄(Au Calme), 휘게(Hygge)[1] 등으로도 불리는 소확행(小確幸)에서부터 기술과 약물 등을 통한 쾌락에 이르기까지 행복을 욕망하는 시대라고 할 수 있다. 누구나 행복하기를 꿈꾸지만 누구나 도달할 수 있는 것은 아니며, 쾌락이나 행복에 이르는 길도 매우 다양하다. 그렇다면 행복이란 무엇일까?

스위스 출신으로 오스트리아 잘츠부르크대학의 종교교육학자인

---

* 이 글은 「신학과 실천」 제91호 (2024)에 실렸던 것임을 밝힌다.
1 라곰(Lagom)은 '소박하고 균형 잡힌 삶'을 의미하는 스웨덴어이며, 오캄(Au Calme)은 '스트레스를 받지 않고 심신이 편안한 상태'를 말하는 프랑스어다. 그리고 휘게(Hygge)는 덴마크어로 '안락하고 아늑한 상태'를 의미한다. 김옥진, "르네 지라르의 관점에서 본 청년들의 소확행 심리," 「신학과 실천」 77 (2021), 197.

안톤 부허(Anton Bucher)는 행복이 무엇인지 정의하기에 앞서 행복과 행운을 구분한다. 행운으로 번역되는 영어의 luck 혹은 fortune이 '예기치 않은 우연이 가져다준 선물'을 의미한다면, 행복은 영어의 happiness에 해당하는 것으로 '강한 내적 만족 그리고 기쁨의 상태'를 말한다. 부허에 따르면, 고대 사람들은 인간에게 행복을 나눠 주는 '행복의 여신들 또는 운명의 여신들'이 있다고 믿었고, 중세 시대에 행복이란 개인적 혹은 주관적인 것이 아니라 '객관적'인 것이었다. 더욱이 그것은 '하늘의 은총', 다시 말해 신의 은총을 받는 것이었다. 그러나 근대에 들어서면서 행복과 운명의 여신들은 과거의 지위를 잃어버렸을 뿐만 아니라 그로 인해 행복과 행복에 대한 책임은 우리 "인간 자신의 손에 놓이게 되었다"는 것이다. 부허는 이것을 "모든 사람은 각자가 행복의 심판관이 되었다"라고 표현한다.[2]

그래서 오늘날 행복은 직접적으로 느끼고, 오로지 개인의 판단 속에서만 가능한 지극히 개인적이고 주관적인 것이 되었다. 또한 행복은 '점점 커질 가능성이 있는 상태가 아니'라 감정이나 안락감, 충족감에서 '절대적인 최고치'를 의미하기 때문에, 행복의 반대는 불행, 즉 '행복하지 않음'이라기보다는 '슬픈' 혹은 '우울'이 더 적절하다. 우울이야말로 '내적 공허와 비생산적인 상태'로 어떠한 것에 대해서도 안락감이나 충족감을 느끼지 못하는 상태이기 때문이다.[3]

이러한 맥락에서 기술 시대를 사는 많은 이가 모든 문제, 사회적인 문제들뿐 아니라 심지어 행복과 같은 감정적이고 개인적인 문제까지

2 안톤 부헤르/송안정 역, 『아이들이 들려주는 행복심리학』 (파주: 알마, 2010), 25-27.
3 위의 책, 31.

도 기술로 해결할 수 있을 거라고 철석같이 믿고 있다. 이러한 경향을 '솔루셔니즘'(solutionism)이라 부르는데, 솔루셔니즘은 인간 심리에 대한 인식이 거의 없어도 컴퓨터 조작과 같은 기술적 작업을 통해 모든 문제를 해결할 수 있다고 믿는 것을 말한다. 하지만 개인의 문제는 말할 것도 없고, 사회적 문제 역시 기술적 수단만으로는 해결할 수 없는 경우가 실제로는 더 많다. 또한 근시안적 혹은 일시적 해결에 매몰될 때, 기술을 통한 해결은 전혀 예기치 못한 결과들을 낳기도 한다.4

여기서도 그를 사로잡은 것은 미래의 어느 시점에선가 나쁜 결과로 돌아오게 될 완벽화에 대한 근시안적인 의지이다. 왜냐하면 이 의지는 오직 개선해야 한다는 일시적 생각에만 매몰되어 있기 때문이다. 모든 복잡한 사회적 관련들을 충분히 계산할 수 있는 명확한 해결책을 가진 문제로서 또는 올바른 알고리즘으로 쉽게 최적화할 수 있는 투명하고 자명한 과정으로 재해석하는 시도들에는 전혀 예기치 못한 결과가 생긴다.5

기술을 통해 어떠한 문제를 해결한다는 것은 그것이 지닌 사회적, 역사적 맥락을 고려한 것이라기보다는 표면적으로 드러나는 현상이나 문제들에 초점을 맞추어 그것을 해결하려는 시도이다. 그렇기 때문에 그 문제를 일으키는 원인이 겉으로 드러나지 않거나 여러 상황과 맥락이 복합적으로 작용하고 있을 때는 기술만으로 그 원인을 해결하거나 제거할 수는 없을 것이다. 이것은 어떠한 문제를 해결할 때뿐만

---

4 리하르트 다비트 프레히트/박종대 역, 『사냥꾼, 목동, 비평가: 디지털 거대 기업에 맞서 인간적 삶을 지키는 법』(파주: 열린책들, 2020), 240-241.
5 위의 책, 241.

이 아니라 만족감, 충만함, 행복감과 같은 감정이나 느낌을 북돋으려할 때도 마찬가지다.

이 글에서는 기술에 대한 이러한 비판적 입장을 견지하면서, 먼저기술 시대 행복의 기준과 조건으로 여겨지는 '즉시성과 감각 증강', '효율성과 최적화'에 대해서 살펴보고, 이어서 개인윤리, 직업윤리 그리고 사회윤리와 정치윤리의 측면에서 오늘날의 기술에 대한 윤리적 우려 세 가지와 기술과 행복의 관계를 톺아보고자 한다. 마지막으로는행복의 반대라 일컬어지는 슬픔과 같은 '정서'가 기술 시대에 필요한이유와 신앙인으로 우리가 가져야 할 '영적 경험으로서의 행복'에 대해 살펴봄으로써, 신앙인으로서 우리가 기술 시대의 윤리적 문제에대해 분명한 입장을 밝히는 것이 필요함을 드러내고자 한다.

II. 기술 시대 행복의 기준과 조건

궁극적으로 쾌락을 선으로 인정하는 전통에 서 있는 공리주의에서행복은 즐거움, 곧 쾌락이다. 행복의 종류나 쾌락에 이르는 방법은 다양할 수 있지만, 쾌락이 곧 행복이라는 기본 입장은 시간이 흘러도 변함이 없다.[6] 그리고 이것이 오늘날에는 기술의 힘으로 최대 그리고 최고의 쾌락을 얻으려는 경향으로 이어지고 있다. 특히 기술을 통해 쾌락을 그 즉시 얻으려 하고 그 감각을 더욱 증강하려고 한다. 그뿐만

---

6 김혜경, "객관화된 행복: 측정의 기술과 측정 너머의 감성," 「감성연구」 16 (2017): 12-14.

아니라 최소한의 노력으로 최대 행복을 얻으려고 가장 효율적이고 최적화된 방법을 찾는다. 그리고 그것을 통해 자신의 욕구를 충족하면서 그것이 행복이라 말한다. 이에 대해 좀 더 자세히 살펴보자.

1. 기술 시대 행복의 기준 ─ 즉시성과 감각 증강

기술 시대 행복의 기준 중 하나는 원하는 것은 무엇이든 그 자리에서 바로 얻을 수 있는 '즉시성'일 것이다. 특히 오늘날 MZ세대라 일컬어지는 젊은이와 성인들은 그들이 필요로 할 때는 언제, 어디서나, 즉 시간과 장소를 가리지 않고 그들에게 즉각적인 즐거움을 제공해 주는 장치를 이미 가지고 있다.[7] 그 대표적인 예가 바로 스마트폰과 약물이다.

또한 뇌과학의 연구에 따르면, 우리는 청각, 촉각, 미각, 후각, 시각 외에도 균형 감각, 진동 감각, 온도 감각 등을 갖추고 있으며, 이것들을 통해 환경으로부터 신호를 받아들인다. 한마디로 이 감각들은 '환경으로부터 신호를 수용하는 관문들'[8]인 셈이다. 그리고 이제까지 우리 뇌에 공급되는 정보는 의식적이든 무의식적이든, 이러한 감각기관들을 통해 수용되었다. 그러나 이제는 우리의 감각기관을 거치지 않은 상태에서 뇌를 직접적으로 자극할 수도 있고, 때로는 약물 등을 통해 처음부터 왜곡된 감각을 주입할 수도 있게 되었다.

그런데 여기서 중요한 것은 우리의 뇌는 입력되는 데이터의 출처를

---

7 제롬 케이건/김성훈 역, 『무엇이 인간을 만드는가: 인간을 완성시키는 12가지 요소』 (서울: 책세상, 2020), 151.

8 데이비드 이글먼/전대호 역, 『더 브레인: 삶에서 뇌는 얼마나 중요한가?』 (서울: 해나무, 2017), 237.

알지도 못할 뿐만 아니라 심지어 신경 쓰지도 않는다는 점이다. 어떤 정보가 어떠한 방식으로 입력되든, 즉 우리의 감각기관을 통해 들어오든 뇌에 직접적인 자극을 가함으로써 들어오든 혹은 또 다른 어떤 방식을 사용하든지에 관심하지 않고 뇌는 공급되는 정보를 즉각적으로 수용하고 그것을 처리한다.

약물의 경우는 일시적으로 그리고 즉각적으로 우리의 기분을 전환시키는 대표적인 사례다. 항우울제인 프로작(Prozac)을 포함하여 다양한 향정신성 약물이 나오기 훨씬 전부터 알코올이나 마취제, 진통제 등의 화학물질을 통해 우리는 자신의 기분이나 느낌을 변화시켰다. 화학물질 분자는 뇌의 특정 신경세포에 작용해서 원하는 결과를 생성해 낼 수 있기 때문이다. 화학물질이 우리의 감각 지도 패턴을 변화시키는 메커니즘은 다음의 세 가지 방식을 따른다. 먼저 화학물질은 신체로부터 오는 신호 전달에 개입한다. 그런 다음에 화학물질은 신체 지도 안에서 특정한 활동 유형을 만들어 낸다. 그리고 마지막으로 화학물질은 우리의 신체 상태를 변화시킨다. 이 세 가지 메커니즘은 각기 따로따로 작용하기도 하지만, 때로는 서로 연합하여 더 극적인 효과를 발휘하기도 한다. 또한 개별 약물들은 화학적으로 서로 다르고, 이들은 뇌의 서로 다른 화학 시스템에 작용한다. 하지만 화학물질이 뇌 기관을 점유해서 효과를 발휘한다는 점에서는 동일하다. 다시 말해 약물이 작용하는 개별 신체의 해부학적인 분포나 그 패턴은 다르지만, 그것이 일으키는 느낌은 상당히 유사하다는 것이다.9 즉, 특정 화

---

9 안토니오 다마지오/임지원 역, 『스피노자의 뇌: 기쁨, 슬픔, 느낌의 뇌과학』 (서울: 사이언스북스, 2007), 143-148.

학물질은 '쾌락'(pleasure) 혹은 '행복감'(happiness)이라 불리는 감정을 즉각적으로 불러일으키며, 심지어 매우 강렬하다.

또 다른 예로는 인공 달팽이관이나 인공 망막과 같은 이식 장치들이 있다.[10] 이식 장치들은 우리의 자연적 감각기관과는 다소 다른 방식으로 신호를 제공하지만, 뇌는 곧 그 신호들을 이해하는 법을 터득하고 처리한다. 그래서 결국에는 '플러그-앤-플레이'(plug-and-play)[11] 방식으로, 다시 말해 신호가 연결되는 즉시 사용 혹은 처리한다. 그러나 오늘날에는 인공 달팽이관이나 인공 망막을 통해 망가진 청각과 시각을 대체하거나 우회하는 것을 넘어 기술을 통해 감각을 확장하려는 시도들, 즉 '감각 증강'이 이루어지고 있다. 미국 스탠퍼드대학교의 뇌과학자인 데이비드 이글먼(David Eagleman)은 이러한 감각 증강 혹은 감각 추가가 '의식적으로 주의를 집중하지 않고도 세계에 관한 정보를 받아들이는 방법'이 될 것이며, '확장된 감각적 실재에 맞게 우리 자신을 설계하게 될 것'으로 전망하기도 한다.[12]

위의 예처럼 향정신성 약물이나 화학물질 등을 사용하거나 혹은 감각 증강을 통해 즉각적으로 그리고 보다 강렬한 감각을 획득하는 것이 기술 시대 행복을 가늠하는 하나의 기준이 되면서, 사람들은 점점 더 참을성을 잃어가고 있다. 그뿐만 아니라 정신건강의 측면에서도 심각한 우려들이 제기되고 있다. 몸과 마음은 이전보다 편해졌을지 모르

---

10 '인공 달팽이관'은 귀의 생물학적 문제들을 우회하여 외부 마이크에 포착된 소리 신호를 디지털화하여 청신경에 청각 신호를 공급하고, 이와 유사하게 '인공 망막'도 카메라에 포착된 빛 신호를 디지털화하여 전극 격자를 통해 미세한 전기 스파크를 송출한다. 데이비드 이글먼, 『더 브레인』, 234-235.
11 위의 책, 237.
12 위의 책, 242-244.

지만, 오히려 그로 인해 삶의 의미를 상실한 채 극심한 우울증에 시달리거나 '내면의 공허함으로 고통을 호소'하는 일도 빈번해졌다.[13]

2. 기술 시대 행복의 조건 — 효율성과 최적화

기술로 인한 행복의 기준이 즉각적으로 그 자리에서 바로 누리는 것이라면, 행복의 조건은 바로 효율성과 최적화일 것이다. 기술이 발달하면서 모든 면에서 효율성이 향상되었으며, 그와 동시에 편의성도 함께 높아졌기 때문이다. 효율성(效率性)이 높다는 것은 최소한의 투입으로 기대하는 효과를 얻는 것으로, 효율성은 효과성과 능률성이 합쳐진 복합적 개념이다. 효율성과 유사한 개념으로는 최적화가 있는데, '최적화'(最適化)란 어떤 조건에서 혹은 주어진 범위 안에서 최댓값 혹은 최솟값을 찾아내어 자원이나 비용의 효율성을 추구하는 것을 말한다.

기술의 발전은 언제나 이러한 효율성을 극대화하거나 최적화하는 방향으로 진행되어 왔으며, 이것은 이미 우리 삶에서 전방위적으로 일어나고 있다. 그래서 무엇인가를 선택하거나 평가해야 할 때도 효율성과 최적화는 가장 가치 있는 혹은 유용한 기준이 되었다. 그러다 보니 이제는 인간이 살아가는 데 반드시 필요한 기본 줄기 중 하나인 음식을 먹는 데서도 효율성과 최적화의 공식을 따르려는 움직임이 본격화되고 있다. 실리콘 밸리의 혁신이라 일컬어지는 '소이렌트'(Soylent)의 사례를 살펴보면, 효율성과 최적화가 얼마나 우리 삶 속에 깊이 파고

---

13 김옥진, "르네 지라르의 관점에서 본 청년들의 소확행 심리," 199.

들었는지를 알 수 있다.

소이렌트는 음식을 먹는 것이 일상의 고충 중 하나라고 생각한 실리콘 밸리의 엔지니어 롭 라인하트(Rob Rhinehart)가 발명한 '물에 타서 마시는 분말형 영양 보충제'의 일종이다. 라인하트는 자신의 블로그에 "나는 음식 먹기를 어떻게 중단했는가"(How I stopped eating food)라는 제목으로 다음과 같은 글을 올렸다.

경고: 이 식단은 검증되지 않았으며 잠재적으로 위험할 수 있습니다. 이 식단은 연구되지 않았으며 의사의 도움 없이 라인하트가 직접 자가 테스트를 하고 있습니다.

우리에게는 비타민과 미네랄이 필요합니다. 빵이 아닌 탄수화물이 필요합니다. 우유가 아닌 아미노산이 필요합니다. 원할 때마다 먹어도 좋지만, 모든 사람이 그런 음식을 먹을 여유가 있거나 먹고 싶은 욕구가 있는 것은 아닙니다.

음식에 대해 걱정할 필요가 없다는 것은 환상적입니다. 장보기, 요리, 무엇을 먹을지 결정할 필요도 없고, 글루텐 프리(gluten-free), 케토(keto),[14] 팔레오(paleo),[15] 비건(vegan)[16]의 상대적 장점을 비교하며 끝없이 대

---

14 고지방 다이어트식.
15 팔레오 식단은 약 250만 년에서 1만 년 전에 이르는 구석기 시대에 인류가 먹었을 법한 음식을 기반으로 한 식단으로, 현대의 팔레오 식단에는 과일, 채소, 살코기, 생선, 달걀, 견과류, 씨앗이 포함된다. 이 식품들은 과거에 사람들이 사냥과 채집을 통해 얻을 수 있었던 식품으로, 약 1만 년 전 소규모 농경이 시작되면서 더 보편화된 식품은 이에 포함되지 않는다. 팔레오 식단은 구석기 식단, 석기 시대 식단, 수렵 채집 식단, 동굴

화할 필요도 없습니다. 전기 요금과 수도 요금이 더 저렴합니다. 하루에 몇 시간, 한 달에 수백 달러를 절약합니다. 엄청난 양의 반복적인 고된 일에서 해방된 기분이 듭니다. 소이렌트는 체중 관리에 어려움을 겪는 사람들에게도 좋습니다. 음료의 비율을 다양하게 조절함으로써 정확한 체중 감량과 증량을 매우 쉽게 할 수도 있습니다.[17]

이 글을 쓸 당시 라인하트는 1973년에 만들어진 공상과학 영화 〈소이렌트 그린〉(Soylent Green)의 이름을 따서 자신이 발명한 분말형 영양 보충제에 '소이렌트'라는 이름을 붙였다. 그는 이 식단을 30일 동안 지속했으며, 전통적인 의미의 음식을 먹지 않고 두 달을 보냈다. 소이렌트는 여분의 '재료' 없이 음식에 필요한 모든 필수 재료로 구성되어 있으며, 레시피는 탄수화물, 나트륨, 염화물, 아연 및 기타 여러 가지 기본 식품 성분의 다양한 측정값으로 구성되어 있었다. 라인하트가 염두에 둔 한 가지 이론은, 이러한 필수 성분을 추출하기 위해 음식을 분해할 필요 없이 원재료로 바로 섭취하면 신체가 에너지를 절약하고 더 효율적으로 작동한다는 것이었다.[18]

인간 식단 등의 이름으로 불리기도 한다. 오늘날 팔레오 식단을 하는 목적은 초기 인류 가 먹었을 것으로 추정되는 음식을 섭취하는 것으로, 우리 유전자가 농경에서 자란 현 대식 식단에 잘 적응하지 못한다는 생각에 기반하고 있다. Sandhya Pruthi, "Paleo diet: What is it and why is it so popular?" *Mayo Clinic* June 21, 2024. https://www. mayoclinic.org/healthy-lifestyle/nutrition-and-healthy-eating/in-depth/pal eo-diet/art-20111182) (accessed August 28, 2024).

16 고기는 물론 우유, 달걀도 먹지 않는 엄격한 채식주의자를 말한다. 어떤 이들은 실크나 가죽같이 동물에게서 원료를 얻는 제품도 사용하지 않는다.

17 Dylan Love, "ROB RHINEHART: 'How I Stopped Eating Food,'" *Business Insider* March 20, 2013. https://www.businessinsider.com/rob-rhinehart-food-sub stitute-soylent-2013-3 (accessed August 28, 2024).

모든 것은 여러 부분으로 이루어져 있고 전부 분해가 됩니다. 맛과 식감을 우선시하는 다른 대부분의 식품과 달리, 소이렌트는 영양을 극대화해 가능한 한 가장 효율적인 방법으로 인체에 영향을 공급하도록 만들어졌습니다.[19]

라인하트의 최대 관심은 음식을 섭취하는 시간은 최소한으로 줄이고 필요한 영양소는 골고루 섭취하는, 한마디로 영양 공급의 '최적화'였다. 소이렌트는 출시되었을 때부터 「뉴욕타임스」 등의 언론으로부터 '음식의 종말' 혹은 '즐거움이라고는 조금도 없는 극도의 지루한 제품'이라는 혹평을 받았으며, 심지어 "우리가 음식에서 갈망하는 심미적, 정서적 즐거움을 희생시켰다"라는 평가를 받기도 했다. 롭 라이히(Rob Reich)와 메흐란 사하미(Mehran Sahami), 제러미 와인스타인(Jeremy Weinstein) 역시 음식의 의미와 그것이 주는 다양한 가치들을 이야기하면서, 이것을 '가치관의 상실'이라고 표현하기도 했다.

하지만 대부분의 사람들에게 음식은 필수 영양소 섭취 이상의 의미를 갖는다. 음식은 다양한 목표를 달성하게 해 준다. 미각의 즐거움을 선사하고, 사회적 유대의 기회를 제공하며, 문화적 정체성을 유지하고 전달한다. 소이렌트가 음식의 종말을 의미하는 세상은 한편으로 이런 가치관의 상실을 의미한다.[20]

---

18 Ibid.
19 롭 라이히 · 메흐란 사하미 · 제러미 와인스타인/이영래 역, 『시스템 에러: 빅테크 시대의 윤리학』(서울: 어크로스, 2022), 56.
20 위의 책, 57.

기술 특히 엔지니어들이 이러한 최적화의 사고방식을 드러낼 때, 그것이 우리 사회의 지배적인 이념으로 작용하기 시작할 때, 그래서 기술개발의 방향이 효율성과 최적화로 고착되어 이것이 보편적이고 피할 수 없는 것이 될 때, 바로 그때 예기치 못했던 다양한 윤리적 문제들이 발생하게 될 것이다.[21]

III. 기술에 대한 윤리적 우려와 행복과의 상관관계

1. 기술에 대한 윤리적 우려 세 가지

라이히와 사하미, 와인스타인은 기술에 대해서 개인윤리, 직업윤리 그리고 사회윤리와 정치윤리라는 세 가지 측면에서 윤리적 우려를 제기한다. 먼저 '개인윤리' 측면에서는 겨우 19세의 나이에 '테라노스' (Teranos)라는 생의학 스타트업을 설립한 엘리자베스 홈스(Elizabeth Holmes)의 사례를 들면서, "엔지니어는 인격이 좋은 사람이 되기 위해서 노력해야 한다"라고 말한다. 홈스는 혁신적인 혈액검사 기술을 개발했으며, 이를 통해 단 한 방울의 혈액만으로도 다양한 질병을 진단할 수 있다고 주장했다. 한때 테라노스의 기업 가치는 100억 달러가 넘기도 했지만, 테라노스는 실제 기술을 보유하고 있지 않았다. 결국 이 기술이 사기라는 것이 드러나 테라노스는 2018년에 문을 닫았으며, 홈스는 2022년 1심에서 징역 11년형을 선고받았다.[22]

---

21 위의 책, 58.

기술의 두 번째 윤리적 측면은 '직업윤리'로, 말로 하는 선서보다는 구체적인 행동 강령을 위반하는 사람이나 기업에게 위력을 행사함으로써 구성원의 행동을 효과적으로 감시하는 조직체와 연결된 경우가 훨씬 더 많다. 특히 의학계에서 연구 대상자와 환자의 이익을 보호하는 행동 규준을 마련하는 데 중대한 계기가 되었던 사건 중 하나로 '터스키기 실험'이 있다. 터스키기 매독 실험(Tuskegee syphilis experiment)으로도 알려진 터스키기 실험은 1932년부터 1972년까지 앨라배마주 터스키기에서 미국 공중위생국(USPHS)의 후원으로 진행된 인종 차별적이고 비윤리적인 임상 연구이다. 이 연구는 무려 40년 동안 이어졌는데, 무료로 치료해 준다는 명목으로 수백 명의 아프리카계 미국인을 모집했다. 그들 중 일부는 이미 매독균에 감염된 상태였고, 나머지 사람에게는 연구를 위해 의도적으로 매독균을 주입했다. 그리고 의도적으로 치료하지 않은 채 매독의 자연적인 진행을 조사했다. 이름과는 달리 이 연구에는 실험이나 치료가 포함되지 않았다. 대신 치료하지 않은 매독이 인체에 미치는 영향을 문서화하는 것을 목표로 한 관찰 연구였다. 결국 이 실험은 내부고발자에 의해 폭로되었다. 이 연구는 큰 논란을 불러일으켰을 뿐 아니라 현대 역사상 가장 비윤리적인 의학 연구의 사례 중 하나로 널리 알려져 있다.

마지막 세 번째 윤리적 측면은 '사회윤리'와 '정치윤리'다. 여기에는 우리가 모두 소중히 여기는 가치관들이 어떤 것인지를 파악하고 상충

---

22 "테라노스: '실리콘 밸리 최대 사기극' 벌인 엘리자베스 홈스, 징역 11년 선고," 「BBC NEWS 코리아」 2022. 11. 19. https://www.bbc.com/korean/international-63687467?xtor=AL-73-%5Bpartner%5D-%5Bnaver%5D-%5Bheadline%5D-%5Bkorean%5D-%5Bbizdev%5D-%5Bapi%5D (2024. 8. 18. 접속).

하는 가치들 사이의 절충점을 찾는 일이 포함된다. 예를 들면 자유와 평등 사이의 긴장이 그러하다. 자유와 평등은 사회 안에서 모두 가치 있는 목표이지만, 이것을 동시에 전적으로 실현하는 것은 불가능하거나 서로 상충하는 일이 생기기도 하기 때문이다. 이렇게 경쟁적인 가치관이 서로 맞설 때, 그것을 해결하는 것이 정치윤리의 영역이다. 그래서 오늘날 정치의 중심 문제는 누가 다스릴 것이냐의 문제라기보다는 정치 조직을 통해 끔찍한 결과를 막아내거나 무능한 통치자로 인한 피해를 막는 것이 더 중요하다.[23]

그렇다면 행복은 이 세 가지 윤리적 측면 중에 어디에 해당할까? 행복은 개인윤리의 영역이면서 동시에 사회윤리의 영역이기도 하다. 개인의 행복은 지극히 사적인 영역에 속하지만, 동시에 그중 상당 부분이 사회 안에서 실현되고 있으며, 그것이 또 개인의 행복에 영향을 주기 때문이다. 그래서 재런 러니어(Jaron Lanier)는 2010년에 이미 기술로 인해 사생활을 침해하는 여러 관행이 매우 익숙해질 것을 예견하면서, 기술이 우리에게 어떤 영향을 미치는지 주의를 기울이지 않는다면 우리가 인간성을 상실할 수도 있다고 경고했다. 특히 디지털 기술의 경우에는 '우리 각자가 개인으로서 존재하는 방식을 점진적으로 저하시키는 생활 패턴으로 우리를 끌어들이는 경향이 있'기 때문이다.[24]

---

23 라이히 · 사하미 · 와인스타인, 『시스템 에러』, 37-41.
24 Jaron Lanier, *You are not a Gadget: A Manifesto* (New York: Knopf Doubleday Publishing Group, 2010), x.

2. 기술과 행복의 상관관계

기술이 문명을 구축하고 우리 삶을 편리하게 만드는 데 크게 이바지한다는 사실을 부정하는 사람은 아마 없을 것이다. 그렇다고 기술이 발달할수록 우리의 행복감도 함께 상승할까? 꼭 그렇지는 않을 것이다. 그래서 현대 독일 철학의 아이콘이라 불리는 리하르트 다비트 프레히트(Richard David Precht)는 "기술과 행복을 무턱대고 동일시하는 것은 하나의 이데올로기로서 인간상의 일방적인 과장과 역사의 일방적인 해석에 불과하다"라고 말한다.[25]

세계경제포럼(World Economic Forum)에서 매년 발표하는 '네트워크 준비 지수'(NRI, Networked Readiness Index)가 이를 방증한다. 우리나라뿐 아니라 온 세계가 네트워크로 연결되어 마음만 먹으면 언제 어디서든 사람들과 관계를 맺을 수 있는 유비쿼터스 환경이 마련되었다. 하지만 이러한 시대에 사람들은 오히려 점점 더 외로워지고 있다. 예를 들어 친구들과 카페에 가거나 식구들과 식사하러 왔지만, 각자 스마트폰 화면만 쳐다보고 있는 모습은 요즘 흔한 풍경이다. 그래서 전 세계 디지털화(Digitalisierung) 순위에서 1, 2위를 차지하는 싱가포르는 행복도에서는 아르헨티나, 멕시코 다음으로 26위에 불과하다.

세계경제포럼은 2023년에 전 세계 국내총생산(GDP)의 95%를 차지하는 총 134개 국가를 대상으로 네트워크 준비도를 평가하여 순위를 매겼다. 특히 네트워크 준비 지수(NRI)는 한 국가에서 디지털 정보 및 통신 기술을 사회의 이익을 위해 사용하는 데 기여하는 요소를 분

---

25 프레히트, 『사냥꾼, 목동, 비평가』, 178-179.

석하고 평가하는데, 네트워크 준비 지수의 최신 순위(2023년)에서 미국과 싱가포르[26]는 전년도에 이어 각각 1위와 2위를 유지했다. 주목할 만한 순위 상승으로는 핀란드가 작년 7위에서 4계단 상승하여 3위를 차지했으며, 그 뒤를 이어 네덜란드와 스웨덴이 각각 4위와 5위를 차지했다.[27] 우리나라는 전년도 9위에서 7위로 올라갔다.[28]

물론 기술과 그로 인한 편리함이 우리에게 행복감을 안겨줄 수 있고, 실제로도 그렇다. 그러나 기술로 인한 편리함은 우리에게 역으로 '사회적 고립과 불안'을 초래하기도 한다. 기술의 발달과 진보는 우리

---

26 세계경제포럼에 따르면, 아시아의 호랑이라 불리는 싱가포르가 네 개 하위 지표 중세 개 지표에서 글로벌 리더라는 사실은 디지털 개발 분야에서 싱가포르가 차지하고 있는 뛰어난 위치를 강조한다. 그 주된 이유는 싱가포르가 세계에서 규제가 가장 완화되었으며, 민영화된 경제 국가 중 하나이며, 디지털 아젠다에 대한 정부의 의지가 분명하기 때문이다. Tobias Loitsch, "Die führenden Länder in der Digitalisierung," *Neuinstitute*. https://www.neuinstitut.de/die-fuehrenden-laender-in-der-digitalisierung) (accessed August 28, 2024).

27 스칸디나비아에서 세 번째로 큰 국가인 핀란드는 무엇보다도 인프라가 뛰어나며, 신기술을 다루는 핀란드인의 개인적 역량이 모범적이고 선구적이다. 핀란드는 현재 유럽 연합에서 가장 번영하는 국가 중 하나다. 또한 가구의 96%가 온라인에 접속하는 네덜란드는 세계에서 기술에 대한 선호도가 가장 높은 국가 중 하나다. 세계경제포럼의 NRI(2015)에 따르면, 현지 가구의 약 96%가 인터넷에 접속할 수 있으며, 이는 EU 평균이 78%에 불과한 것과 비교하면 매우 높은 수치다. 그뿐만 아니라 디지털 개발과 새로운 솔루션의 사용에 대한 일반적인 수용도 그에 상응하여 높다. 그리고 전통을 중시하는 동시에 현대적인 스웨덴은 기술 발전 수준과 관련하여 국제적인 국가 비교에서 2015년에는 3위를 차지했다. 오늘날 서비스 부문이 국내총생산의 70%를 차지하는데, 이는 주로 공공 부문이 최근 수십 년 동안 상당히 성장했기 때문이다. Ibid.

28 NRI 2023의 상위 10개 국가는 유럽, 미주, 아시아, 태평양의 선진 경제가 네트워크 준비성 측면에서 선두를 달리고 있음을 보여 준다. 특히 상위 25개국 중 16개국은 유럽(주로 북유럽과 서유럽), 5개국은 동아시아 및 동남아시아(싱가포르, 대한민국, 중국, 홍콩, 일본), 2개국은 오세아니아(호주와 뉴질랜드), 2개국은 북미(캐나다와 미국)에서 나왔다. Portulans Institute, "Benchmarking the Future of the Network Economy." https://networkreadinessindex.org/countries (accessed August 28, 2024).

에게 편리함, 안락함 등을 제공하기도 하지만 동시에 우리 삶의 차원을 축소하기도 하고,29 알버트 보르그만(Albert Borgmann)이 '장치(divise)의 패러다임'30이라고 부른 소외로 우리를 내몰 수도 있다. 장치의 패러다임 안에서는 목적과 수단이 분리되어 우리 삶에서 일어나는 활동들의 연관성이 사라지기 때문이다. 그리하여 장치의 패러다임 안에서 생산된 것들은 단순히 '소비재'로, 생산활동은 그저 경제활동만을 위한 의미 없는 '노동'으로 전락하고 만다.31

또한 기술 시대에는 중요한 것이 의미 있는 것이 아니라 측정할 수 있는 것이 의미 있는 것으로 여겨진다. 물론 중요하다고 해서 모든 것을 측정할 수 있는 것은 아니며, 반대로 측정할 수 있다고 해서 그것이 중요하지 않은 것은 아니다. 또 좋은 의도로 기술을 개발했을지라도 그것을 실행했을 때 항상 좋은 결과를 가져오는 것도 아니다. 그래서 때로는 지표가 목표가 되고 수단이 목적을 정당화하는 '굿하트의 법칙'(Goodhart's Law)이 지배하기도 한다.32 그러므로 우리가 추구하고 지향하는 가치와 기술을 어떻게 연합하고 현재의 조건과 상황을 고려하여 어느 정도 절충할 것인지에 대해서 명확한 입장, 특히 윤리적 입장을 분명히 밝히는 것이 필요하다.

---

29 프레히트, 『사냥꾼, 목동, 비평가』, 180-181.
30 Albert Borgmann, *Technology and the Character of Contemporary Life* (Chicago: University of Chicago Press, 1984); 손화철, 『호모 파베르의 미래』(파주: 아카넷, 2020), 150-151 재인용.
31 이은경, "첨단기술발달시대에 인간과 자연의 관계 변화와 기독교교육의 패러다임 전환," 「신학과 실천」 77 (2021), 514.
32 라이히·사하미·와인스타인, 『시스템 에러』, 70-71.

IV. 기술 시대에 부정적 정서가 필요한 이유와 영적 행복

1. 부정적 정서의 기능 — 생명을 증거하는 목격자

오늘날 많은 과학자 혹은 기술주의자들은 첨단 과학 기술을 통해 행복뿐만 아니라 성취에서도 '잘 채워진(well-filled) 지성'을 만들 수 있고, 이를 통해 행복에 이를 수 있다고 말한다. 그러나 잘 채워진 지성보다 중요한 것은 '잘 다듬어진(well-formed) 지성'이 아닐까.[33] 이미 유전자 조작을 통해 DNA 단계에서부터 미래에 원하는 것들을 '채워 넣고' 있으며, 앞으로는 이런 일이 더욱 빈번하게 일어나게 될 것이다. 그러나 그것이 진정 행복이고, 행복한 삶인가? 아니, 행복한 삶이라고 말할 수 있을까? 그보다는 태어난 모습 그대로, 설령 그것이 조금 부족하다 할지라도, 그것을 '잘 다듬어서' 지금보다 나은 존재로 성장하고, 그 안에서 만족이나 충만함을 느끼는 것, 그것이 바로 우리를 진정으로 행복하게 만드는 것이 아닐까.

청각장애가 있는 장애인이자 자연과학 연구자인 김초엽은 기술과 연결되어 살아가고 있는 장애인 사이보그로서의 삶을 통해 인간의 취약함과 의존성이 기술과 맺고 있는 관계를 보여 주면서, 충만함, 완전함에 도달하기 위한 기술 대신 '불완전함과 함께 살아가기 위한 기술의 단서'를 제공한다.[34] 다시 말해 기술을 통해 고통받고, 손상되고, 무능한 것을 고통 없이 행복하고, 손상이 없고, 능력이 뛰어난 것으로

---

33 케이건, 『무엇이 인간을 만드는가』, 390.
34 김초엽 · 김원영, 『사이보그가 되다』 (파주: 사계절, 2022), 88.

바꾸려고 하기보다는 지금 그대로의 모습을 긍정하며 기술과 함께 더불어 살아가는 것이 우리가 꿈꾸어야 할 미래라는 것이다.

나는 모든 사람이 '유능한' 세계보다 취약한 사람들이 편안하게 제 자신으로 존재하는 미래가 더 해방적이라고 믿는다. 어떤 손상도 존재하지 않는 것처럼 보이는 미래보다는 고통받는 몸, 손상된 몸, 무언가를 할 수 없는 몸들을 세계의 구성원으로 환대하는 미래가 더 열려 있다고 믿는다.[35]

이에 대해 포르투갈 출신의 뇌과학자인 안토니오 다마지오(Antonio Damasio)도 부정적 정서와 그에 따른 부정적 느낌이 우리를 정상적인 삶에서 멀리 밀어내는 것은 분명하지만, 안락함, 충만함과 같은 행복한 감정뿐만 아니라 '정당한 공포'와 적절한 슬픔 역시 우리를 보호하는 훌륭한 안전장치라고 말한다. 왜냐하면 공포가 수많은 생명을 구할 때도 있었고, 때로는 우리를 더 나은 상황으로 이끌었던 적도 있었기 때문이다. 또한 '위안과 지지를 찾아서 눈물을 흘리는 슬픔이라면, 적절한 상황에서 우리를 보호'할 수 있다고 말한다. 이처럼 우리에게는 기쁨과 쾌락, 행복뿐만 아니라, 안톤 부허의 표현을 빌리면, 행복의 반대인 슬픔과 고통, 공포의 느낌 그리고 때로는 좌절과 실패의 경험도 필요하다. 슬픔, 고통, 공포와 같은 부정적 정서도 '생물의 내부를 탐색하는 심적 감지기'이면서, 동시에 '진행 중인 생명 활동을 증거하는 목격자'이자 '파수꾼'이기 때문이다. 이러한 부정적 정서와 느낌은

---

35 위의 책, 282.

우리 마음속 깊은 곳에 있음직한 생명 상태를 증언하면서, '생명 상태의 목격자' 역할을 충실히 이행하고 있다.[36]

그리고 이러한 슬픔과 고통의 느낌, 실패와 좌절의 경험은 일상의 삶에서뿐만 아니라 특히 교육의 영역에서 중요하다. 그래서 제롬 케이건은 교육과 관련해서 다음과 같이 말하고 있다.

(아동에게는) 좌절 앞에서의 인내가 필요하고, 가끔씩 찾아오는 실패에 뒤따르는 수치심을 견디는 능력이 필요하다는 사실과 규칙을 배워야 할 때는 기계가 사람을 대체할 수 없다.[37]

다마지오도 우리에게는 긍정적 정서뿐 아니라 부정적 정서 혹은 느낌이 필요하며, 그 까닭은 '느낌을 통해서 자신의 자아에 관한 관심을 창조해 낼 수 있'기 때문이라고 주장한다.

느낌이 필요한 이유는 그것이 정서 및 정서 아래에 자리 잡고 있는 여러 요소를 심적 수준에서 표현하는 것이기 때문이다. 그리고 오직 완전한 의식의 빛 아래 놓인 심적 수준의 생물학적 절차만이 현재와 과거와 미래를 충분히 통합할 수 있다. 그리고 오직 이 수준에서만 정서가 느낌을 통해서 자신의 자아에 대한 관심으로 창조해 낼 수 있다.[38]

그렇다. 기술을 통해 즉각적으로 그리고 때로는 영구적으로 감정

---

36 다마지오, 『스피노자의 뇌』, 163-165.
37 케이건, 『무엇이 인간을 만드는가』, 391.
38 다마지오, 『스피노자의 뇌』, 210.

을 증강시키고 부정적 감정이나 느낌을 긍정적으로 바꿀 수 있을지는 모르지만, 그것이 현재와 과거 그리고 미래까지도 통합하는 신체에 기반한 정서와 느낌 자체를 대신할 수는 없다. 이 수준의 느낌을 통해 서만 자아에 대한 관심을 창조해 낼 수 있을 것이고, 그것을 통해 하나님의 형상을 간직한 온전한 인간이 될 수 있을 것이다. 에덴동산에서 쫓겨난 이후 인간은 드디어 고통과 수고의 느낌을 갖게 되었고, 이를 통해 자아에 대한 관심을 창조할 수 있었기 때문이다.

2. 영적 경험으로서의 행복

앞서 인용한 부허의 말처럼, 행복이 '강한 내적 만족과 기쁨의 상태'를 의미할 때, 행복에 이르는 한 가지 경로에는 '즐거움의 원천으로서 열정과 어느 정도의 훈련을 통해 지혜를 추구하는 영적 삶'이 반드시 포함된다. 뇌과학자인 안토니오 다마지오는 이러한 영적 경험을 '일종의 심적 절차'이자 '최고도로 복잡한 생물학적 절차'로 본다. 그래서 다마지오에게 있어 영적 경험을 한다는 것은 잔잔하고 고요한 형태로 드러나는 일종의 '기쁨이 지배하는 특정 종류의 지속적인 느낌'을 갖는 것이다.[39] 신앙인인 우리는 그것이 무엇을 의미하는지를 이미 체험적으로 알고 있으며, 약물이나 기술을 이용한 감정의 증강을 통해서가 아니라 예배와 기도 등의 예전을 통해 그 느낌을 불러일으킬 수 있다. 또한 그것을 자양분 삼아 우리 삶을 변화시킬 수도 있다.

이러한 영적 행복에 대해 장기영은 존 웨슬리의 설교를 인용하면

---

39 위의 책, 333-336.

서, 인간은 하나님의 형상으로 창조되었을 때부터 '공로 없는 자에게 값없이 베푸신 하나님의 사랑에 의해 이미 거룩하고 행복한 상태'라고 말한다. 그리고 만약 우리 인간이 죄로 인해 에덴동산에서 쫓겨나고 타락하지 않았더라면, '하나님과의 거룩한 사랑의 관계와 그 결과로서의 행복한 삶을 영원히 지속할 수 있었을 것'이라고 덧붙인다.[40] 물론 지금 우리는 하나님께서 우리에게 주신 절대적인 행복을 잃어버렸고, 그것을 대신하여 유사 행복을 맛보기 위해 기술의 힘뿐만 아니라 약물과 같은 화학물질을 사용하기도 한다.

오늘날 MZ세대라 일컬어지는 디지털 네이티브들(digital natives)은 무분별한 디지털 기술의 사용으로 인해 여러 가지 병리 현상들을 경험하기도 한다. 대표적인 현상으로는 먼저 의사소통 기능의 발달이 저해되고, 개인의 정체성이 타인에게 의존적인 방식으로 형성되며, 강박적 게임을 통해 무모함과 공격적 성향이 생겨날 뿐 아니라 주의집중을 잘하지 못하기도 한다. 한마디로 말해 디지털 환경에 익숙하게 적응한 마음들은 협소하고, 급하며, 단절되어 있고, 파편화되어 있다.[41] 그뿐만 아니라 이것이 순간적인 쾌락을 느끼게 할 수는 있을지 모르지만, 영적 경험으로서의 행복감을 가져다줄 리는 만무하다. 영적 경험으로서의 행복감은 행복의 근원인 절대자, 즉 하나님과의 관계와 하나님의 은혜에 전적으로 의존하고 있기 때문이다. 그렇다고 해서 웨

---

40 장기영, "한국인의 행복과 웰빙을 위한 기독교의 메시지: 존 웨슬리의 치유 및 전인적 건강 개념을 중심으로," 「신학과 실천」 86 (2023), 439.

41 Susan Greenfield, *Mind Change: How Digital Technologies Are Leaving Their Mark on Our Brains* (New York: Random House, 2015), 245-255; 이주형, "디지털 네이티브(Digital Natives)를 위한 영성형성: AI 시대 기독교 영적 돌봄 사역의 예비적 고찰," 「신학과 실천」 89 (2024), 725 재인용.

슬리의 말처럼 극단적인 이원론이나 금욕주의에 빠져 세상과 물질, 쾌락 자체를 악으로 여길 필요는 없다. 하지만 피상적으로 기분이 좋은 상태를 행복으로 착각해서도 안 될 것이다.[42]

또한 다마지오가 말하듯이, 우리는 '어느 정도의 훈련을 통해' 영적 행복을 추구하는 삶을 살 수 있으며, 일반인뿐만 아니라 신앙인에게도 이러한 훈련을 위한 교육이 필요하다. 교육의 본질은 졸업 후 사회에 적응할 수 있는 능력 혹은 노동시장에서 안정적인 직업을 가질 수 있는 능력을 갖추도록 하는 것이 아니라 '독창적 사고가 넘쳐나는 충만한 삶을 구축할 능력'을 기르는 것이기 때문이다. 그러므로 돈, 명예 등과 같은 경제적인 성공을 이루었다고 해서 반드시 행복감을 느끼는 것을 아니며, 그 행복은 오래 지속될 수 없다. 가장 행복한 존재 양식은 단순히 '활동적인 삶'(*Vita activa*)이 아니라 '관조적 삶'(*Vita contemplativa*), 즉 영적 삶이기 때문이다.[43]

그래서 빅터 프랭클(Viktor Frankl)은 생물학적 차원과 심리학적 차원의 인간 이해를 넘어 인간을 영적 존재로 바라봄으로써 인간을 전체적이고 포괄적일 뿐 아니라 통전적으로 탐색하고자 하였다.[44] 인간은 자신의 삶과 활동에 영적 차원의 의미를 부여할 수 있을 때, 건강한 심리를 갖게 되며 보다 긍정적, 적극적으로 자신의 삶을 살아갈 수 있는 존재이기 때문이다.[45] 특히 환자들의 경우 미래에 대한 새로운 희

---

42 장기영, "한국인의 행복과 웰빙을 위한 기독교의 메시지," 444-445.

43 프레히트, 『사냥꾼, 목동, 비평가』, 142-144.

44 신문궤, "빅토르 프랑클의 로고테라피를 통한 실존적 공허 극복 시도," 「신학과 실천」 89 (2024), 284.

45 김태형, "삶에 대한 심리적 그리고 영적 의미의 발견 가능성: 자기대상, 의미요법 및 그리스도 요법을 중심으로," 「신학과 실천」 68 (2020), 344.

망 혹은 갈망을 가지게 되었을 때, 이들은 '과거를 떠나보내고, 현재를 수용하며, 미래를 준비하는 조화'를 이룰 수 있으며, 건강하게 '과거와 현재, 미래를 통합'하여 진정으로 행복해질 수 있을 것이다.

오늘날 세계가 첨단 과학 기술이 지배하는 4차 산업혁명 시대이든, 인간의 생물학적 한계를 넘어서고자 하는 포스트휴먼 시대이든 '기술 발전 역시 공동체와 그 구성원들이 공유하는 문화적, 사회적 규범에 의해서 영향을 받을'[46] 수밖에 없다. 세계는 지금도 여전히 영적, 도덕적 질서를 내포한 세계이기 때문이다.

V. 나가는 말

기술에 대한 무조건적 신뢰 혹은 기술에 대해 지나치게 낙관적인 오늘날 우리는 기술이 초래하는 윤리적 문제들을 비판적으로 직시하면서 신앙인으로서도 분명한 입장을 견지해야 한다. 특히 무조건적이고 즉각적인 행복 추구 및 슬픔, 고통과 같은 부정적 정서나 느낌에 대한 일방적 거절과 거부에 대해서도 다시 한번 생각할 필요가 있다. 행복의 반대인 슬픔은 무조건 피해야 할 악이 아니라 여전히 '진행 중인 생명을 증거하는 목격자'이자 '파수꾼'이며 우리의 '내부를 탐색하는 심적 감지기'이기 때문이다. 그리고 신앙인으로서 우리는 생물학적이고 심리적인 행복뿐 아니라 영적 행복도 추구해야 한다.

---

46 황은영, "4차 산업혁명과 기술의 민주화 그리고 신학 — 윤리적 개념들의 계보학적 탐사," 「신학사상」 201 (2023), 195.

물론 오늘날과 같이 기독교와 신학 그리고 영적인 것에 대한 신뢰와 의존도가 현저히 줄어든 상황에서도 우리는 여전히 이것들의 필요성에 대해 말해야 한다. 특히 신학은 신에 대한 학문이면서 동시에 철저히 인간에 대한 학문, 즉 인문학의 하나이기 때문이다. 이런 맥락에서 미국 하버드대학교의 심리학과 교수인 제롬 케이건(Jerome Kagan)은 인문학의 가치를 다음과 같이 설명한다.

> 역사가, 소설가, 시인, 철학자, 예술가들은 대단히 가치 있는 존재다. 이들은 사회가 품고 있는 모순을 상기시켜 주고, 대중이 느끼는 막연한 느낌을 정확하게 표현해 주고, 가치관에서 변화가 일어나고 있음을 보여주는 조짐을 처음 감지하고, 사회의 이데올로기에서 역사적 배경의 의미를 알아차리는 역할을 하기 때문이다.[47]

이것을 신학 혹은 신학자로 바꾸면, 신학의 가치 혹은 신학자의 역할은 오늘날 사회가 지닌 다양한 모순을 상기시키면서 동시에 신앙인들이 느끼는 막연한 느낌, 예를 들어 현재의 불안이나 미래의 두려움과 같은 것들을 신앙의 언어로 적확하게 표현해서 알려 주고, 사회뿐 아니라 기독교 공동체 안에서 일어나고 있는 가치관의 변화를 민감하게 가장 먼저 인지하는 것이리라. 그러므로 오늘날 기독교 공동체 안에서도 기술에 대한 윤리적 논의들이 활발히 일어나야 한다. 그리고 가치관의 변화를 인지하는 것에 그치는 것이 아니라 기독교적 입장에서 올바른 가치관을 제때 제시할 수 있어야 할 것이다. 또한 신앙인으

---

47 케이건, 『무엇이 인간을 만드는가』, 375.

로서 훈련을 통해 영적 행복을 추구하는 삶을 살아야 하며, 이러한 훈련을 위한 교육이 필요하다. 예를 들어 성서에 등장하는 팔복 등은 영적 행복의 좋은 기준이 될 수 있다. 그러나 지면 관계상 이에 대한 더 깊은 논의는 다음으로 미룬다.

컴퓨터 게임과 놀이 신학

서덕영 | 경희대 전자공학과 명예교수

I. 놀이가 무엇인가?

놀이에 대해서 논의하는 글이나 책에서는 대부분 네덜란드의 역사학자 하위징아(Huizinga)의 『호모루덴스』(*homo-ludens*, 놀이하는 인간)[1]라는 책을 언급한다. 하위징아는 놀이란 일상에서 벗어나 매직 서클(magic circle)에 들어가는 것이라고 한다. 데카르트적 이성의 눈으로 보면 놀이에 빠지는 것은 시간과 에너지의 낭비이며, 돈을 낭비하기도 한다. 그런데 "놀이의 비합리성이 우리를 합리적인 존재 이상이 되게 한다." 『호모루덴스』의 대부분은 인류가 누리고 있는 문화가 모두 놀이에서 유래되었다는 것을 입증하는 데 할애하고 있다. 시(詩)와 예술은 물론, 문화를 이루는 모든 것, 즉 스포츠, 종교 의례, 법률, 전쟁, 상거래 등의 유래를 놀이에서 찾고 있다. 성경이 하나님이 쓰신 첫 책

---

[1] 요한 하위징아/이종인 옮김, 『호모루덴스』 (연암서가, 2010).

이라면, 문화는 하나님이 써가는 두 번째 책이라고 할 수 있다. 그것은 하나님의 창조 활동에 '창조된 공동 창조자'(created co-creator) 인간이 동참한 결과다.

하위징아가 말하는 놀이의 특징은 다음과 같다. 첫째, 자발적이다. 누가 시켜서 하는 것이라면 놀이가 아니다. 둘째, 시간과 공간이 제한되어 있다. 놀이의 세계에 들어갔다가 다시 현실로 돌아오는 것이다. 셋째, 그 세계에는 규칙이 있다. 강아지들끼리도 서로 싸우면서 놀 때 심하게 깨물지 않는다든지 하는 규칙이 있다. 넷째, 놀이에는 아곤(agon), 미미크리(mimicry), 알레아(alea), 일링크스(ilinx) 등 4요소가 포함된다. 아곤은 경쟁을 말한다. 고대 그리스에서 마라톤의 상(償)은 나무줄기를 꺾어 만든 월계관이었을 뿐이지만, 선수들과 구경꾼들은 열광하였다. 하위징아는 피렌체의 많은 성당과 병원은 신앙심보다는 부자들의 으스대기(뽐내기) 경쟁에 의해 지어졌다고 한다. 미미크리는 흉내 내기를 말한다. 소꿉놀이를 하면서 아이들은 엄마가 되고 아빠가 된다. 알레아는 불확실성을 의미한다. 대한민국이 독일과 축구를 할 때 독일이 100% 이긴다면, 한국 사람들에게는 재미없을 것이다. 그런데 독일 사람들에게도 재미없다. 도박의 재미는 확률로 설명할 수 있다. 일링크스는 저글링을 하거나 롤러코스터를 탈 때 느끼는 아찔함이나 놀이에 임하는 진지함을 말한다.

흥미로운 것은 21세기에 들어서서 놀이를 연구하는 많은 뇌과학자가 놀이의 4요소가 뇌의 활동과 매우 밀접하다는 것을 밝혀내고 있다는 것이다.[2] 아곤은 영장류에게만 발달되어 있는 전두엽을 활성화한

---

2 장동선, "놀이의 뇌과학," 2021, www.youtube.com/watch?v=8OjzXyCKVjo&t=167s

다. 뇌의 사령탑인 전두엽을 활성화하여 창의력, 목표 설정과 기획, 해결, 역할 분담의 능력을 키운다고 한다. 미미크리는 뇌의 거울 신경세포(mirror neuron, 따라하기 세포)를 자극하는데, 자폐증 환자나 사이코패스는 거울 신경 세포가 활성화되지 않은 경우 나타난다고 한다. 알레아는 뇌에서 도파민을 분비하여 즐거움을 준다. 지나치면 도박 중독, 주식 중독의 원인이 된다고 한다. 일링크스는 가장 원시적인 뇌이면서 일명 '파충류의 뇌'인 편도체를 자극하여 긴장, 공포, 분노의 감정을 일으킨다고 한다.

인간은 적어도 백만 년 이상 수렵 채취의 생활을 해 왔으며 인간의 뇌와 육체는 그 생활에 적합하도록 되어 있다. 원시인이 생존하는 데는 육체적인 능력 이외에도 공간 관계(map), 좌표, 확률, 먹이사슬 및 권력관계의 이해, 짝짓기 기술이 필요했다.[3] 인간이 정착 생활을 한 것은 채 1만 년이 되지 않는다. 특히 21세기에 들어서 인간의 생활은 매우 세밀하게 분화되어 뇌의 일부분 또는 신체의 일부분만 집중적으로 사용하게 되면서 많은 문제가 생기고 있다.[4] 하나님이 주신 뇌와 신체를 골고루 자극하는 놀이가 필요하다. 당신의 신앙생활에서는 뇌와 신체를 고르게 사용하고 있는가? 케빈 구시켄(Kevin M. Gushiken)은 *Theology of Play*[5]에서 "인간은 놀이를 하도록 창조되었으며, 하나님은 천국이 아니라 지금, 여기에서도 잘 놀길 원하신다"고 말한다.

『호모루덴스』는 1938년 출간되었다. 이는 제1차세계대전과 제2

[QR-뇌과학].

3 라프 코스터/유창식 · 전유택 옮김, 『라프 코스터의 재미이론』 (길벗, 2017), 72.

4 마셜 맥루헌/김성기 · 이한우 옮김, 『미디어의 이해』 (민음사, 2002), 328.

5 Kevin M. Gushiken, *Theology of Play* (Kregel, 2024), 14, 29.

차세계대전의 사이이며, 네덜란드의 이웃 국가인 독일에서 나치가 득세하던 기간이다. 이때 유럽에서는 르네상스 이후 전개된 이성의 시대, 과학의 시대가 추구하는 방향이 옳았는가에 대한 반성하는 분위기가 있었다. 하위징아는 원래 언어학자이며 역사학자이다. 그는 편지, 일기, 수필, 영수증, 차용증, 비석에 쓰인 글, 유언장 등등 일상의 문서를 가지고 권력자의 역사가 아닌 대중의 역사를 연구하였다. 『호모루덴스』 이전에 썼던 『중세의 가을』은 중세가 끝나가는, 즉 르네상스 초기 무렵을 말한다. 우리는 대개 중세 암흑시대에 계몽주의(enlightenment)가 근대에 새로운 빛을 비추어 인류를 긴 잠에서 깨운 것으로 알고 있지만, 하위징아의 생각은 달랐다.

16세기 화가인 피테르 브뢰헬(Pieter Brueghel)의 〈아이들의 놀이〉라는 그림[QR-Pieter]을 보면 하위징아의 생각을 이해하기 쉽다. 이 그림에서는 마을 사람들이 놀이하는 모습을 그렸는데, 무려 80여 종류의 놀이가 나온다고 한다. 또한 모든 연령대가 등장한다. 이렇듯 이른바 '중세의 가을'은 왁자지껄한 분위기였다. 데카르트의 *cogito*("나는 생각한다, 고로 존재한다")에서 '나'는 정신이며, 몸은 정신이 다스리는 대상이다. 그 이후 시작된 이성의 시대에서는 중세 사람들이 풍부하게 가지고 있던 상상력, 감각, 감정을 억제하였다. 칸트는 신의 존재가 도덕의 창시자로서 필연적임을 보이기 위해 미학적인 담론을 버렸다. 즉, 필연성(necessity)을 위해 자유를 버린 것이다. 막스 베버의 『프로테스탄트의 윤리와 자본주의 정신』(1920)에서도 현대화는 합리화, 지성화, 탈마술화를 포함한다고 했으며, 그가 제시한 소명(calling) 받은 직업인의 모델은 수도승이었다. 그런데 실제와 가상을 구분 못 하던 중세 사람들은 유니콘을 믿었다. 얀 프럼퍼(Jan Plamper)의 『감정의 재탄생』6에서는 르네상스 이후 서양의 역사는 감정 제어 증가의 역사라고 한다. 이것이 하나님의 뜻이었을까?

II. 놀이 신학(Theology of Play)

하나님의 형상으로 태어났다는 것은 외모와 성격이 닮는 것이다. 하나님은 진정한 자유함으로 지금 여기서(now, here) 그의 창조물을 즐기신다. 따라서 인간도 즐기도록 창조되었다. 울리시니(Megan Loumagne Ulishney)는7 플라톤, 아리스토텔레스, 토마스 아퀴나스가 놀이에 대해 매우 긍정적인 입장이었다고 한다. 플라톤은 인간이 신의 살아있는 장난감이며, 노래하며 춤추는 인생을 보내야 신의 호의를 얻어 승리하는 삶을 살 수 있다고 했다. 아리스토텔레스는 지나친 경박함에 빠지지 않고 오락과 쾌락을 즐기는 사람이 성격의 유연함을 잃지 않는 슬기로운 사람이라고 한다. 토마스 아퀴나스는 오락을 통해서 영혼이 쉴 수 있다고 하였다. 또한 놀이는 자발적으로 하므로, 지혜의 묵상과 같이 우리 자신을 넘어서고자 하는 열망하는 것이며, 이는 하나님과의 친교를 추구하도록 자극하는 욕망과 동일하다고 하였다. 신과 놀이하는 인간에 대해 라너(Lahner)는 "노는 인간은 사랑과 기쁨이 창조와 성육신의 자유로운 행위로 흘러넘치는 장난기 많은 신을 모방한다.

---

6 얀 프람퍼/양윤희 옮김, 『감정의 재탄생』 (경희대학교 출판문화원, 2023); Jan Plamper, *Geschichte und Gefühl(The History of Emotions)* (Siedler Verlag, 2012), 83.

7 Megan Loumagne Ulishney, "The evolution of homoludens: sexual selection and a theology of play," *Zygon* vol. 57, no. 3 (September 2022): 564-576.

창조는 '은혜의 게임'을 위한 극장이 되며, 신의 창조와 성육신 행위가 자유와 사랑에서 나오며 필연성에 얽매이지 않는다는 지식이 인간이 놀이할 수 있게 해 준다. 이는 천국의 큰 축제를 기대하는 행위이다"[8] 라고 정리한다.

즐거움이나 기쁨을 나타내는 영어 단어는 pleasure, delight, fun, joy, enjoyment 등이 있다. 그 뜻이 명확히 구분되지는 않는다. 대개 pleasure와 delight는 어떤 경험에 대한 것이며, delight는 강도가 클 때 사용한다. Pleasure나 please는 성경에서 하나님이 주는 기쁨(시편 16:11)을 하나님이 만족하시는 것(이사야 53:10; 시편 147:10-11)을 나타낸다. "You make known to me the path of life; you will fill me with joy in your presence, with eternal pleasures at your right hand"(시편 16:11). 그러나 하나님에게서 멀어지는 쾌락(디모데 3:4, 잠언 21:17, 전도서 2:1)을 의미하기도 한다. "Whoever loves pleasure will become poor; whoever loves wine and olive oil will never be rich"(잠언 21:17).

Enjoyment와 fun은 무엇인가를 하면서 느끼는 것이다. Fun은 좀 가벼운 즐거움을 의미하며 성경에서는 사용되지 않았다. Joy는 깊고 지속적인 기쁨을 나타낸다. 종교적이나 철학적인 맥락에서 큰 기쁨을 나타낼 때도 쓰인다. Joy와 그것의 파생어 enjoyment, joyful은 성경에서 전도서 3:12-13; 8:15; 스가랴 8:5; 잠언 17:22; 시편 16:11; 126:2 등에 나온다. "So I commend the enjoyment of life, be-cause there is nothing better for a person under the sun than

---

8 Ibid.

to eat and drink and be glad. Then joy will accompany them in their toil all the days of the life God has given them under the sun"(전도서 8:15). 특히 빌립보 4:4, 시편 118:24, 로마서 12:12, 데살로니카전서 5:16, 이사야 61:10, 누가 15:7에서 보면 하나님은 rejoice하시고, rejoice를 명령하신다. "Rejoice in the Lord always. I will say it again: Rejoice!"(빌립보 4:4)

즐거움을 주는 것이 모두 놀이는 아니다. 일하는 즐거움도 있기 때문이다. 하위징아가 정의하는 놀이는 '여유가 있을 때, 자발적으로, 정해진 시간과 공간에서 매직 서클에 빠지는 것'이다. 종교적 행위, 즉, 예배가 놀이에서 파생되었다는 것이 그의 입장이다. 쿠쉬킨은 더 광범위하게 해석해서 '놀이하면서 즐겁게 지내는 삶이 예배'라고 한다.9 놀이는 개인의 즐거움뿐만 아니라 공동체적 풍요를 뜻하며, 영적인 표현이다.

레위기 23장에는 안식일, 유월절, 무교절, 속죄일, 초막절 등 하나님이 절기를 정하신다. 생업에서 벗어나(즉, 여유가 있을 때) '정해진 시간과 공간에서 매직 서클에 빠지는 것'을 명령하신다. 그리고 이것이 자발적이기를 원하신다. "각자 마음에 정한 대로 할 것이요, 인색함이나 억지로 하지 말지니 하나님은 즐거이 내는 자를 사랑하시느니라"(고린도후서 9:7). 그 외에도 시편 100:2; 이사야 29:13; 아모스 5:21-23; 요한복음 4:23-24에서 자발성이 강조된다.

전도서 3:4, 13에서는 사람이 즐거운 시간을 가지기를 권한다. 그것이 하나님이 주시는 선물이라고 한다. 구약 시대에 즐거움을 가지

---

9 Gushiken, *Theology of Play*, 14, 29.

는 방법은 먹고 마시는 것 이외에 레위기 23장과 출애굽기 15:20-21에서처럼 노래하고, 악기를 연주하고, 춤추는 것을 포함한다. 잠언 17:22에서는 즐거운 마음은 훌륭한 약이라고 한다. 우리가 즐거움을 가지면 하나님은 기뻐하신다. 훌륭한 수금 연주가인 다윗은 역대상 15:16; 23:5; 16:4-6; 시편 150:3-5에서 합창단과 오케스트라(4천 명) 연주를 통해 하나님을 찬양한다.

현실을 즐기는 것은 과거에 너무 연연하지 않고 미래를 지나치게 걱정하지 않아야 가능하다. 주 안에서 평안하다면 놀이를 하는 여유를 가질 수 있다. 반대로 과거에 연연하거나 미래를 지나치게 걱정하는 것은 세세히 돌보시는 하나님을 신뢰하지 않고 있음을 의미한다. 과거에 매달려 있으면 오늘 하나님이 허락하신 새로운 것을 즐기지 못한다. 또한 미래를 모두 내가 제어하려고 하면 오늘을 즐기지 못한다. "너희는 먼저 그의 나라와 그의 의를 구하라 그리하면 이 모든 것을 너희에게 더하시리라 그러므로 내일 일을 위하여 염려하지 말라 내일 일은 내일 염려할 것이요 한 날 괴로움은 그 날에 족하니라"(마태복음 6:33-34).

즐거움을 방해하는 요소 중 하나는 자신에 대한 부정적인 정체성이다. 우리 모두 하나님의 형상으로 지어졌다는 것을 믿는다면 자신의 정체성을 긍정하고 즐거움을 가질 수 있다. 개개인의 긍정적인 정체성도 존중되어야 하지만, 공동체의 정체성도 존중받아야 한다. 이것이 이웃을 사랑하는 것이다. 하나님이 창조하신 천국은 다양한 문화가 조화를 이루고 있는 곳이다. 하나님은 다양성을 파괴하는 행위를 싫어하신다. 바벨탑을 허물고 언어를 흩으신 것은 인간의 교만함에 벌주신 것도 중요하지만, 문화의 다양성이라는 측면에서 다시 묵상할 필요가 있다.[10] 요한계시록 7장 9절에는 '각 나라와 족속과 방언에서 아무도 능히 셀 수 없는 큰 무리'가 하나님을 경배한다. 각 나라와 족속은 서로 다른 문화를 가진다. 그들의 가치, 세계관, 공동체의 전통, 즐거움은 모두 다른 형태로 나타나며, 각각은 천국이 그렇듯 현세에서도 존중되고 조화를 이루어야 한다. 21세기에는 이 다양한 족속 중 디지털 종족(digital native)도 포함해야 할 것이다. AI로 만들어진 가상 인간과 가상 세계의 아바타는 어떤가? 이것도 신학적으로 매우 심각한 문제가 될 것이다. 그건 미래의 신학에서 다루도록 남겨두자.

III. 즐거움과 신앙

"극락도 락(樂 또는 rock)이다"라고 했던 뉴진스님(개그맨 윤성호)의 '뉴진'이라는 법명은 조계종에서 인정해 주었다고 한다. 불교계는 새롭게 나아가고(new 進) 있다. 1993년생 꽃미남 스님 범정은 인스타그램 스타이며, 그의 팔로워들은 그를 '꽃스님'이라고 부른다. 그는 래퍼들의 경연 무대 "쇼미더머니"에 나오는 크루들의 틀에 매이지 않는 삶과 스님들의 삶에서 공통점을 느낀다고 한다. 20~30대 미혼 남녀가 자연스럽게 만남을 하는 템플 스테이 프로그램 "나는 절로"에 참여하려면 125:1의 경쟁률을 뚫어야 한다. 불교계에서 일어나고 있는 '재밌는 불교'가 위로받고 싶어 하는 MZ의 새로운 진리(new 眞)가 아닐까?

2016년 크리스천 힙합 가수 비와이(BewhY)가 힙합계의 원탑이 된

---

10 Gushiken, *Theology of Play*, 94.

일이 있다. 다른 힙합 가수들이 스웩(swag, 허세)을 보일 때, 그는 지저스웩(Jesus swag)을 보인다고 했다. "내 삶은 바로 신이 만들 예술 작품의 featuring/ 나의 불완전함을 사용하는 창조주의 symphony/ 나로 인해서 쓰여지는 위대한 history/ 어쩌면 이 모든 건 내 이야기가 아닌 His story"라는 그의 가사는 CCM의 말랑말랑한 가사보다 훨씬 많은 MZ세대의 관심을 끌었다.

물론 단순히 관심을 끈다고 해서 새로운 진리가 될 수는 없다. 신학적으로 놀이를 받아들여야 하는 이유는 1) 현실을 전복할 수 있으며, 2) 창조는 하나님의 자유와 기쁨의 표현이었고, 3) 인간이 희비극을 넘나드는 자유를 가져야 하며, 4) 희망의 종말론을 가능케 하고, 5) 하나님의 아름다움을 선포해야 하기 때문이다.[11]

낸시 피어시[12]는 피카소와 몬드리안을 몰라본 기독교는 그 이후 하향 곡선을 그렸다고 한다. 그녀는 "모든 사람이 하나님의 형상으로 지음받았고, 하나님의 세계에 살고 있기 때문에 모든 세계관은 모종의 진리를 담고 있다"라고 한다. 우리 그리스도인이 할 일은 선한 것을 찾아내어 그것을 성경적 부대에 부어 넣어야 하는 것이다. 여기서 그녀는 포스트모던의 다원주의를 두려워하는 이들에게 기독교 세계관은 1세기에 치열한 논증 끝에 승리하였다는 것을 상기시킨다. 당시 로마제국이 이룩한 정보 하이웨이로 유입된 여러 세계관과 충돌하였으나, 치열한 논증을 통해 핍박 받던 기독교는 결국 AD 380년 국교로 인정되었다.

---

11 손호현, "몰트만의 놀이의 신학," 「신학사상」 제137호 (2007. 1.): 129-160.
12 Nancy Pearcey, *Saving Leonardo* (S&H Books, 2015), 홍종락 옮김, 『세이빙다빈치』 (복있는사람, 2017).

프란시스 쉐퍼[13]는 다니엘과 그 친구들이 여호와를 믿었으나 그들이 공부한 지식은 바빌로니아의 문화였다고 지적한다. 다니엘은 그 세상에서 살고 있었으나 세상에 속하지는 않았다. 마태복음 11장 18-19절이 전하는 예수님은 술꾼이었고 먹보였다[QR-예수님]. 예수님을 닮기 원하는 우리는 세상에서 고립되지 않고 좀 더 과감하게 뛰어들 필요가 있다. 성경은 말한다. "믿음이 약한 사람은 채소만 먹습니다"(로마서 14:2). "성숙해지면 단단한 음식을 먹게 됩니다. 성숙한 사람은 훈련을 받아서 좋고 나쁜 것을 분간하는 세련된 지각을 가지고 있습니다"(히브리서 5:14, 공동번역). 성경은 세상의 아름다움은 물론이고 비탄과 혼란도 정직하게 담고 있다. 삶과 인간의 조건을 지나치게 단순화하면 성경 속 노아, 롯, 야곱, 다윗의 모호하고 복잡한 삶을 이해할 수 없다.

윤영훈은 '좀 노는 청년들의 놀이터로서의 교회'[14]에서 '에클레시아 루덴스'(놀이하는 교회)가 되기 위해 필요한 것은 다음의 네 가지라고 한다: 1) 감흥을 흉보는 미갈이 아니라 춤추는 다윗의 예배, 2) 바보제의 회복으로 종교적 권위보다는 공동체 가치를 우선함, 3) 공동체적 클럽으로 취향을 존중하여 자발성 유도, 4) 성과주의에서 벗어난 안식의 신비. 이 사항들은 칼뱅과 막스 베버가 추구하는 경건함과 성실함에서 해방되는 데 매우 중요한 사항들이다. 이 논문은 오프라인 교회에 국한해서 그 회복을 강조하고 있지만, 온라인 가상공간에서의 교회가 가지는 장점에 대해 열린 태도가 요구된다.

컴퓨터 게임의 4요소는 미학, 스토리텔링, 미케닉, 기술이다. 미학

13 Francis A. Schaeffer, *Art and Bible* (1973), 김진선 외 옮김, 『예술과 기독교』 (IVP, 2002).
14 김은혜 외 10인, 『흩어진 MZ세대와 접속하는 교회』 (쿰란출판사, 2023), 121.

은 아름다움을 말한다. 하나님이 창세기에서 "있으라" 하는 말씀이 만물을 창조하듯, 게임 세계에서 소프트웨어 프로그램이 가상의 세계를 창조한다. 스토리텔링은 성경 속의 역사와 그 이후 하나님이 펼치시는 역사에 비견된다. 하나님은 인간이 창조 세계의 리듬에 장단 맞추기를 원하신다.[15] 예수님이 일으킨 기적들은 사람들을 효과적으로 스토리에 젖어 들게 하는 오락성을 가지고 있다. 미케닉은 게임에서의 규칙이다. 신학적으로는 윤리가 이에 해당한다. 최근 MZ세대들이 가지는 공정성은 그들이 경험한 게임 세계에서 키워 왔을 가능성이 있다. 이는 제3세계의 젊은이들도 마찬가지다. 기술은 인간을 연장하여 새로운 영역과 만나게 하는 도구(medium)로 출발하였으나, 이제 인간을 변화시켜서 인간의 정의를 새롭게 내려야 할 정도로 발전하고 있다. 새로운 기술이 창조되는 것은 하나님의 영감에 의한 것으로 볼 수 있다. 하나님은 비신도를 통해서도 뜻을 이루신다. 중세 격언처럼 "하나님은 굽은 막대기로 곧은 선을 그으신다." 산업혁명 이후 기술은 매우 빠른 속도로 발전하고 있으며, 21세기에는 더욱 가속화되고 있다.

IV. 21세기와 놀이

실리콘 밸리에서 'kodaked'라고 하면, "새로운 변화에 적응하지 못해서 실패했다"를 뜻한다. 아날로그 카메라용 컬러 필름에 있어서 세

---

15 Eugene Peterson, *Christ Plays in Ten Thousand Places: A Conversation in Spiritual Theology* (2008).

게 최고이던 코닥에서 한 연구원이 디지털카메라를 개발하였다. 코닥은 주력 상품인 아날로그 필름 시장을 위협한다는 이유로 사업화하지 않았고, 다른 회사에서 디지털카메라를 출시하는 바람에 코닥은 급작스럽게 망해버렸다. 20세기 이후 변화의 속도가 빠르다. 자동차가 발명된 후 80% 이상 보급되는 데는 약 100년이 걸렸는데, 스마트폰이 80% 이상 보급되는 데는 채 10년이 걸리지 않았다. 이렇게 빠른 변화의 시대에 코닥은 잘못 판단한 것이었다.

교회도 kodaked 되지 않기 위해서는 변화를 잘 진단하여야 할 것이다. 성경은 하나님의 영감으로 쓰여졌지만, 2천 년 전의 저자가 2천년 전의 독자를 위해 쓰인 것이니, 하나님의 영감(text)을 잘 추출해서 오늘날의 맥락(context)에 잘 적용해야 할 것이다.

그런데 21세기는 어느 방향으로 나아가고 있는가? 서구 지도자들의 멘토로 손꼽히는 미래학자 제러미 리프킨을 비롯하여 『부의 미래』의 앨빈 토플러, 『총균쇠』의 제러드 다이아몬드, 『사피엔스』의 유발하라리 등등의 예측을 종합해 보면, 다음과 같은 네 가지 트렌드로 요약할 수 있다. 개념의 시대, 엔트로피 증가(참여의 욕망), 호모 루덴스, 가상현실이 그것이다. 그 네 가지 트렌드가 모두 놀이와 매우 밀접하게 관련이 있다.

1. 개념의 시대(conceptual age)

어떤 개념을 가치화하는(즉, 발명이 돈이 되는) 데는 중간에 두 단계가 필요하다. 제조와 마케팅이다. 21세기에는 이 두 단계가 사라지고 있다. 우선 4차 산업혁명의 중요한 키워드인 인공지능, 3D 프린터, 공장

자동화(smart factory)의 발달로 제조 단계에 투입되는 인력과 자본이 급속도로 줄어들고 있으며, 기업이 아닌 개인이 다룰 수 있는 영역으로 바뀌고 있다. 또한 제조 없이 부가가치를 생산하는 3차 산업의 비중이 커지고 있고, 인터넷 사용이 확대되어 미디어 제작과 배포가 간편해져서 개인이 마케팅을 할 수 있게 되었다. 실제로 기업과 고객 사이에 개인 인플루언서의 역할이 커지는 것이 이를 증명하고 있다. 이로써 제조와 마케팅을 가진 기업의 힘이 약화되고 개념을 바로 가치로 연결할 수 있게 된 개인에게로 권력이 넘어가고 있다.

이제 정보를 잘 찾는 사람이 중요하던 정보화 시대(information age)에서 새로운 정보를 만들어 내는 사람이 중요해지는 개념의 시대(con-ceptual age)로 바뀌고 있다. 새로운 생각(개념)을 가진 개인이 더 이상 대기업의 직원이 되지 않고 스스로 가치를 창출해 낼 수 있게 되었다. BTS(방탄소년단)가 속했던 빅히트(Big Hit)는 JPY, YG, SM에 비해 매우 초라한 기획사였다. BTS는 무명 시절 꾸준히 자신들의 음악과 자신들의 일상을 유튜브에 올렸고, 이에 공감하는 팬층이 두터워짐에 따라 우리가 알고 있듯이 대중음악에 큰 역사를 쓰게 되었다. 개념을 만드는 개인이 중요해짐에 따라 권력이 분산되고 있고 세상은 더 복잡해진다.

2. 엔트로피 증가(entropy increase)

물이 담긴 어항에 잉크를 떨어뜨리면 잉크 분자들이 퍼져나간다. 이 현상을 엔트로피 증가 현상이라고 한다. 엔트로피는 '복잡성의 정도'를 말한다. 세상은 점점 더 복잡해지고 있다. 엔트로피 증가는 열역학 제2법칙이며, 아인슈타인은 모든 과학 법칙 중에 가장 수정될 확률이 낮은 법칙이라고 하였다. 프랑스혁명은 권력이 왕으로부터 민중에게 분산되는 사건으로 엔트로피 증가의 좋은 예다. 제러미 리프킨은 개념의 시대를 맞아 기업의 권력이 개인들에게 분산되는 것도 엔트로피 증가라고 설명한다. BTS의 팬덤인 ARMY가 BTS를 세계적인 스타로 만드는 과정도 엔트로피 증가로 설명할 수 있다. 들뢰즈(Deleuze)가 말하는 리좀(rhizome) 방식이다.[16] 큰 몸체를 중심으로 줄기는 위로, 뿌리는 아래로 벋어나가는 통상적인 '나무 모델'(tree model)과 달리 리좀은 대나무, 연뿌리, 잔디같이 뿌리줄기로 옆으로 퍼져나가는 방식을 말한다.

대부분의 기술은 엔트로피를 증가시킨다. 구텐베르크의 인쇄술은 교황이 가지고 있던 제사장의 권위를 만인에게 넘겨 주게 하였다. 에디슨의 녹음 기술은 귀족들만 즐기던 살롱 음악을 일반 백성이 즐길 수 있게 하였다. 스마트 그리드 기술은 전력 회사가 중앙집권적으로 공급하던 전력을 각 가정이 생산하여 되팔 수 있게 하였다. 토마스 프리드만이 주장하듯이 세계는 평평해지고 있다.[17]

그래서 이제 사람들은 참여의 욕망을 가지게 되었다. 1천 명의 전문가들이 모여 만들던 브리테니카 백과사전은 더 이상 출판되지 않는다. 누구나 단어를 올릴 수 있는 위키피디아 때문이다. 부모들이 거실에서 TV 방송국에서 단방향으로 공급하는 TV 프로그램을 시청할 때, 아이들은 각자의 방에서 게임을 통해 팀원들과 소통하면서 지구를 구

---

16 "들뢰즈의 리좀: 리좀의 특징과 성질," https://brunch.co.kr/@franz-ny/474 [QR-리좀].
17 토머스 프리드만/이건식 옮김, 『세계는 평평하다』 (창해, 2005).

하고 있다. 참여의 시대이다. 위키피디아에도, 컴퓨터 게임에도 개인
은 모두 자발적으로 참여한다.

3. 호모 루덴스(homo-ludens)

자발적으로 참여하는 것은 놀이의 중요한 특성이다. 그런데 자발
적으로 무슨 행위를 하기 위해서는 여유가 있어야 한다. 21세기에는
사람들의 시간적, 경제적 여유가 많다. 매슬로우의 욕구의 5단계에서
는 여유가 생길수록 상위 욕구로 옮겨간다.

각 나라의 국민소득은 증가하고 노동시간은 감소하고 있다. 이는
공장자동화와 인공지능의 발달로 노동의 생산성이 높아졌기 때문이
다. 한국의 연간 평균 노동시간은 1980년대에 2,700시간으로 정점을
찍고 계속 감소하여 2022년에는 약 1,900시간이 되었다. 1년에 약
800시간을 더 놀 수 있게 되었다. 즉, 하루에 2시간 반 더 놀 수 있게
되었다. 독일은 1,300시간 정도인데 계속 줄어들고 있다.

〈오징어 게임〉을 보면 한국이 최빈국이었을 때도 이웃들이나 동무
들과 즐겁게 놀 수 있는 게임이 다양하게 존재했음을 보여 준다. 앞서
언급한 피테르 브뢰헬의 그림에서도 비슷한 예측을 할 수 있다. 고난
의 시대에도 놀이가 잠시나마 해방감을 준다.

1인당 국민소득이 3천 불을 넘으면 매슬로우의 욕구의 5단계에서
가장 하위 욕구인 생리적 욕구와 안전의 욕구가 최소한으로 해결된다.
그 이후에는 상위의 가치를 욕망하게 된다. 스타벅스 커피 한 잔이 5
천 원이라고 할 때, 그 재룟값은 5백 원 정도라고 한다. 나머지 4천5백
원은 무엇일까? 스타벅스는 자신들이 커피를 팔지 않고 '문화'를 판다

고 한다. 그것은 '욕망'을 순화해서 표현한 것이다. 커피 재료의 원가는 크게 변하지 않지만, 욕망은 무한대로 커질 수 있다. 이제 여유 시간이 많아지고 경제적인 여유도 생겨서 많은 사람이 채워야 하는 욕망의 크기는 폭발적으로 증가하고 있다. 20세기는 호모 파베르(homo-faber, 도구를 만드는 인간, 일하는 인간)의 시대였다. 적은 자원으로 많은 생산을 하는 '효율성'이 목표였다. 그런데 21세기는 호모 루덴스의 시대가 된다. '재미'를 추구하는 욕망의 시대이다.

4. 가상현실

욕망의 총량은 무한대로 커지는데, 지구의 자원은 유한하다. 무한한 욕망은 가상현실에서 어느 정도 해소되고 있다. 그것은 기후 위기의 측면에서 매우 다행인 일이다.

2023년 항저우 아시안게임의 종목으로 이스포츠(E-sports), 즉 컴퓨터 게임이 추가되었다. 좀 이례적이지만 대회 이름이 '아시안게임' 아닌가? 요즘 젊은 아시아인들이 가장 관심이 있고 많이 하는 게임은 컴퓨터 게임이다. 국제올림픽위원회(IOC)도 이스포츠에 관심이 많다. 국제올림픽위원회가 주관하는 이스포츠 경기가 2023년 싱가포르에서 열렸다. 이 대회에는 게임화한 일반 종목을 대상으로 하는 가상 시뮬레이션 스포츠 대회였다. 양궁, 야구, 체스, 사이클, 댄스 스포츠, 모터스포츠, 요트, 사격, 태권도, 테니스 등 다양한 전통적 스포츠를 게임화하였다[QR-VR]. 전 세계적으로 가장 인기가 있는 게임은 리그오브레전드(LoL, League of Legend)이다. 2023년 한국에서 열린 '롤드컵' 세계대회는 전 세계 4억 명이 시청했고 결승전 동시 접속자 수는 1억

명을 넘겼다. 참고로 미국 내 최대 규모의 스포츠 행사인 '슈퍼볼'의 결승전 동시 접속자 수는 1억 2천만 명 정도다. 슈퍼볼의 TV 광고료는 30초당 7백만 달러이다.

오래전부터 비행 훈련에는 가상현실이 이용되고 있다. 고소공포증 같은 정신질환도 가상현실을 이용하여 치료할 수 있다. 전 세계에서 SNS 최다 가입자를 보유한 페이스북도 회사명을 '메타'로 바꾸었다. 미국 9~12세 어린이의 70% 이상이 로블록스라는 메타버스에서 논다. 일일 이용자가 3천만 명이고, 한번 시작하면 평균 2시간 반을 이용한다.[18] 네이버가 만든 메타버스 제페토의 가입자는 3억 명이 넘었다. 제페토의 가상 세계에서 아이들은 친구들과 파리 루브르 박물관에 놀러 간다. 제페토에서 친구의 아바타가 입을 옷을 선물하고 패션이나 창작물로 자신의 개성을 풀어낸다.

가인의 도시가 인간이 신의 도움 없이 스스로를 보호할 수 있게 하였다고 한다.[19] 도시의 형성으로 인간이 하나님에게서 멀어졌듯이, 가상현실은 하나님에게서 더욱 멀어지는 계기가 될 것인가? 말씀이 육신이 되듯이, 가상현실에서는 이제 인간이 호모데우스(homo-deus)가 되어 소프트웨어로 아바타를 만들고 있다. 이는 다시 현실 세계에서 자신을 아바타로 만드는 부캐 놀이로까지 발전하고 있다. 유명 MC인 유재석은 여러 가지 부캐로 새로운 정체성을 가지게 된다. 대표적인 부캐는 '유산슬'이며 트로트 가수 지망생이다. 유재석의 부캐들은 방송국의 경계를 넘나들며 새로운 세계를 창조하고 있어서 이를 '유니

---

18 『2022 대한민국 게임백서』. 정부간행물 발간 등록 번호 11-B552644-000327-10.
19 손화철, 『호모 파베르의 미래』 (아카넷, 2020).

버스'라 부른다. 컴퓨터 게임을 하는 인간은 지킬박사와 하이드와 같이 여러 가지 정체성을 가진 인간이다. 21세기의 신학에는 이들을 품어야 하는 숙제가 던져져 있다.

5. 21세기 4가지 메가트렌드와 컴퓨터 게임

21세기의 네 가지 메가트렌드는 컴퓨터 게임과 밀접하게 연결된다. 새로운 개념을 만드는 개인이 중요해지면서, 과거에 한 곳에 집중되었던 권력은 개인들에게 분산되고 있다. 이로써 사회적 엔트로피가 증가한다. 엔트로피의 증가로 사람들이 모두 참여하려는 욕망이 충만해지고 있다. 또한 시간과 경제적인 여유가 생기면서 일하는 인간, 호모 파베르에 비해서 놀이하는 인간, 호모루덴스적인 삶의 비중이 점점 커지고 있다. 무한대로 총량이 커지는 이 욕망을 지구의 유한한 자원으로 해결하려면 가상현실적인 컴퓨터 게임이 활성화되는 것이 필연적이며, 그렇게 되고 있다. 2022년 현재 한국에서 컴퓨터 게임을 하는 인구는 전 연령대에 걸쳐 있다. 10대와 20대는 80%를 넘고, 50대와 60대도 각각 45% 및 30%에 육박한다.[20] 세상은 컴퓨터 게임을 하는 사람들과 컴퓨터 게임을 만드는 사람으로 이루어져 있다. 그런데 컴퓨터 게임을 하지 않는 경건한(?) 이들은 그들을 많이 오해하고 있다. 그들을 변명해 보겠다.

제라시(Robert M. Geraci)의 '가상현실 게임으로 체험하는 종교'[21]에

---

20 『2022 대한민국 게임백서』. 정부간행물 발간 등록 번호 11-B552644-000327-10.
21 김은혜 외 10인, 『흩어진 MZ세대와 접속하는 교회』(쿰란출판사, 2023), 43.

서 컴퓨터 게임은 다음과 같은 종교적 만족을 준다. 1) 제의(祭儀, ritual)로서 불확실성에 대한 걱정을 벗어나게 한다. 2) 신화(myth) 및 내러티브를 제공한다. 3) 공동체를 형성한다. 4) 윤리에 대한 토론이 가능하게 한다. 5) 영웅이나 천사 등 초월성을 경험하게 한다. 처음 네 항목은 인간 이하(subhuman)가 관련되며, 다섯 번째 항은 초인(superhuman)과 관련된다. 여기서 종교는 기독교를 포함한 일반적인 종교를 말한다. 제라시의 주장에 추가할 수 있는 컴퓨터 게임이 주는 또 하나의 중요한 덕목은 기쁨이다. 컴퓨터 게임에 자발적으로 참여함으로 얻는 기쁨은 몰트만(Jürgen Moltman)이 *Theology of Play*에서 말하는 종교에서의 미학적 환희(aesthetic joy)[22]와 통한다. 유진 피터슨은 경탄하는 자만이 하나님께 다가갈 수 있다고 한다. 컴퓨터 게임 개발자들은 개발하면서 경탄하고 있고, 게임으로 노는 플레이어들은 게임을 하면서 경탄을 경험한다. 그들은 어떤 사람들일까?

V. 컴퓨터 게임을 만드는 사람들

고체 덩어리인 컴퓨터가 컴퓨터 게임을 비롯한 다양한 일을 할 수 있기 위해서 있어야 하는 가장 기본적인 소프트웨어는 운영체제(OS, operating system)이다. 빌 게이츠가 미국에서 수십 년간 최상위 부자에 머무를 수 있는 것은 운영체제를 처음으로 만들어 팔아서 막대한 돈을 벌었기 때문이다. 그 돈으로 최고의 엔지니어를 고용하여 다시

---

22 손호현, "몰트만의 놀이의 신학," 「신학사상」 제137호 (2007. 1.): 129-160.

그 운영체제를 계속 고도화하고 있다. 우리가 몇 년마다 버전 업해야 하는 윈도우즈(Windows)가 그것이다. 그런데 스웨덴계 필란드인 리누스 토발즈는 자신이 개발한 운영체제 리눅스(Linux)를 무료로 배포했다. 그리고 업데이트를 위해 세계의 모든 개발자를 동원했다. 곧 자세히 설명하겠지만, FOSS(Free Open Source Software)라는 깃발 아래 개발자들이 자발적으로 참여하고 있다. 우리가 사용하는 스마트폰의 운영체제는 대부분 안드로이드(Android)이며, 안드로이드는 리눅스를 모바일 버전으로 개량한 것이다. 당신이 안드로이드폰을 사용한다면 토발즈와 전 세계에 있는 그의 동료들에게 빚을 지고 있는 것이다. 리눅스의 한 버전의 명칭은 아프리카 반투어 'Ubuntu'이다. 이는 "I am because you are"이라는 뜻이다. 지금도 많은 개발자가 놀이하듯이 리눅스를 개량하는 데 참여하고 있다. 하나님은 일반 은총으로 햇볕과 공기를 주셨다. FOSS 운동의 참여자는 무료 소프트웨어를 만들어서 하나님의 창조에 동참하고 있다. 새로운 창조로 일반 은총을 이어가는 이들은 기독교 신자일 수도 있고 아닐 수도 있다.

OpenCV는 영상을 인식하는 데 쓰이고, OpenGL은 그래픽 콘텐츠를 만드는 데 쓰이며, Tensor Flow는 인공지능 소프트웨어 만드는 데 필수인데, 모두 오픈소스이다. 모두 무료이다. 이것들은 여러분의 스마트폰에서 이미 많이 쓰이고 있다. 혜택을 보고 있으면서 고마워하지 않고 있다면 부끄러운 일이 아니겠는가? 오픈소스 운동은 스톨먼(Richard Stalman)이 'GNU manifesto'를 1985년에 선언한 후 1988년 OSI(Open Source Initiative)라는 비영리기관의 주도로 FOSS가 시작되었다. OSI는 소프트웨어 사용에 있어서 빈부의 차별이 없어야 하며 여러 사람의 손을 거쳐서 좀 더 신뢰성 있는 소프트웨어를 만든다는 취지로 결성되었다[QR-OSI]. 2018년에 조사된 바로는 전 세계 소프트웨어 개발자들의 55%는 다양한 형태의 오픈소스에 참여하고 있고 75% 이상이 매일 오픈소스를 사용하고 있다고 한다. 오픈소스는 해커 문화의 일종이다. 위키피디아에서는 이를 다음과 같이 설명한다. "해커 문화(hacker culture)는 소설이나 기발한 결과물을 만드는 데 있어 소프트웨어 시스템의 제약을 창의적으로 극복하는 지적인 도전을 즐기는 개개인의 하위문화이다."

Free는 '무료'라는 의미보다는 '자유'로 해석하는데, 세 가지 의미를 가진다. 1) 공짜라는 것이다. Free beer로, 이를 상징한다. 소프트웨어 사용에 있어서 빈부의 차별을 받지 않도록 하자는 것이다. 2) 자유롭게 쓰고, 읽고, 변형할 수 있다는 것을 의미한다. Free speech, 즉 자유롭게 자신의 생각을 표현할 수 있다는 것이다. 사실 FOSS에도 규정이 있다. 읽을 수만 있는지, 변형할 수 있는지, 그것을 이용해서 수익을 얻을 수 있는지, 처음에 프로그램을 쓴 사람을 명시해야 한다든지에 따라 FOSS 등급이 나누어진다. 3) Free puppy로 상징되는 책임성이다. 공짜로 강아지를 받을 수는 있지만, 그것을 돌볼 책임을 진다는 것이다.

제러미 리프킨이 지적하듯 근본적으로 소프트웨어는 한계비용 제로(복사하는 데 드는 비용이 무료라는 뜻)[23]의 특성을 가지므로 공유경제의 일환인 FOSS가 가능하다. 물론 소프트웨어 엔지니어들이 FOSS에 참여하는 데는 현실적인 이유도 있다. 고급 소프트웨어 기술과 협업하는 기술을 쉽게 배울 수 있고, 포트폴리오 작성이나 인적 네트워크 형

---

23 제러미 리프킨/안진환 옮김, 『한계비용 제로 사회』 (민음사, 2014).

성에 도움이 된다. 기업 단위로 참여하는 것은 기업의 이미지 향상과 홍보에 도움이 된다. 그런데 가장 중요한 것은 재미이다. 즐거워서 자발적으로 참여한다. 소프트웨어 엔지니어들이 즐기는 놀이인 것이다. 자기가 만든 것을 많은 사람이 쓰는 것이 "보기에 좋았더라"라는 마음이다.

소프트웨어 개발자들은 자신의 회사가 FOSS에 참여하는 것을 자랑스럽게 생각한다. 비근한 예로 구글 회사의 설립 모토는 "don't be evil"(악마가 되지 말자)이다. 기존의 제품보다 10% 정도 성능이 좋거나 가격이 싸게 만들어 경쟁하지 않고, 아예 10배 우수한 제품이나 새로운 시장을 여는 것이 목표이다. 또한 인류의 해악이 되지 않는다는 뜻을 가지고 있다. 그런데 구글이 2015년경에 국방부 과제를 하게 되면서 이 모토를 "do the right thing"으로 바꾸었다. 그 뜻이 좀 애매해졌다. 이때 많은 직원이 이에 반대하면서 회사를 떠났다.

기술자들 사이에서 이타성을 가진 이들과 개인의 경제적 이익을 우선하는 이들 간에 갈등은 계속되고 있다. 한 개인에게서도 이 갈등은 존재한다. ChatGPT를 만든 OpenAI의 핵심 가치는 EA(Effective Altruism, 효과적인 이타주의)이다. 이것이 OpenAI가 '인류의 이익을 위해 안전한 인공일반지능[24] 구축'을 사명으로 하는 비영리기관인 이유다. '효과적인 이타주의'는 OpenAI의 거버넌스 및 의사결정 프로세스를 형성하는 데 중요한 역할을 한다. 처음에 샘 올트먼(Sam Altman), 일론 머스크(Elon Musk) 및 벤처 자본가를 포함한 투자자들은 이 프로젝트를 지

---

24 인공일반지능(AGI, Artificial General Interlligence)은 사람처럼 다양한 지적 작업을 수행할 수 있는 인공지능을 말한다. ChatGPT, 미드저니 등은 특정 작업에만 능숙한 ASI(Artificial Special Intelligence)이다.

원하기 위해 10억 달러를 약속했다. 목표는 AI 기술을 탐색하고 재정적 의무 없이 결과를 공유하는 것이었다. 그러나 OpenAI가 ChatGPT와 같은 고급 AI 모델을 확장하고 개발함에 따라 값비싼 컴퓨팅 성능을 구축하기 위한 상당한 자금이 필요했다. 이 문제를 해결하기 위해 조직은 비영리기관인 OpenAI가 영리기관인 OpenAI Global을 관리하는 하이브리드 모델을 구축했다. OpenAI Global에는 마이크로소프트가 전략적 파트너로 참여하고 있다.

효과적인 이타주의는 OpenAI의 핵심 가치로 남아 있지만, 2023년 후반에 샘 올트먼이 해고되었다가 복직한 사건은 이익 중심 성장과 이타적 목표의 균형을 맞추는 것이 매우 복잡하다는 것을 보여 준다. 조직은 인공지능의 미래를 형성하면서 이러한 미묘한 균형을 계속해서 탐색하고 있다. 이타주의 운동의 리더격인 샘 뱅크먼프리드(Sam Bankman-Fried)나 피터 싱어(Peter Singer) 등은 도덕적으로 비난받는 등 연약한 인간의 모습이 지적되곤 한다. 기독교계는 그들의 게토 내에서 이타적인 활동을 하는 것도 좋지만, 이미 사회에서 이루어지고 있는 이타적인 활동을 격려하고 적극적으로 협력함으로써 효과적으로 현실 세상에 흔들리지 않는 기준을 제공할 수 있을 것이다. 기독교적인 이상 세계를 이루는 데 전도도 중요하겠지만, 기독교적인 가치를 전파하는 것도 중요하지 않을까?

ESG[25]나 RE100[26] 등 이타적인 운동이 확대되어 세속에서도 기업

---

25 ESG(Enviromental, Social, Governance, 환경, 사회, 지배구조) 지수가 기준에 미치지 않으면 투자하지 않는다는 거대 투자자들의 선언이다. UN(국제연합)이 지원한다.
26 RE100(Regenerative Energy 100%)은 재생에너지를 사용하여 만든 제품만 구매한다는 기업들의 선언이다. 쉬운 예로 애플 핸드폰에 들어가는 삼성전자의 부품들(메모리 반도체, CPU 반도체, 디스플레이 등)은 이제 모두 재생에너지를 사용해서 만들어야 한다.

은 이윤만을 추구해서는 이제 우수한 직원을 채용할 수 없다. 엔트로피의 증가(참여의 욕망)로 해서 개인의 권력이 점점 강해지고 있다. 가치를 중요시하는 개인들은 집단행동으로 그 가치를 실현하려고 한다.

1948년에 조지 오웰이 쓴 소설 『1984』는 기술에 대한 디스토피아적인 비관론이 주제이다. 그런데 1984년 새해 아침에 백남준은 〈Good Morning, Mr. Owell〉이라는 퍼포먼스를 통해 이에 대한 답을 했다. 발달된 통신 기술, 멀티미디어 기술, 컴퓨터 기술을 이용해서 뉴욕, 베를린, 파리, 서울 등 멀리 떨어진 사람들이 협업할 수 있음을 보여 주었다. 기술을 매개로 성경에서 그리는 천국에 한 발 더 다가선 것이다. "그때에 이리가 어린 양과 함께 살며 표범이 어린 염소와 함께 누우며 송아지와 어린 사자와 살진 짐승이 함께 있어 어린아이에게 끌리며 암소와 곰이 함께 먹으며 그것들의 새끼가 함께 엎드리며 사자가 소처럼 풀을 먹을 것이며 젖 먹는 아이가 독사의 구멍에서 장난하며 젖 뗀 어린아이가 독사의 굴에 손을 넣을 것이라 내 거룩한 산 모든 곳에서 해 됨도 없고 상함도 없을 것이니 이는 물이 바다를 덮음같이 여호와를 아는 지식이 세상에 충만할 것임이니라"(이사야 11:6-9).

VI. 컴퓨터 게임을 하는 사람들

최근 어떤 일에 몰입해 본 일이 있는가? 컴퓨터 게임을 하는 이들은 자주 몰입을 경험한다. 컴퓨터 게임에 몰입한 상태를 헝가리계 심리학자인 칙센트미하이(Mihály Csíkszentmihályi)는 플로우(flow)라고 한다.[27] 플로우를 유지하기 위해서는 목표가 명확해야 하고, 피드백이 있으며, 게임 플레이어의 능력에 맞는 적절한 도전이 있어야 한다. 게임에는 도전이 있다. 게임 설계자 제인 맥고니걸(Jane McGonigal)은 『누구나 게임을 한다』(*Reality is broken*)28에서 역경을 딛고 승리했을 때 느끼는 궁극적인 감정을 피에로(fiero)라고 하였다. 게임 속에서 플레이어는 온갖 역경을 겪는다. 다른 사람과 경쟁하고, 바쁘게 일을 처리해야 하며, 정신적으로나 육체적인 한계를 경험하고, 숨겨진 것을 찾아내야 하고, 다른 사람과 협력해야 하고, 새로운 생각을 해내야 한다. 게임이 아니었으면 하기 싫은 일이 게임에서는 도전하고 싶은 일이 되고, 그것을 이겨냈을 때 피에로를 느낀다.

게임에서 피에로를 느끼게 되는 과정은 크리스천의 믿음의 여정과 비슷하다. 참된 신앙인의 목표는 명확하고, 기도나 계시로 성령님의 피드백을 받으며, 고난을 견디고, 마침내 참된 기쁨을 누리게 된다. 하나님과 놀이하면, 하나님에게 몰입할 수 있다. 신학적 놀이는 순종뿐만 아니라 자발적으로 하나님의 아름다움과 영광에 경탄하고 기뻐하는 것이다.29 성경은 말한다. "그의 영광의 힘에 따라 모든 능력으로 능하게 하시며 기쁨으로 모든 견딤과 오래 참음에 이르게 하시고"(골로새서 1:11). "믿음의 주요 또 온전하게 하시는 이인 예수를 바라보자. 그는 그 앞에 있는 기쁨을 위하여 십자가를 참으사 부끄러움을 개의치 아니하시더니 하나님 보좌 우편에 앉으셨느니라"(히브리서 12:2).

게임 속에서 게임의 규칙을 벗어나 남에게 해를 끼치는 이들이 있

---

27 QR-flow.

28 Jane McGonigal, *Reality is broken* (2011), 김고명 옮김, 『누구나 게임을 한다』(알에이치코리아, 2012), 167.

29 손호현, "몰트만의 놀이의 신학," 「신학사상」 제137호 (2007): 129-160.

다. 단체전에서 어떤 이가 잘 공격해서 거의 죽게 된 적을 마지막 한 방의 공격으로 전과를 훔치는 이도 있다. 이를 '킬 훔치기'라고 한다. 등 뒤에서 자기편을 공격하는 팀킬(team kill)을 즐기는 이도 있다. 게임 프로그램을 수정해서 고도의 반칙을 쓰는 것을 '핵'(hack)이라고 한다. 이에는 볼 수 없게 설정된 비밀을 알아내거나, 어떻게 쏘든 과녁에 명중하도록 한다거나, 땅으로만 다니게 되어 있는 것을 날 수 있게 하는 등 여러 가지 반칙이 포함된다. 반칙은 아니지만 '현질'이라고 해서, 돈을 많이 써서 게임을 유리하게 이끄는 사람들도 있다. 게임이 미치는 폐해는 분명히 인식하고 있어야 하며 잘 관리되어야 한다. 그런데 이것 때문에 게임이 주는 여러 가지 유익을 버려서는 안 될 것이다. 단체전에서 동료를 위해서 희생하는 역할을 하는 이들도 있고, 농장에서 다른 이들이 키우는 식물이 잘 크도록 도와주면서 즐거움을 느끼는 이들도 있다.

인간은 사회적 동물이며 공동체에 속하면서 행복을 느낀다. 컴퓨터 게임에서 그 예는 쉽게 찾을 수 있다. 수천 명이 참여하는 MMORPG 장르에서는 은근한 참여(ambient presence)라고 해서, 실제 아무 활동은 하지 않지만 게임에 참여하고 있는 것만으로도 안도감을 느끼는 이들이 많다. 이런 소극적인 게이머도 있지만, 적극적인 활동을 하기도 한다. 스마일게이트의 '로스트아크'는 이용자와의 적극적인 소통을 통한 성공이라는 독특한 사례를 남겼다. 이 게임이 출시됐을 초반에는 그래픽의 다운 그레이드, 자동전투 아이템의 밸런스 문제가 심각했고.[30] 그러나 1주년 감사제에 36개 항목을 개선할 것을 약속했고,

---

30 『2022 대한민국 게임백서』, 63. 정부간행물 발간 등록 번호 11-B552644-000327-10.

매출의 17%를 재투자해서 이 항목 중 31개를 완료했다. 말한 약속은 지킨다는 신뢰를 얻게 되었고, 이로써 일일 접속자가 122% 증가하고, 신규 가입자는 522% 증가하고, 복귀 이용자는 213% 증가했다. 또한 '로스트아크'의 플레이어들은 개발자들에게 커피 트럭을 보내서 '트럭 응원'을 하였고, 개발자들이 많이 이용하는 판교역에 응원 광고도 하였다.

2000년대 초반 초등학생 사이에 유행했던 '메이플 스토리'라는 컴퓨터 게임이 있다. 당시 부모들의 속을 꽤나 썩게 했던 그 게임이다. 물론 전설적 유저 '타락파워전사'처럼 자녀와 같이 게임을 한 부모들도 있었다. 이 게임은 전사, 마법사, 궁수, 도적 등의 직업으로 전직하면서 몬스터들을 사냥하며 캐릭터를 육성하고 모험을 떠나는 게임이다. 20여 년 동안 소위 '빅뱅 패치'(2010)를 포함해서 많은 변화가 있었다. 그래픽은 많이 향상되었고 게임은 훨씬 복잡해졌다. 그런데 최근 2000년대 초반의 투박한 버전으로 다시 유행한다. 그 당시 초등학생이던 현재의 30대가 초딩스러운 아이디를 쓰고, 초딩의 정서로 대화하면서, 유치한 BGM(BackGround Music)을 들으며 고향을 찾은 기분을 느낀다고 한다. 현실의 고향은 20년이 지나면 많이 바뀐다. 그런데 게임 속의 고향은 수십 년이 지나도 그대로일 수 있다. '타락파워전사'는 오늘도 자녀들과 같이 그 고향을 방문하고 있을 것이다.

2000년대 초반 게임 내에서 매우 역사적인 사건이 있었다. '바츠 해방 전쟁'은 2004년 6월부터 2008년 3월까지 약 4년간 한국의 MMORPG 리니지2의 바츠 서버에서 발생한 인터넷 전쟁이다. 당시 그 게임에서 드래곤나이트(Dragon Knight) 혈맹은 가장 강력한 혈맹이었다. 강력하기도 했지만, 가장 원성을 사는 혈맹이기도 했다. 소수의 힘센 플레이어들로 이루어진 이 혈맹은 높은 세금을 착취하고, 사냥터를 통제하는 등 독재를 하였다. 그 드래곤나이트 혈맹의 행태가 다른 유저들에게 많은 반감을 사서 전쟁이 벌어졌지만, 항상 드래곤나이트 혈맹이 이겼다. 게임머니로 걷은 세금으로 좋은 장비를 갖추어서 더 높은 레벨이 되었고, 여기에 더해서 지도부들의 정치력과 담합으로 오랫동안 장기 집권할 수 있었다.

거대 혈맹 연합에 의해서 다른 사람들은 정상적인 레벨업을 할 수 없었기 때문에 상당수가 낮은 레벨에 머물 수밖에 없었다. 그래서 낮은 레벨끼리 모여서 바츠 서버에 연합군을 만들었는데, 그 연합군은 드래곤나이트 혈맹에 의해 완전히 도륙되었다. 이런 일방적인 학살이 리니지 플레이어들한테 정의감을 불러일으켰다. 게시판이 들끓고 모든 서버의 모든 리니지2 플레이어가 자신들의 서버에서 육성하던 캐릭터를 모두 내려놓고 바츠 서버로 몰려와서 드래곤나이트 10명을 타도하겠다는 명분으로 초보자 캐릭터를 만들어서 맞서게 되었다. 2004년 당시에는 서버를 이전하면 캐릭터의 이전이 되지 않았기 때문에 바츠 서버로 가서 신규 캐릭터를 생성해서 참여할 수밖에 없었다. 따라서 그들의 무기는 너무나 열악했다. 거의 내복을 입은 정도라고 해서 '내복단'이라고 불리기도 했다. 2천여 명의 바츠 연합군 '내복단'이 그야말로 혈투를 벌인 끝내 바츠 서버 최대의 거점이던 아덴성을 점령하면서 드래곤나이트 혈맹을 물리쳤다. 모든 서버의 플레이어들이 환호하였다. 이날은 바츠 해방의 날로 선언되었고, 바츠 해방의 날을 기념하여 1천여 개의 게시판에서 폭발적으로 환호했다. 심지어는 언론에서 그 바츠 해방 전쟁이 기사화되기도 했다. 연합군에 참여했던 한 플레이어는 "그 거대했던 바츠 해방 전쟁에 내복단의 일원으로 그 자리에 있었노라고…" 자랑할 수 있어서 가슴 벅차다고 하였다. 그런 일들은 참 멋있는 일이다. 프랑스 대혁명처럼 왕정을 뒤엎고 평민들이 승리하는 일이 실제로 게임 세계에서도 일어날 수 있다. 내복단은 교실에서 배울 수 없는 가치를 배웠을 것이다.

　게임은 이 외에도 재미, 미적 만족, 문제 해결, 사회적 지위 등등 즐거움을 주며, 다음 일곱 가지 지능을 발달시키는 데 도움을 준다. 일곱 가지 지능은 언어, 수학, 운동, 공간, 음악, 관계, 자기 이해를 포함한다.[31] 이것이 게임을 하는 사람들이 게임을 하면서 얻는 부산물이다. 물론 가장 큰 것은 재미이다. 게임을 하면 재미있는 이유는 크게 세 가지로 볼 수 있다. 자기 결정(self-determination), 자신의 능력 확인(competence), 공동체성(related-ness)이다. 자기 결정은 하나님이 주신 자유의지와 관련된다. 12시만 되면 나와서 '뻐꾹뻐꾹' 하고 소리를 내는 뻐꾸기시계 속 뻐꾸기같이 인간이 하나님에게 순종하게 되어 있다면, 사람의 순종에 하나님은 기뻐할 수 없을 것이다. 인간의 궁극적인 자기 결정은 하나님에게 자발적으로 순종하는 것일 것이다. 놀이에서 이러한 자기 결정의 즐거움을 경험할 수 있다. 또한 놀이에서는 이룰 수 있는 목표들(achievable goals)이 있으며, 그것을 이루면서 즐거움을 경험하고, 때로는 즐겁게 실패하기도 한다. 이것은 천로역정에서 그리는 순례자의 길과 흡사하다. 크리스천은 방랑자가 아니라 목표를 가진 순례자이다. 또한 공동체성은 예수님이 역사 속에서 이루려고 하는 구원이라고 할 수 있다. 윤영훈은 "놀이는 공동체를 만드

---

31 Raph Koster, *Theory of fun for game design* (O'Reilly Media, 2013), 유창식 · 전유택 옮김, 『라프 코스터의 재미이론』 (길벗, 2017), 72.

는 근사한 방식이다"라고 했다. 예수님은 개인의 구원이 아니라 이웃과 함께하는 공동체의 구원을 원하신다.

VII. 나가며

20세기가 호모파베르(일하는 인간)의 시대로 효율성을 추구했다면, 21세기는 호모루덴스(놀이하는 인간)의 시대로 재미를 추구한다. 16세기의 칼뱅이나 20세기의 막스 베버는 호모파베르에 맞는 교리를 잘 제시하였다. 21세기의 호모루덴스에 대해서는 새로운 교리가 필요하다. 성경에서 보는 하나님과 예수님은 이미 호모루덴스에 우호적이며, 궁극적으로 모두 그렇게 되길 원하신다. 새 술에 맞는 새 부대를 찾는다는 의미에서 기독교 공동체도 이에 어울리게 변화해야 할 것이다. 몇 가지 면에서 균형추를 옮길 필요가 있다.

우선 회개를 강조하는 원죄 의식과 하나님의 형상으로 지어졌다는 긍정적인 정체성에서 균형추를 다시 생각해 보자. 원죄 의식이 기독교 윤리의 근원이라면, 하나님의 형상은 기독교 미학의 근원이다. 교회의 설교들을 들어보면 개인의 회개를 촉구하고 사회가 죄로 더럽혀졌음을 지적하는 것이 대부분임에 비하여, 하나님의 형상으로 지어졌음을 기뻐하고 그것에 경탄하는 설교는 드물다. 놀이를 원죄의 관점으로만 바라본다면 신앙에서 멀어지게 하는 사탄의 유혹이라고 할 수 있다. 그런데 컴퓨터 게임을 만든 이들도, 컴퓨터 게임을 하는 이들도 모두 하나님의 형상으로 지어졌다. 그들의 선함을 믿는다면 우리의 눈을 어지럽히는 사탄의 영향을 걷어내고 새 부대에 새 술을 담을 수 있을 것이다. 컴퓨터 게임에 중독되는 이들도 있지만, 그 세계에서 멋진 일들이 벌어지고 있다는 것도 잊어서는 안 된다. 컴퓨터 게임의 세계에서 많은 이들은 공정하게 행동하며, 남을 배려하고, 절대자에 대해서도 거부감이 없으며, 형이상학적 개념에도 익숙하다.

이는 예수님을 구주로 받아들이는 이들이 누리는 특별 은총과 비신자에게도 주어지는 일반 은총에 대한 균형추에도 같이 적용될 수 있을 것이다. 다원주의 사회에서 특별 은총이 더욱더 강조되면서 교회는 사회에서 점점 고립되어 가고 있다. 타 종교들과 치열하게 논증을 벌여서 마침내 로마의 국교로 인정받게 한 1~2세기 로마 치하의 믿음의 조상들이 보면 매우 안타까워할 일이다. 마르틴 루터가 종교개혁에 성공하는 데 중요한 역할을 한 금속활자를 발명한 구텐베르크가 훌륭한 신자라는 기록은 없다. 하나님은 비신자를 통해서도 인류에게 은총을 내리신다. 컴퓨터 게임과 21세기에 나타난 메타버스는 이와 같이 제2의 종교개혁을 가능케 하기 위해 하나님께서 영감을 주셔서 만들어진 것이 아닐까? 1517년에 일어난 제1종교개혁에서 교황의 권력이 개별 교회로 넘어갔듯이, 제2종교개혁에서는 물리적 건물이나 물리적 거리를 초월하고 예배의 형태도 완전히 다른 새로운 형태의 교회가 가상 세계에서 나타날 수 있다.

가상 세계의 확장성은 무한하므로, 가까운 시일 안에 현실 세계는 가상 세계의 일부가 될 것이다. 이제 가상 세계에서 지상(至上)명령 (The Great Commission)32과 문화명령(The Great Commandment)33을

---

32 마태복음 28:18-20. "…모든 족속으로 제자를 삼아…."
33 창세기 1:28-31. "…생육하고 번성하여 땅에 충만하라… 모든 생물을 다스리라 하시니라."

다시 생각해 볼 필요가 있다. 지금의 교회들은 물리적인 양으로 측정할 수 있는 '지상명령'에 치중하고 있는 것으로 보인다. The great Commision의 'Great'가 'Greatest'가 된 것이다. 지상명령이 아니라 '대위임령' 정도로 번역하는 것이 맞을 것이다. 또한 오프라인 교회는 이미 가상 세계에 가 있는 미래의 성도들을 현실 세계로 끌어올 방법만 생각하고 있다. 가상 세계의 원주민은 제국주의 시절 식민지 원주민들과는 달리 대포와 함께 들이닥쳐서 강요된 성경으로 정복할 대상이 아니라는 것이 매우 다행인 일이다. 그때의 폭력에 대한 반성으로 '문화명령'의 가치가 많이 위축되었기 때문이다. 21세기의 가상 세계에서는 서로 동등한 입장에서 품격 있게 '문화명령'이 수행되면 좋겠다. 가상 세계의 주민들은 가상 세계에서 외로움을 달래고 싶고, 대화하고 싶고, 정체성을 찾고 싶고, 의지할 대상을 찾고 있다. 가상 세계에서 기다리고 있는 미래의 성도들을 바라보자. 그곳에서 "가장 큰 계명은 무엇입니까?(Teacher, which is the greatest commandment in the Law?) 하나님을 사랑하듯이 네 이웃을 네 자신 같이 사랑하라"(마태 22:36-39)는 '대계명' 아래 '지상명령'(대위임령)과 '문화명령'을 균형 있게 수행할 수 있게 되면 좋겠다. 우리 크리스천은 원래부터 가상 세계에 익숙하지 않은가? "믿음은 바라는 것들의 실상이요 보이지 않는 것들의 증거니"(히브리서 11:1).

OSI

Flow

예수님

VR

뇌과학

리좀

Pieter

종교의 디지털 전환과 윤리적 규준에 관한 논의

김승환 | 장로회신학대학교 기독교와문화 강사

I. 들어가는 말

디지털 기술과 미디어로 매개되는(mediated) 종교의 예전과 신앙의 행위는 종교의 참여 방식뿐 아니라 종교(성) 자체에도 영향을 미친다. 디지털 미디어 시대에 종교의 거룩성과 공동체성 그리고 일상의 신앙 행위는 '디지털 전환'으로 시공간의 물리적 한계를 극복하고 디지털적으로 종교를 이해하고 실천하게 한다.[1] 종교 행위를 위해서 예배당이나 성당, 사원을 찾는 대신 모바일 앱이나 웹사이트를 통해 예배에 참여하거나 설교와 찬양을 듣고 소그룹 모임을 진행한다. 오늘날 가장 종교적이고 영적인 공간은 바로 가상현실 세계이며, 가상현실 공간이 갖는 독특한 특성이 종교성(거룩성, 초월성, 편재성, 공동체성)과

---

[1] 김승환, "디지털 신학(Digital Theology)의 출현과 연구 과제들," 성석환 편, 『오늘의 기독교윤리학』 (서울: 장로회신학대학교출판부, 2023), 185.

결합하여 디지털 종교의 새로운 장을 열어가고 있다. 디지털 종교 연구 분야의 개척자라 할 수 있는 하이디 캠벨(Heidi A. Campbell)은 '디지털 종교란 디지털 미디어와 최신 기술들에 종교 집단과 개인이 어떻게 참여하는지를 설명하는 개념'2이라고 정의한다. 즉, 기존의 종교와 종교성이 디지털의 옷을 입으면서 참여 방식과 소통의 구조에 영향을 미치고 있으며, 디지털화된 유형의 종교 형식이 등장하기 시작한 것이다.

본 연구는 디지털로 확장하는 종교의 변화를 파악하고 디지털화의 과정에서 갖추어야 할 종교의 윤리적 규준을 제안한다. 먼저 최근의 디지털 기술의 종교적 활용 사례를 제시하고 제기되는 문제들을 정리할 것이다. 구체적인 사례로는 'A.I. 로봇 제사장'과 '신과 같은 알고리즘', '디지털 샤머니즘'을 통해 (디지털) 기술이 제기하는 종교의 윤리적 특징과 문제들을 다룰 것이다. 그리고 하이디 캠벨이 제안한 '기술의 종교-사회적 형성'(RSST: Religious-social shaping of Technology)을 통해 디지털 종교의 수용 과정에서 필요한 절차와 요소들을 설명할 것이다. 무분별한 디지털 기술의 활용보다 종교적 가치와 신념, 전통과 공동체성을 고려한 종교의 접근 방법을 제안하려고 한다. 그리고 디지털 종교가 갖추어야 하는 윤리적 규준을 제시함으로써 당면하는 윤리적 문제들에 응답할 방안을 마련하고자 한다.

---

2 Heidi A. Campbell, *Wendi Bellar, Digital Religion* (London: Routledge, 2023), 1.

II. 거룩한 기술? 세속적인 기술?
: 디지털 기술의 종교적 활용에서 제기되는 질문들

1. A.I. 로봇 제사장(robot priest)은 가능할까?

종교와 디지털 기술의 만남 중 가장 극적인 사례는 인공지능으로 무장한 로봇 제사장의 등장일 것이다. 산업계에서 활용하던 기계 로봇은 인간과의 관계 맺음이 가능한 '사회적 로봇'(social robots)으로 확장되었고, 사회적 로봇은 사람들과 메시지를 주고받는 단순한 매개 도구의 기능을 넘어서서 하나의 사회적 행위자(agent)로서 의미 있는 메시지와 상호 소통이 가능한 상태에 이르렀다. 사회적 로봇은 대화의 과정에서 상황에 맞게 이해할 뿐 아니라 의미를 발생시키는 적극적인 소통자가 되고 있다. 사회적 로봇의 한 유형으로 볼 수 있는 A.I.로 무장한 '종교 로봇'(Religious Robot)은 상대와의 소통의 상황에서 신앙적 의미를 발생시키고 전달하는 데 탁월한 면을 보일 수 있으며, 단순한 정보를 전달하는 종교 교육을 넘어서 사용자의 영적인 교감까지 분별하며 소통하기 시작했다.[3] 이를 잘 보여 준 사례는 2017년 독일 비텐베르크에서 로봇에게 축복 기도를 받은 일이다. 로봇 제사장으로 불리는 'BlessU-2'는 로봇의 몸에 부착된 터치 스크린에서 사람들의 선택에 따라 전통적인 축복 기도, 용기와 회심을 위한 축복 기도, 교제를 위한 축복 기도가 흘러나온다. 심지어 성직자의 성별도 목소리에

---

3 Andrea L. Guzman, Seth C. Lewis, "Artificial intelligence and communication: A Human-Machine Communication research agenda," *new media & society* 22 (2020): 70-81.

따라 선택이 가능했고, 기도가 진행되는 동안 로봇 제사장은 두 팔을 위로 올리고 손바닥을 폈으며, 기도가 끝나면 기념으로 축복 기도문을 출력해서 전달했다.[4]

A.I. 로봇의 축복 기도가 불편한 것은 생명이 없는 기계를 통해 신성한(거룩한) 축복이 전달될 수 있는가에 대한 문제와 종교의 목회직(사제직)을 기계가 대신할 수 있을까에 대한 부분이다. 가톨릭 전통은 성상을 향해 기도하거나 축복을 구하는 행위가 보편적으로 인정되어 왔지만, 개신교는 우상 숭배를 이유로 성상 숭배를 거부해 오고 있다.

하지만 종교적 행위의 매개체로서 로봇은 오랜 역사를 지닌다. 기독교에서 제작한 로봇 형태의 성상은 8세기경 시계 장인, 기술자, 장난감 생산자 등이 모여 금으로 완성된 '숭고한 인형'(sublime toys)이 처음 제작되었고, 이것은 말하기, 노래하기, 쓰기와 심지어 체스 두기까지 고안되었다. 그 후 12세기에는 기계화된 인간 형상이 등장하면서 아방가르드(avant garde) 예술가들에게 큰 관심을 보였지만, 로봇이 인간의 일자리를 대신할 수 있다는 생각으로 인해 노동자들에게는 상당한 충격을 주기도 했다. 어원적으로 보면 robot이란 단어는 체코어로 robota에서 왔는데, 노동과 일을 의미하며 더욱 완벽한 인간에 관한 비전과 상상력을 바탕으로 한다. 로봇 제작이 진행되면서 보다 정교한 기술의 발전과 종교적인 목적에 덧입혀져 종교 로봇이 등장하기 시작했다.[5]

오늘날 가장 인간과 유사하게 종교적 역할을 수행하는 종교 로봇

---

4 Scott Midson, "Posthuman Priests: Exploring the New Visibility of Religion in Robotic Re-presentations of Religious Rituals," *Religions* 12 (2022): 940-941.
5 Christopher B. Swift, "Robot Saints," *Animating Medieval Art* 4 (2015), 56.

은 16세기경 스페인 시계 공예사 후안넬로 투리아노(Juanelo Turriano) 가 고안한 '기계 수도사'(mechanical monk)인데, 이는 지금도 작동한 다. '기계 수도사'는 질병으로 인해 죽어가는 아이를 위해서 대신 기도 할 수 있도록 고안되었으며, 좌우로 몸을 회전하거나 바퀴를 달아 자 유롭게 이동하고 손을 올리고 입을 벌리는 행동까지 보인다.6 이 장치 는 BlessU-2에서 기대하는 인간다움(anthropomorphic)보다는 살아 있음을 보여 주고자 여러 기계 장치들을 부착했으며 인간과 같은 '생 생함'(lifelikeness)을 연출하는 것을 목표로 했다. '기계 수도자'는 기계 적이면서도 종교적인 것을 연결시켜 당시 금욕적인 영성 생활을 수행 하는 수도자의 삶을 잘 보여 준다.7

오늘날은 A.I.로 무장한 종교 로봇들이 등장하고 있으며, 현재까지 약 20대가 운영 중이다. 앞서 소개한 독일의 BlessU-2는 교회에 온 이들을 위해서 축복 기도를 하며, 로봇 산토(SanTO) 신부는 기독교-가 톨릭의 성인(saint)의 유형으로 개발되어 축복 기도 중에 성경을 인용 하여 기도하기도 한다. 가톨릭의 천사를 닮은 Celeste는 신도들의 요 청에 응답하면서 성경 구절을 찾아줄 뿐 아니라 신앙적인 차원에서 기도를 지도한다. 일본의 로봇 민다르(Mindar) 승려는 불경의 내용을 전파하며, 중국의 Xi'aner는 사원의 방문자들에게 불교에 관한 질문 에 응답하고 불교 음악을 틀어준다. 또한 일본의 휴머노이드 로봇인 Pepper는 값싼 비용으로 불교식 장례식을 집전하기도 한다.8 기독교

---

6 Lauren Davis, "This 450-year-old clockwork monk is fully operational," *GIZMODO* 2012. 11. 3.

7 Scott Midson, "Posthuman Priests," 951.

8 Anna Puzio, "Robot, let us pray! Can and should robots have religious fuctions? An ethical exploration of religious robots," *AI & SOCIETY* (2023), 12.

와 같이 유일신 사상이 강한 종교에서는 로봇 제사장을 부정적으로 인식하지만, 힌두교나 불교처럼 다신관을 가진 종교에서는 로봇 형태의 종교적 매개자의 활용을 긍정할 뿐 아니라 거룩한 기능과 종교적 역할을 수행할 수 있다고 여기는 분위기다.

물론 지금까지 등장한 A.I. 종교 로봇의 활용은 초기 단계이지만 제기되는 몇 가지 윤리적인 이슈들이 있다. 안나 푸지오(Anna Puzio)는 이 지점에서 세 가지 문제점을 지적했다. 첫째는 종교 로봇이 종교적 영성, 초월성을 담당하는 성직자(매개자)의 기능까지 가능할 것인지에 관해서는 더 많은 논의가 필요하며, 둘째는 종교적 가르침과 지도에서 성직자로서 책임성을 어떻게 설정할 것인지가 중요하다고 주장한다. 마지막은 각각의 교파와 종교 단체마다 상이한 관점들과 전통들을 어떻게 보편적으로 적용할 수 있을지에 관한 합의도 중요하다.[9] 또한 종교의 디지털 기기 활용으로 인간은 단순한 참여자나 콘텐츠의 생산자로 환원될 수 있으며, 기계적 관계 맺기와 수행으로 탈인간화되거나 인간의 존엄성이 위협을 받을 가능성이 있다. 그리고 각 전통이 오랫동안 구축해 온 종교적 가치와 경험을 어떻게 이해하고 수행하는지 검증이 어렵기에 종교 로봇의 행위는 반복된 기계적인 행위로 전락할 수도 있다. 반대로 공동체 형성과 목회적 돌봄과 같이 종교 로봇이 담당하지 못하는 영역은 고급화될 수도 있다. 이런 상황에서 BlessU-2 제작자는 로봇 제사장의 등장이 인간 성직자를 대체하기 위함이 아니라 교회와 종교 활동에서 기계적인 역할이 필요한 영역에서의 도움을 주기 위함이라고 설명한다.[10] 역사상 종교는 기술

---

9 Ibid., 10-12.

매개체(매개자)를 통하여 종교적 가치와 행위를 구현해 왔기에 종교 로봇도 하나의 매개체로 이해할 수 있다는 입장이다. 그러나 로봇 A.I.가 대체하는 종교적 행위 못지않게 종교인(성직자)들의 존재와 그들의 소명 의식까지 대체할 수 없다면, 기능적인 역할을 담당하는 것으로 한정될 것이다.

2. 신과 같은 알고리즘

과학 기술에 관한 최신 소식을 전하는 저널 「퓨처리즘」(Futurism)에 A.I. 사제(A.I. Priest)에 관한 흥미로운 기사가 게재되었다. 가톨릭이 최근 'Father Justin'으로 불리는 A.I. 사제를 임명했다는 소식이다. 저스틴은 전통적인 성직자 복장에 경건하게 보이는 회색 턱수염과 머리를 가진 중년의 남성 모습이었다. 퓨처리즘과의 대화에서 저스틴은 젊은 세대들에 대해서 사제로서 소명을 느낀다고 말했다. 하지만 성직자로서 A.I. 챗봇을 사용하는 것에 대해 비판이 일면서 최근 저스틴은 자신을 '평신도 신학자'라고 밝히면서 한 번도 사제로서 임명받은 적이 없다고 말했다. 저스틴이 A.I. 성직자라고 밝힌 뒤 사제직을 박탈당했다고 스스로 고백했고, 복장도 일반 회사원처럼 캐주얼하게 바뀌었다.[11] 저스틴은 보수적인 입장에서 응답하도록 설정되어 있어서 성적인 문제나 가족 윤리에서 가톨릭의 전통적인 입장을 설명했다. 이처럼 종교의 옷을 입은 A.I.는 학습된 내용을 단순하게 전달하는 것이

---

10 Scott Midson, "Posthuman Priests," 951-953.
11 Noor A. Sibal, "Catholic Group Defrocks AI Priest After It Gave Strange Answers."

아니라 각 종교 안의 미묘한 차이들을 이해하고 다르게 표현할 수 있는 능력까지 갖추고 있다.

루스 츄리아(Ruth Tsuria)와 요시 츄리아(Yossi Tsuria)는 ChatGPT와 마이크로소프트 Bing을 비교하면서 A.I.가 종교를 이해하고 답변하는 방식을 기술한 바 있다. 그들은 기독교와 이슬람에 관한 조금 예민할 수 있는 질문을 던지면서 각각의 응답을 관찰했다. 먼저는 기독교에 관한 질문은 '남녀의 역할'이 평등한지와 '동성애'를 어떻게 이해하는지였다. Bing은 남자와 여자는 하나님의 형상으로 창조되었고 서로 보완적인 존재라 응답했다. 일부 기독교 진영에서는 남성이 더 먼저 지음 받은 우월적 존재라고 하지만, 남녀 모두 문화명령을 받았다고 대답했다. 동성애 이슈에 있어서도 일부 성경에서는 죄악된 행위로 여기지만, 상당수 기독교인은 서로를 향한 사랑으로 다양성을 인정한다고 답했다. Bing은 웹사이트와 자료에서 인지도가 높은 글들을 인용하고 있었으며 다양한 가치와 관점을 존중하려는 태도를 보이는 것을 알 수 있다. ChatGPT는 이슬람이 폭력적인 종교인지에 관한 질문에서 대다수 무슬림은 폭력을 거절하며 정치와 사회적인 이유로 이슬람에 관한 오해가 누적된 결과라고 답했다. 하지만 ChatGPT는 Bing과는 다르게 어떤 자료를 인용했는지를 알 수 있기에 응답에 대한 신뢰도에서 문제가 발생할 수밖에 없다.[12]

오늘날 A.I.와 알고리즘이 전달해 주는 내용은 객관적인 사실이며 가치중립적일 것이라는 인식이 있지만, 사실 복잡한 이슈에 관한 명

---

12 Ruth Tsuria, and Yossi Tsuria, "Artificial Intelligence's Understanding of Religion: Investigating the Moralistic Approaches Presented by Generative Artificial Intelligence Tools," *Religions* 15 (2024): 381-384.

확한 대답을 하기는 쉽지 않을뿐더러 다양한 입장을 고려해야 하는 민감함도 필요하다. 과연 종교적 가치와 다양한 관점들을 판단할 수 있을 만큼 A.I.를 신뢰해야 하는지도 고민해 봐야 한다. 전통적인 신학의 입장에서 A.I.는 신과 같은 존재다. 랜달 리드(Randall Reed)는 오늘날 구글과 같은 테크 기업은 전지, 전능, 편재와 같은 신적 능력을 소유하고 있으며, 세상 모두를 (선한 행위를 위해) 감시하고 관여한다고 주장한다.13 어쩌면 알고리즘은 인간의 선택과 행동에 직접적인 영향을 미치기 시작하면서 디지털 사회가 나아갈 방향을 제안하는 신과 같은 존재인지 모른다. 사용자들의 취향과 관심, 정치적 성향, 습관, 종교, 인종 등의 거의 모든 정보를 종합하여 분류하고 사용자의 반복된 패턴을 파악하여 자기 통합적(self unity) 행위를 지속할 수 있도록 여러 옵션을 제안한다. 하이디 캠벨은 이것을 '알고리즘적 권위'(algorithmic authority)14라고 불렀다. 알고리즘 세계에서 권위 있는 콘텐츠는 객관적인 사실이나 권위 있는 누군가를 통해서 인정되는 것이 아니라 수집된 다량의 데이터 중에서 사람들이 자주 '좋아요'를 클릭하거나 공유하고 인용하는 빈도수에 따라 결정된다. 즉, 사실 여부에 대한 검증보다는 사용자들이 발생하는 데이터의 양과 호응이 비례하여 추천되는 시스템이다.

이러한 빅 데이터 알고리즘은 엄청난 양의 정보들을 분석하고 분류하여 사용자들의 관심과 취향에 따른 패턴과 지향을 파악하고 필요한

---

13 Randall Reed. "A.I. in Religion, A.I. for Religion, A.I. and Religion: Toward a Theory of Religious Studies and Artificial Intelligence," *Religions* 12 (2021), 401.

14 Heidi A. Campbell, *Digital Creatives and the Rethinking of Religious Authority* (London and New York: Routledge, 2021), 8-9.

정보와 콘텐츠를 제공한다. 하지만 몇 가지 윤리적인 문제가 제기된다. 매튜 존슨(Matthew Johnson)과 레이첼 로버트슨(Rachel Robertson)은 알고리즘이 갖는 문제점을 크게 두 가지로 구분하여 설명하는데, 알고리즘 시스템의 외적 문제(external harms)와 내적 결함(internal harms)의 문제다. 먼저 시스템이 갖는 문제점은 첫째로 알고리즘의 복잡한 경로와 분류를 통해 내놓은 정보의 출처를 설명할 수 없다는 것이며, 둘째는 학습의 과정에서 잘못된 정보나 조작된 내용으로 학습할 가능성이 있으며, 셋째는 데이터의 수집 과정에서 지나친 감시와 과도한 개인정보의 취득이 이루어진다는 것이다. 사용자들은 대부분 알고리즘이 인간보다 더 객관적이고 신뢰할 만한 정보를 제공한다고 인식하기에 '해석학적인 부정의'(hermeneutical injustice)가 발생할 수 있다. 또한 내적 결함의 문제로는 알고리즘이 제시한 정보에서 다른 선택지가 별로 없다는 것이다. '필터 버블'(filter bubbles)로 알려진 것처럼 비슷한 내용과 취향의 정보가 반복적으로 제공되면서 자기 동일성을 강화하는 한계에 갇히게 된다. 그리고 정보의 수집과 분석의 과정에서 이익을 위해 제3세계의 값싼 노동자들이 착취된다는 사실이다. 이러한 필터 버블과 같은 현상으로 동일(친밀한) 그룹이 아닌 다른 그룹들의 관심과 취향에 무지해질 수 있으며, 인간을 데이터를 위한 수단으로 간주할 수도 있다.[15] 또한 동일 집단의 누적된 선택으로 학습된 알고리즘은 '아버지의 죄들'이 자녀들에게 물려지면 안 되는 것처럼, 잘못된 취사선택과 정보의 취득이 그대로 다음 세대에게 전달될 우려도

---

15 Matthew K. Johnson, Rachel S. Robertson, "Information and Reality: Contributions from the Science and Religion Forum," *Zygon* 58 (2023): 752-756.

있다는 점이다. 그렇기에 알고리즘의 개발자, 기업, 사용자들의 올바른 윤리적 판단과 선택이 더욱 중요해진다. 그렇지 않으면 계속해서 반복된 비윤리적 선택과 정보 학습으로 누구도 책임질 수 없는 결과를 초래할 수도 있다.[16] 이렇듯 알고리즘이 선사하는 유용성에도 불구하고, 사용자들의 자율적 선택을 인위적으로 제한시킬 뿐 아니라 잘못된 선택의 반복된 결과로 형성된 동일 집단의 성향과 태도를 수정시킬 수 있는 여과장치의 부재는 심각한 결과를 초래할 수 있다. 특히 종교의 영역에서 알고리즘을 통과한 신앙의 콘텐츠는 마치 성직자(목회자)의 허락을 받은 것처럼 인식될 우려가 있다.

3. 디지털 샤머니즘(digital shamanism)

디지털 시대에 온라인 공간은 하나의 예배 장소로서 종교의 예전과 신앙의 행위들이 이뤄지는 영적(종교적) 공간이 되고 있다. 디지털 종교 연구의 선구자인 하이디 캠벨은 영적인 네트워크가 온라인 공간을 통해서 형성될 뿐만 아니라 신앙의 형성과 전파, 재생산이 가능한 공간으로 선교와 종교적 정체성을 확인하는 장이라고 주장한다.[17] 가상현실 공간에 구현되는 종교적인 이미지와 콘텐츠는 참여자들에게 종교적인 감정(feeling)과 사고 및 상상(imagining)을 불러일으키며 종교에 관한 특정한 인식과 영적 형성을 일으킨다. 웹과 인간 사이에 이루어지는 끊임없는 상호작용은 디지털 종교의 종교적 예전(digital liturgy)

---

16 Matthew K. Johnson, Rachel S. Robertson, "Information and Reality," 760.
17 Heidi A. Campbell, *When Religion Meets New Media* (London: Routledge, 2010), 25.

으로 종교가 제공하는 콘텐츠와 자신의 이해 및 경험 안에서 특정한 종교성을 형성해 나가도록 훈련시킨다.[18]

하지만 온라인 공간은 기독교, 이슬람교, 불교, 유대교처럼 전통적인 제도 종교들만 활동하는 것이 아니라 무속신앙을 기초로 하는 샤머니즘의 활동들도 등장하고 있다. '디지털 샤머니즘'은 디지털 공간 안에서 실천되는 신이나 초자연적인 현상을 샤먼(중매자)을 통해 접근하는 행위와 참여를 의미하는데, 안나 애이로(Anna Airo)와 윌리엄 코스텔로(William J. Costello)는 '사이버 샤머니즘'(cyber shamanism)으로 불렀다.[19]

일반적인 샤머니즘은 특정한 시간과 장소에서 매개자를 통하여 초월적인 실재와 접촉하지만, '사이버 샤머니즘'은 시공간의 한계를 넘어서는 특징을 보인다. 특히 1999년부터 운영된 한국의 www.neomudang.com은 한국의 여성 샤먼 또는 무당(mudang)과 남자 샤먼인 박수(baksu)라 불리는 이들의 온라인 플랫폼으로, 다양한 지역의 샤먼적 전통을 소개하고 사용자들에게 행운을 전달하는 역할을 해 왔다. 이것은 한국의 강한 샤머니즘의 전통 위에 디지털 기술을 활용할 대표적인 사례라 할 수 있다. 샤머니즘과 디지털 미디어의 결합은 기복적인 신앙을 추구하는 개인적 종교성과 무속신앙이 디지털적으로 전이되는 현상을 잘 보여 준다.[20]

---

18 Samuel D. James, *Digital Liturgies* (Wheaton: Crossway, 2023), 10-11.
19 Anna Airo, William J. Costell, "Virtual Shamanism and the Sacred-Cyber-Space" (2016), 1-8.
20 Dirk Schlottmann, "Dealing with Uncertainty 'Hell Joseon' and the Korean Shaman rituals for happiness and against misfortune," *Journal of the International Society for Academic Research on Shamanism* 27 (2019): 65-95.

슬라보미르 갈릭(Slavomir Galik)은 이러한 디지털 샤머니즘을 두 가지로 구분한다. 그것은 '사이버 샤머니즘'(cyber shamanism)과 '테크노 샤머니즘'(techno shamanism)이다. '사이버 샤머니즘'은 온라인 공간에서 음악과 이미지 등을 통해 시공간의 인식이 점점 소실되고 직접 샤먼과 접촉한 것과 같은 무아지경(trance)에 도달하는 것이며, '테크노 샤머니즘'은 디지털 기술을 통하여 춤, 노래, 기도, 호흡을 통해 직접 샤머니즘의 의례를 실천하는 것이다.[21] 사이버 샤머니즘은 마치 온라인 예배와 같이 가상의 공간에 제공되는 신앙적인 콘텐츠를 통해 현실 세계를 넘어서는 초월적 경험과 영적 세계에서 영혼의 자유를 누리게 하는 반면, 테크노 샤머니즘은 디지털 기기를 통하여 직접 참여자가 영적인 무엇인가를 추구하기 위해 무의식의 세계로 들어가는 제의적 행위라 할 수 있다.

디지털 샤머니즘뿐 아니라 유튜브를 통한 다양한 예배와 종교 행위가 이루어지면서 특정 종교와 교파를 모방하는 이단과 사이비들의 활동도 활발해지고 있다. 22만 명의 팔로워를 자랑하며 'Holy Tube'를 운영하던 데이비드 차(차형규) 선교사는 "마지막 시대에 교회를 깨운다"는 비전과 "한반도 2막, 통일 한국의 시대를 준비하라"는 슬로건으로 '라이트하우스'라는 기도회를 진행해 왔다. 세대주의 종말론과 음모론으로 문제가 되기도 했던 그가 하와이 외곽의 330만 달러에 고급 주택을 매입했고, 불륜관계에 있는 여성이 있을 뿐 아니라 주식에 16억 원 투자하여 실패했다는 소식이 전해졌다.[22] 결국 데이비드 차는

---

21 Slavomir Galik, "Cyber-Spirituality as a New Form of Religion?" *European Journal of Science and Theology* vol. 11, no. 6 (2016), 11.

22 엄태빈, "KAM선교회 데이비드 차, '불륜' 인정하고 사퇴," 「뉴스앤조이」 2024. 5. 22.

모든 자리에서 사퇴했다. 이처럼 온라인 공간의 자율성과 무책임성은 그 영향력만큼의 사회적 책임과 공공성을 요구하기 쉽지 않다. 디지털 종교 행위와 참여에 있어서 사용자들의 종교적 문해력(literacy)이 중요할 뿐 아니라 종교 콘텐츠를 제작하고 유포하는 이들에 대한 책임성과 윤리 의식도 필요하다. 다음 장에서 종교가 디지털 기술을 수용하는 과정들을 살펴보면서 어떤 요소들을 고려해야 하는지를 다루도록 하겠다.

III. 종교의 디지털 기술 수용 단계와 필요한 논의들

디지털 시대의 종교는 새로운 환경에 적응하는 과정에서 무분별하게 기술을 수용하는 것이 아니라 나름의 절차와 기준을 통해 비판적으로 접근할 필요가 있다. 하이디 캠벨은 *When Religion Meets New Media*에서 종교가 어떻게 디지털 기술을 수용해야 하는지를 네 가지 단계로 설명한다. 그녀는 이것을 RSST(Religious-social shaping of Technology)라고 명명했다. 캠벨은 기술이 사회적으로 어떻게 형성되고 수용되는지를 연구한 SST(Social shaping of Technology)를 토대로 종교적인 측면을 더했다. 일반적으로 새로운 기술은 발전과 정착 과정에서 사회적인 요인과 기존의 기술과의 상호작용을 통해 상품으로 구현되어 왔다. 기술은 하나의 '사회적 과정'(social process)으로 잠재적 가능성의 형식으로 있다가 특정한 사회와 공동체의 필요에 따라 변화하면서 발전한다. 이 과정에서 기술이 사회에 어떻게 영향을 미치고, 사용자들과 다양한 기술들과 협력하면서(negotiating) 미래적으로 향하는지 관찰할 필요가 있다. SST는 기술의 사회화와 효용성을 제안하면서 특정한 공동체의 삶과 실천을 강화하는 방식으로 기술이 적응해 왔음을 주장한다.[23] 기술은 불변한 고정된 유무형의 형질이 아니라 사용자와 사회적 환경에 따라 얼마든지 조정이 가능하다. 기술은 공동체의 윤리적 가치와 공공선에 봉사하면서, 정치사회적 필요에 응답하며 자신의 쓸모를 증명해 왔다. 그렇다고 기술이 사회적 결정주의에 갇혀 있지는 않다. 기술과 기술 환경은 상호적으로 영향을 주고받는 공생 관계이다.

캠벨의 RSST는 종교가 어떻게 기술과의 협력을 통해 영적, 도덕적, 신학적 실천들에 접목할 수 있는가에 관심이 있다. 일반 사회적 가치들과 다르게 종교적인 가치는 최근에 선호되는 윤리적 가치 이외에 종교 전통이 오랫동안 고수해 온 특별한 공동체적 유무형의 형식들이다. 종교는 기술 사용을 단순하게 찬성하거나 반대하는 것이 아니라 오랜 대화와 수용의 과정을 통해 그들의 공동체에 미치는 영향을 신중하게 성찰해 왔다.[24] 기술은 적극적으로 활용되거나(accept), 거부됐으며(reject), 간혹 종교의 교리와 특징에 따라 재조정하기도 했다(reconstruct). 캠벨은 이 과정에서 기술의 종교-사회적 형성의 과정을 네 단계로 설명했다. 바로 '역사와 전통', '핵심 신념'(core beliefs), '협의 과정'(negotiation) 그리고 '공동의 설계'(communal framing)이다.

첫째로 종교의 디지털 기술 활용에는 '역사와 전통'에 대한 고려가 필요하다. 각각의 종교가 발전하는 과정에서 기술에 대한 어떤 입장을 취해왔는지 또 어떤 목적으로 기술을 활용하도록 결정해 왔는지를

---

23 Heidi A. Campbell, *When Religion Meets New Media*, 50.
24 Ibid., 59.

고찰할 필요가 있다. 기술을 수용하면서 종교가 성장하거나 발전했던 역사적 과정에 살피면서 공동체와 신념에 어떤 영향을 미쳤는지를 고려해야 한다. 가령 15~16세기에 기독교가 활자 인쇄술을 수용하여 종교개혁에 불씨를 지폈던 것처럼, 미디어에 관한 긍정적인 기독교의 태도는 최근 디지털 미디어의 적극적인 활용에 긍정적인 영향으로 작용하고 있다. 이러한 기술에 관한 종교의 '역사와 전통'에 대한 숙고는 적절한 성찰의 토대를 제공한다고 볼 수 있다.

둘째는 '핵심 신념'에 관한 성찰이다. 종교의 핵심 신념은 역사의 흐름과 공동체의 상황에 따라 재해석되고 재상황화되어 왔다. 중요한 것은 핵심 신념이 디지털 기술의 사용에 관한 방향과 의사결정 과정에 어떻게 영향을 미치는가에 있다. 20세기 초 미국의 아미쉬 공동체는 각 가정에서 전화기 사용을 포함한 현대적 기술 사용을 엄격히 제한했다. 그것이 자신들의 종교적 신념과 가치를 훼손할 수 있다고 판단했기 때문이다. 대신 '마을 전화기'(community telephones)를 두면서 자신들의 생활 양식과 신념의 조명 아래 기술 활용을 주의 깊게 조절하고 평가하면서 공동체의 유익을 위해서 부분적으로 활용했다.[25] 이러한 아미쉬의 사례는 마을의 의사소통과 사회적 삶에 관한 종교의 가치가 어떻게 기술을 활용하게 하는지를 잘 보여 준다. 그들은 공동체와 가족의 대면 문화를 소중히 여겼고, 사적인 대화로 관계가 깨지는 것을 우려했으며, 외부와의 연락을 위한 최소한의 활용으로 기술을 통제했다.

셋째는 '협의'이다. 새로운 기술을 무분별하게 사용하는 것이 아니

---

25 Ibid., 54.

라 구성원들의 다양한 의견과 활용에 관한 논의의 장이 필요하다. 신기술이 효율적이고 편리하며 공동체에 미치는 영향력이 긍정적이라 하더라도, 그것이 가져올 문제점을 다각적으로 고려하며 숙고하는 과정이 있어야 한다. 2000년대 초 정통 유대교(Ultra-Orthodox Jewish)에서는 인터넷 사용이 자신들에게 적절한 것인지에 관한 논의가 있다. 1999년 가을, 이스라엘의 Belz Hasidic 공동체가 음란한 사이트와 세속적인 콘텐츠를 이유로 인터넷 사용을 금지하면서 이 논의가 촉발되었다. 하지만 토라 교육에 있어서 인터넷은 유용한 도구이며, 온라인 사업을 진행하는 유대교도들을 감안할 때 완벽한 금지는 어렵다는 결론에 도달하게 된다.26

마지막은 '공동의 설계'이다. 이것은 새로운 기술의 등장으로 부상한 영역과 산업에 대한 종교의 응답으로 앞선 다양한 평가를 토대로 공동체의 체계화를 시도하는 것이다. 가톨릭의 사회적 소통을 위한 교황청위원회(Pontifical Council for Social Communications)는 뉴미디어에 대한 정책과 교회의 실천에 대한 지침을 제안하면서 '미디어는 하나님의 선물'이며 그분의 구원 사역과 협력하여 인류애에 기여할 수 있다고 선언했다. 이러한 입장에서 가톨릭은 인터넷 공간이 안전한 장소가 될 수 있도록 협력해야 하며, 건전한 사용을 위한 윤리적 지침도 제안했다.27 이러한 가톨릭의 입장은 기술에 대한 하나님의 섭리를 고백하면서 피조 세계를 돌보기 위한 공동의 응답으로서 하나의 사례를 잘 보여 준다.

---

26 Ibid., 118.
27 Ibid., 146.

하이디 캠벨이 제안한 RSST는 종교가 기술을 활용할 때 필요한 단계와 고려해야 할 사항을 잘 보여 준다. 기술에 의해 종교가 지배당하거나 왜곡되는 것이 아니라 종교적 가치와 특성을 보존한 채로 유용한 도구로 활용할 수 있는 단계들을 제시한 것이다. 앞장에서 언급된 세 가지의 사례, 즉 '로봇 제사장', '신과 같은 알고리즘', '디지털 샤머니즘'을 각각 '역사와 전통', '핵심 신념', '협의 과정', '공동의 설계'를 통해서 검토해 보면, (디지털) 기술이 종교에 접목되는 과정에서 필요한 요소들이 무엇인지 파악할 수 있을 것이다. 기술은 보여지는 현상에 관한 것이기보다 기술이 지향하는 목적성, 방향, 가치에 따라 사용자들에게 유무형의 영향을 미친다. 하이디 캠벨의 탁월한 분석에도 불구하고 RSST 과정에서 종교에 미치는 영향에 관한 윤리적 성찰은 거의 언급되지 않았다. 물론 공동체의 핵심 가치와 신념을 제안했지만, 그것은 각각 종교마다 상이한 지점이 있으며 디지털 기술 활용의 윤리적 준거점이 되기에는 어려움이 있다. 따라서 종교의 디지털 전환 과정에서 공적 종교로서 갖추어야 할 규준들에 대해서 논의가 필요하다. 디지털 종교가 갖추어야 할 요소들로 (경험적) 진정성, 공공성, 인격성을 제시하려 한다.

IV. 디지털 종교의 윤리적 특성들

1. 경험적 진정성(종교성)

하이디 캠벨이 주장하듯 RSST를 통해 종교는 디지털 기술의 수용

과정에서 각자의 전통과 가치, 신념, 예배와 공동체적 적용에서 협상의 단계를 거치게 된다. 종교마다 자신만의 역사와 전통, 공동체적 가치가 어떻게 디지털 기술을 만나면서 변형되거나 강화될지는 유동적일 수밖에 없다. 앞서 살펴본 로봇 제사장, 신과 같은 알고리즘, 디지털 샤머니즘 논의가 기존의 종교에서 어떤 평가를 받고 있는지 살필 필요가 있다. 특히 디지털 샤머니즘과 같은 유사 종교의 디지털화는 종교의 공적 역할과 책임이 무엇인지 질문한다. 종교의 사회적 책임을 고려할 때 디지털 종교들이 종교적 진정성을 갖추고 있는지, 공공성, 인격성, 윤리적 적합성을 어떻게 확보하고 있는지 논의가 필요하다.

종교에 관한 연구는 너무나 광범위하고 연구방법론에 다양하기에 종교의 디지털화를 간단히 정의할 수는 없지만, 디지털 종교(성)가 갖추어야 하는 핵심적인 요소는 종교적 '진정성'이 될 것이다. 디지털 환경에서 종교의 진정성은 '거룩함'(the sacred)과 거룩함에 대한 '참여자의 경험'이 중요하다. 디지털 환경에서 종교적 개인은 자유롭게 종교 활동에 참여하며, 거룩함을 포함한 종교적 가치를 추구하며, 그것을 중심으로 예배(의례) 공동체를 형성해 나간다. 이 과정에서 개인과 공동체는 종교적 진성을 경험하게 된다. 초월적인 무엇과 연결되기도 하고, 깊은 묵상과 기도를 통하여 스스로 성찰하며 현실 세계 너머의 이데아와 유토피아를 염원한다. 핵심은 종교 전통과 권위에 의해 학습된 진정성을 수용하기보다 개인들의 수용 여부가 더욱 중요하다는 점이다. 이러한 현상은 디지털 샤머니즘 논의에서 찾아볼 수 있다.

2024년 6월 8일 로이터 통신은 "한국의 젊은 무당들이 소셜 미디어를 통해 고대 전통을 되살리고 있다"라는 제목의 기사를 실었다. '아기 선녀'로 불리는 29세의 무당인 이 모 씨를 인터뷰하면서 유튜브 팔로워 수 30만 명이 넘는 그녀의 채널을 소개했다. 한국은 무종교 인구가 절반이 넘지만, 상당수 MZ세대는 취업, 입시, 투자, 결혼 등의 이유로 점을 보거나 무당을 찾는다.[28] 이것은 제도권 종교에서 벗어난 탈종교화와 '종교적이지 않지만, 영적인 것을 추구하는'(not religious, but spiritual) 탈세속화의 최근 종교적 흐름을 잘 보여 준다. 특히 디지털 공간은 오늘날 가장 영적이면서도 종교적인 공간이 되고 있으며, 전통적인 공동체성과 가치관이 약화되고 개인의 자유와 표현을 우선시하는 현대 사회와 디지털 환경이 만나면서 종교의 디지털화의 분위기는 더욱 강화되고 있다. 세속 사회에서도 여전히 영적인 것을 갈망하는 현대인들은 디지털 환경에서도 자신이 경험할 수 있는 종교적 진정성을 추구하는 사례라 할 수 있다.

캠벨과 벨라는 디지털 세계에서 경험되는 종교적 진정성을 '경험적 진정성'(experiential authenticity)이라고 명명했다. '경험적 진정성'은 디지털 환경에서 이뤄지는 종교적 신념과 실천의 정당성을 부여하는 핵심 요소로서 기존의 종교처럼 권위 있는 누군가와 경전, 의식에 의존하는 것이 아니라 순수한 개인의 경험에 근거하는 특징이 있다.[29] 디지털 공간에서의 예배가 현장성(물리성)을 갖지 못하기에 실제(real)가 아닌 비실제적인 것으로 여기기보다 가상의 공간에서의 경험을 실제의 경험으로 인정하고 그것을 종교성의 핵심으로 간주한다. 디지털 샤머니즘의 사례처럼 디지털 종교는 실제적인 것(real)과 진실된 것(true)을 결정해 주는 누군가를 의지하지 않는다. 사실 권위와 진정성

---

28 정민하, "로이터 '한국의 젊은 무당, SNS로 고객과 소통'," 「조선비즈」 2024. 6. 9. (온라인 접속 2024. 6. 12.)

29 Heidi A. Campbell, Wendi Bellar, *Digital Religion the basics*, 116.

은 끊임없이 자신을 증명하고 가치를 인정받기 위해 다양한 환경에서 도전을 받는다. 최근의 흐름은 종교적 진정성은 고정된 것에서 유동적인 것으로 이동 중이다. 엄격한 성직 제도, 경전, 신념 체계, 조직 문화에서 벗어나고 있다.[30] 디지털 환경에서 사람들은 진정성을 평가하고 결정하는 새로운 방식을 습득하고 있으며, 오프라인의 기준을 넘어서는 자신만의 경험을 강조한다. 이것은 종교 자체의 진정성에 대한 강조라기보다 디지털 경험의 진정성에 대한 강조이다. 오프라인의 종교 행위와 경험이 진정한 것이라는 주장은 오프라인이 갖는 부정적인 면들을 간과한 것이다. 오히려 디지털 종교를 향한 관심은 오프라인의 한계를 넘어서는 차원으로도 해석할 수 있다.

디지털 종교의 '경험적 진정성'은 개인의 종교적 참여와 판단에 달려 있지만, 그것은 고정되어 있는 어떤 실체는 아니다. 디지털 환경에서 종교적 권위와 진정성은 다양한 형태로 존재할 수 있다. 디지털 종교의 경험적 진정성은 유동적이며 다양한 네트워크를 통해 지속적인 논의와 협의 과정에서 다양한 피드백과 공유·공감을 통해 판단되고 인정된다.[31] 하지만 디지털 종교의 경험적 진정성은 자칫 자신이 믿고 따르고 싶은 것을 하나의 종교로 인식할 수 있기에 RSST에서 제안하는 역사와 전통, 공동체적 논의를 통해 검증 과정을 거칠 필요가 있다. 가상의 공간에서 종교적 진정성을 인정하면서도, 그것이 개인의 영적 만족으로 그치지 않고 종교 전통과 가치에 부합되는 것인지에 대한 논의가 요청된다. 특히 공적 종교로서 공동체와 지역 사회 안에서 건

---

30 Pauline Hope Cheong, "Authority," Heidi A. Campbell, Ruth Tsuria, *Digital Religion*, 88.

31 Heidi A. Campbell, Wendi Bellar, *Digital Religion the basics*, 130.

강한 역할을 감당할 수 있는 방향으로 종교적 경험을 추구해야 할 것이다.

2. 디지털 종교의 공공성

디지털 종교의 행위와 종교성이 개인적이고 사적인 영역으로 간주되는 듯 보이지만, 본래 종교를 향한 공적 관심은 공적 책임성을 어떻게 발현할 수 있을까에 있다. 종교는 사람들을 초월적 영역과 연결시켜 주고, 그들을 진정으로 번영하게 해 주고, 살아갈 가치가 있음을 깨닫게 할 필요가 있다. 종교의 공적인 역할은 더 나은 지구적 정의를 실천하도록 안내해야 한다.[32] 이것은 디지털 환경에서도 마찬가지다. 디지털 기술은 새로운 삶의 형태와 윤리적 양식을 촉발하기에 디지털 종교의 검증과 책임성에 관한 논의들이 필요하다. 온라인 공간에서도 정의를 추구하고, 더 나은 사회를 구현하기 위해 참여할 뿐 아니라, 종교 전통이 간직한 가치와 의미들이 잘 실천될 수 있도록 해야 한다. 제이슨 택커(Jason Thacker)는 디지털 공론장에서 종교의 공적 역할을 주문하면서 '탈-진실(post-truth)의 시대'에 교회는 잘못된 정보들을 유포하거나 생산할 것이 아니라 올바르게 분별하고 건강한 방향으로 여론이 형성될 수 있도록 공적 논의를 전개해야 한다고 주장한다.[33] 최근 성도들의 SNS를 통해 거짓 뉴스들이 공유되고, 비합리적이고 검증되지 않은 정보들을 사실인 것처럼 받아들이는 상황에서 교회의 지

---

32 Miroslav Volf, *Flourishing*, 양혜원 역, 『인간의 번영』 (서울: IVP, 2017), 86.

33 Jason Thacker, "Dangers in the Digital Public Square," Jason Thacker ed., *The Digital Public Square* (Brentwood: B&H Academic, 2023), 260-261.

도와 디지털 문해력(digital literacy)에 관한 교육이 필요한 시점이다.

디지털 종교의 공공성에 관한 논의에서 로마 가톨릭은 기술의 발달과 그 쓰임을 고민하면서 자신들의 종교 전통과 신학적인 토대에서 새로운 지침을 제시했다. 가톨릭은 새로운 기술이 갖는 위험성을 인식하면서도 기술을 통해 인류의 번영과 환경에 공헌할 수 있다면 제도권 교회에 도입하여 신앙적으로 활용해 왔다. 프란시스코 교황은 「찬미받으소서」(Laudato Si)에서 알고리즘에 대해 직접적으로 언급하지는 않았지만, 기술의 진보가 미치는 사회적 영향력을 인정하면서 디지털 미디어와 세계가 어떻게 세상을 불평등과 배제를 가속시킬지 염려하며, 기술 사용을 더욱 깊이 성찰하고 관대하게 사랑하고 폭넓은 지혜를 가질 것을 권면했다.[34] 가톨릭은 기술을 하나님의 섭리의 한 축으로 생각했으며 복음 전파를 위한 유용한 수단으로 판단했다. 그렇기에 기술윤리적으로 가톨릭교회는 디지털 공간의 안전과 공적 유익을 위한 활용에 응답해야 하며, 세속적인 오락과 소비를 위한 장이 아니라 모든 사람의 선한 의지(good wills)를 북돋우고 보편적인 공공선(common good)을 위한 활용을 고민해야 한다고 여겼다.[35] 매튜 존슨과 레이첼 로버트슨도 최근에 많이 활용되고 있는 알고리즘의 한계를 지적하면서, 개발자와 사용자들에게 '더 나은 세상'과 우리 사이의 깊은 연대성을 가진 통전적 사고를 갖출 것을 제안하고 (모두를 위한) '기쁨'을 추구하라고 제안한다. 이 기쁨은 (보편적 선을 위한) 과학적인 발견의 순간에 찾아오는 유레카(eureka)와 같은 것이다. 신학적으로

---

34 Radoslaw Sierocki, "Algorithms and Faith: The Meaning, Power, and Causality of Algorithms in Catholic Online Discourse," *Religions* 15 (2024), 435.

35 Heidi A. Campbell, *When Religion Meets New Media*, 147.

이 기쁨은 인간의 번영을 위한 비전과 연결되며 적절한 존재의 인식을 통한 규범적인 요소와도 함께한다.[36] 즉, 기술의 발전과 활용은 모두의 번영을 위한 공적인 차원으로 접근할 필요가 있으며, 종교는 그 방향성과 의미들을 제안하면서 윤리적으로 이끌어 나가야 할 것이다.

종교의 디지털 전환과 디지털 기술의 활용은 '더 나은 사회'를 향한 보편적 선과 공적 이익을 도모하는 방식으로 전개될 필요가 있다. 디지털 전환으로 종교의 영역이 가상의 공간으로 확장될 때, 디지털 환경이 구축해 놓은 비윤리성에 민감해야 한다. 디지털 기술의 편리함과 효율성에도 불구하고 인간의 삶과 인격 형성에 미치는 영향을 고려하면서, 이 공간에서 발생하는 비윤리적인 행위들에 대한 비판과 견제를 담당해야 한다. 디지털 환경에서 착취되는 제3세계 노동자의 인권과 비윤리적인 개발 방식을 비판하고, 거대한 IT 기업들의 자본 중심의 개발과 제품 생산이 갖는 폐해를 지적하고, 막대한 자원의 사용과 기후 위기에 책임 있는 자세를 갖추도록 독려해야 한다. 디지털 세계의 공공선을 회복하는 데 디지털 종교는 사회적 책임감을 가지고 공적 구성원으로서 참여할 필요가 있다. 더 나아가 개인과 사회의 디지털 활용에 있어서 덕스러움을 함양하고 더 나은 가치와 윤리적 기준들을 제안할 수 있어야 한다. 디지털 종교의 책임성(공공성)은 더 나은 사회를 향한 종교의 역할을 깨닫고 디지털 공론장에서 합리적으로 의사소통이 가능한 방식으로 대화하면서 윤리적 실천이 이루어지도록 해야 할 것이다.

---

36 Matthew K. Johnson, Rachel S. Robertson, "Information and Reality," 761.

3. 인격성과 포용성

디지털 종교는 디지털 세계에서 사람과 사람, 공동체와 공동체를
연결하는 '허브'와 같은 만남과 소통의 장을 마련할 필요가 있다. 디지
털 기술은 네트워크를 기반으로 사람과 사람을, 정보와 정보를, 온라
인과 오프라인을 연결하면서 하나의 거대한 디지털 생태계를 구축한
다. 디지털 시대에 인간은 "나는 연결되어 있다. 그러므로 존재한다"
처럼 누구와 또 무엇과 연결되어 있음 자체를 하나의 존재적 의미로
받아들인다. 이런 사회에서 누군가와 연결되지 못함은 곧 존재하지
않은, 무(無)존재다. 네트워크 사회에서 연결은 곧 함께 살아있음을
자각하게 하는 통로이다. 누군가와 연결되고 싶어 하는 인간의 욕망
은 디지털 환경에서도 마찬가지다. 관계를 맺고, 정보를 공유하며, 새
로운 형태의 오락을 즐기는 것은 상호 연결성을 기반으로 하는 인간의
깊은 영적인 갈망을 보여 준다.37 디지털 환경에서 '이웃'과 '친구'의
의미는 다시 재정의되어야 한다. 물리적으로 가까운 이들을 이웃으로
생각해 오던 방식과는 다르게 전 세계가 연결이 가능한 시대에 이웃의
범위는 훨씬 폭이 넓고 다양해질 수 있다. 디지털 환경은 오프라인 환
경보다 훨씬 더 개방적이고 포용적으로 발전될 가능성이 높다. 인종,
언어, 문화, 성별 등으로 구별되던 오프라인의 한계를 넘어설 수 있을
뿐 아니라 새로운 형식의 관계를 통한 교제의 폭이 무한대로 확장되기
때문이다. 앤서니 르 둑(Anthony Le Duc)은 디지털 시대에도 유용한 선

---

37 Anthony Le Duc, "Cyber/Digital Theology: Rethinking about Our Relationship
   with God and Neighbor in the Digital Environment," *Religion and Social
   Communication* 13 (2015), 148.

한 사마리아인의 비유를 언급하면서, 인종적, 문화적, 종교적인 경계 안에 있던 이웃의 개념을 넘어서는 모든 타자를 향한 그리스도의 사랑을 제안하고, 자비와 사랑, 긍휼을 통한 이웃 사랑의 실천이 예수님의 관심이라고 말한다.38

하지만 디지털 환경이 가져올 우려의 목소리도 분명하다. 안체 잭켈런(Antje Jackelen)은 디지털화와 A.I.의 발전이 가져올 수 있는 다섯 가지 주의 사항을 제시한다. 그는 이것을 5Ps라고 명명했는데, 극단화(polarization), 열광주의(populism), 보호주의(protectionism), 탈진리(post-truth), 서열화(patriarchy)이다.39 온라인 공간의 활성화를 통한 자유로운 만남과 의사소통이 사회적 연대와 포용성 증대를 가져오는 것이 아니라 오히려 집단 이기성을 강화하는 방식으로 발전할 수 있음을 경고했다. 이데올로기와 종교, 정치적 성향에 따라 자신들의 이익을 강화할 수 있으며, 특히 합리적인 성찰과 공론장의 논의 대신 열광적인 대중들의 군중심리와 인기주의로 인해 사회가 탈진리와 또는 반이성화로 빠질 우려가 크다. 윤리적 성찰 대신 익명성을 기초로 타자를 비난하고 책임성이 결여된 행동을 일으킬 수 있다. 또한 자본에 의해 좌우되는 디지털 기술의 성장과 활용은 인격성과 가치들을 무력화시키고 다국적 테크 기업들의 이익에 봉사할 우려가 크다. 디지털 기술의 개발과 활용에 필요한 윤리적 규준들을 제안하면서 공적 종교로서 디지털 종교의 역할을 담당해야 할 것이다.

또한 디지털 종교는 디지털 세계가 이원화되고 극단주의로 빠지는

---

38 Ibid., 149.
39 Antje Jackelen, "Technology, Theology, and Spirituality in the Digital Age," *Zygon* 56 (2021), 6.

것을 경계하면서 디지털 존재들 사이의 건강한 이웃됨을 제안할 필요가 있다. '연결'을 바탕으로 하는 디지털 세계는 연결 그 자체가 곧 사용자의 존재적 의의와 정체성을 규정하기에 서로가 서로에게 연결된 네트워크적 존재임을 깨닫게 해야 한다. 파파차리시(Papacharissi)가 제안한 '네트워크적 자아'(networked self)는 어떻게 디지털 세계 안에서 개인이 자신을 유연하게 이해하고 디지털 공간에서 맺는 다양한 관계에서 스스로를 규정해 나가는지와 관련된다.[40] 이 과정에서 교회와 신학은 디지털 생태계의 다양성을 인정하면서도 어떠한 소외와 차별, 배제가 발생하지 않도록 윤리적인 지침을 제시해야 한다. 디지털 차별에 대한 경각심을 제고하는 동시에 포용적인 디지털 공동체를 형성하여 보편적 타자와 연결되는 디지털 세계의 형성을 위한 공동의 참여를 통해 더 나은 사회를 지향해야 할 것이다.

V. 나가는 말

메타(Meta)의 CEO인 마크 저커버그(Mark Zuckerberg)는 '하나의 진정한 A.I.'(One true A.I.)를 언급하면서 결국은 신(God)을 창조하는 것과 같은 이상적인 A.I. 개발을 선언했다. 디지털 세계는 이미 하나의 신의 세계, 새로운 제국을 완성하는 중이다. 디지털 세계 안에서 성과 속이 경계는 모호해지고 있으며, 종교가 디지털로 전환되는 동시에

---

40 Mia Lovheim, Evelina Lundmark, "Identity," Heidi A. Campbell, Ruth Tsuria ed., *Digital Religion* (London & New York: Routledge, 2022), 61.

디지털 세계 자체가 하나의 초월적 세계로 변환되고 있다. 어쩌면 가장 종교적이면서도 세속적인 공간이 디지털 세계인지 모른다.

　디지털 종교의 논의는 온라인 공간에서 펼쳐지는 다양한 종교 현상과 행위들이 기존의 전통 종교 안에서 어떻게 평가되고 적용될 수 있는지를 논의하고 하나의 공적 종교로서 자리매김할 수 있도록 방향성을 제안할 필요가 있다. 단순히 첨단 기술로 종교가 옷을 새롭게 갈아입는 변화가 아니라 공적 종교의 역할과 기능을 디지털 세계에서도 전개할 수 있어야 할 것이다. 기술과 종교의 만남이 최근 현상은 아니지만, 디지털 세계의 특성을 고려할 때, 디지털성 자체가 갖는 종교성을 고려하려 접근할 필요가 있다. 종교적 보편성, 초월성, 영원성을 현실 세계에서 가장 잘 구현할 수 있는 공간이 디지털 세계이기 때문이다. 또한 디지털 기술을 활용한 종교 행위가 갖는 사회적 영향력을 감안할 때, 반드시 종교적 진정성뿐 아니라 공공성과 책임성, 인격성과 포용성을 갖춰야 할 것이다. 종교의 디지털 전환이라는 패러다임적 전환이 시공간의 물리적 한계를 넘어서 종교 본연의 비전을 실현할 수 있는 방향으로 나아가길 기대한다.